KB197664

신동권의 **공정거래**

바로보기

신동권 지음

박영사

머리말

　한국공정거래조정원장을 끝으로 공직에서 퇴임하고 한국개발연구원
(KDI)에서 초빙연구위원으로 근무하던 중 뉴스퀘스트 박민수 대표로부터
공정거래에 대한 칼럼을 부탁받았다. 고민 끝에 공정거래제도에 대해 소
개하는 칼럼을 정기적으로 연재하겠다는 제안을 하였고, 박민수 대표께서
흔쾌히 그 제안을 받아 주셨다. 그렇게 시작이 되어 2021년 9월부터 격주
단위로 공정거래제도를 소개하는 글을 게재하였고, 2024년 2월에 대장정
을 마치게 되었다.

　영화나 사례를 모티브로 해서 약간 각색하였을 뿐 특별히 새로울 것도
없는 내용이었지만 공정거래제도에 대한 지식이 부족한 독자들로 하여금
제도의 윤곽이라도 알려 드리고자 나름 고민하고 애를 썼던 시간이었다.
가끔은 글을 잘 읽고 있다는 격려도 받았고, 연재가 끝난 뒤에는 여러 독
자들께서 책으로 출판하면 좋겠다는 의견도 주셨다. 박민수 대표께서도
이에 호응을 해 주셨다. 이 자리를 빌려 감사를 드리고 싶다.

　이 책은 뉴스퀘스트에 기고한 칼럼을 기초로 하였고, 그 외에도 그간 다
른 언론매체에 기고했던 글들을 모아서 체계적으로 배열하여 독자들로 하
여금 공정거래제도의 문을 열어주는 역할에 충실해 보려고 노력하였다.
그러나 하나의 제도에 대해 비전문가들도 이해할 정도로 쉽게 쓴다는 것
이 얼마나 어려운지를 다시 한번 절감했을 뿐이었다. 그런 글을 쓰려면 엄

청난 내공이 필요하다고 느꼈고, 저자로서는 그에 한참 못 미친다는 것을 스스로 고백한다.

칼럼을 연재하면서 질서자유주의 계열의 경제학자들과 애덤 스미스의 『국부론』과 『도덕감정론』을 읽고 토론할 수 있는 귀중한 기회가 있었고, 책 내용에 애덤 스미스에 대한 내용이 간간히 언급된 것은 바로 그러한 연유가 있다. 『국부론』과 『도덕감정론』을 공부하면서 인류는 애덤 스미스의 생각에서 많은 것을 빌려 쓰고 있고, 제대로 알고 쓰려면 앞으로도 계속 연구가 되어야 할 것 같다는 생각이 들었다.

이번 책 출간도 그동안 쭉 저자의 책을 출판해 준 박영사의 배려 때문에 가능하게 되었다. 이 자리를 빌려 조성호 이사와 정성껏 교정과 편집을 해 준 이승현 차장께 특별히 감사드리고 싶다. 아무쪼록 이 책이 공정거래제도를 이해하는 데 조그만 입문서 역할을 하게 된다면 더 이상의 바람이 없을 것이다.

2024년 12월
법무법인(유한) 바른 사무실에서
저자 씀

차례

제 5 장 경쟁적 시장구조도 공정거래의 관심영역이다 ··· 155

제 6 장 기업집단 규제, 전지적(全知的) 평가 시점 ··· 181

제 7 장 최적 집행을 향한 여정 ··· 213

제1장

공정거래제도는 어떻게 시작되었나?

우리는 일상에서 공정거래란 말을 수도 없이 접하면서 생활하고 있다. 불공정문제는 시대적 화두가 된 지 이미 오래이다. 역사적으로 보아도 이는 인간생활의 숙명 같다는 생각이 든다. 그러나 불공정하다고 느끼는 세상만사를 공정거래라는 제도를 통하여 해결할 수 없다. 어떤 시대도 그것을 완전히 해결한 경우는 없을 것이다. 그러나 인류는 그 문제를 끊임없이 궁리해 왔고, 앞으로도 계속 궁리하게 될 것이다. 앞으로 제도로서의 공정거래가 어디에서 출발을 하였고, 어떤 과정을 거쳐 발전하게 되었는지부터 시작하여 그 주요 내용에 대해 차근차근 설명을 해 볼 생각이다. 공정거래제도는 그 시대마다 서로 다른 모습으로 나타나 왔다. 지금 우리는 디지털혁명이라는 완전히 다른 세상 앞에 놓여 있다. 앞으로 공정거래제도가 어떻게 변해갈지는 예측하기가 어렵다. 그러나 확실한 것은 앞으로도 공정의 문제는 계속될 것이라는 점이다.

1. 중상주의의 끝자락에서

18세기 중반, 중상주의의 퇴조와 시장경제의 서막

불공정 문제는 비단 현대사회에서만 발생하는 문제라고 볼 수는 없다. 단순하게 생각해 보아도 인류가 경제생활을 시작하고부터 불공정성의 문제는 지속되어 왔다고 볼 수 있을 것이다. 일찍이 아리스토텔레스가 가격의 공정성 문제에 대해 최초로 문제 제기를 하였다고 하고, 중세 스콜라 철학을 대표하는 토마스 아퀴나스는 "어떤 물건을 그 가치보다 비싸게 팔거나 싸게 사는 것은 그 자체로 불공정하고 불법이다"라고 한 적도 있다.

그러나 이러한 단편적인 사실을 두고 현대적 의미에서 공정거래 제도의 맹아라 할 수는 없다. 역사적으로 보면 16~18세기에 걸쳐 중상주의 시대가 열리게 되는데 1600년 영국과 1602년 네덜란드가 동인도회사를 설립하여 식민지 무역독점권을 주고 배타적 거래를 통하여 막대한 부를 축적하게 하였다. 공정거래 관점에서 보면 국가가 공인한 독점의 시대였다고 볼 수 있다. 이러한 중상주의의 국가 독점주의, 식민지와의 배타적 거래 등을 가차없이 비판하면서 등장한 사상가가 영국 글래스고대학의 도덕철학 교수였던 애덤 스미스였다.

동 시대의 계몽철학자인 흄의 진화사상을 바탕으로 한 자유주의와 시장경제 사상, 그리고 중농주의의 자유방임사상에 영향을 받은 애덤 스미스는 『국부론』(1776년)을 통하여 자유시장경제라는 개념을 역사의 전면에 등장시켰다. 어느 학자의 표현처럼 태초에 아담과 이브가 있었다면 경제학의 태초에는 애덤 스미스가 있는 셈이다. 갤브레이스(John K. Galbraith)는 『국부론』에 대하여 "사상이 정책에 대해 사상 최대의 타격을 가한 사건"이라고 표현할 정도이다. 때는 바야흐로 영국에서 산업혁명이 일어나고 산업자본주의가 시작되던 18세기 중반기였다.

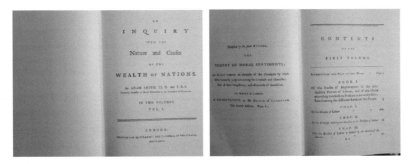

국부론 초판

자유시장경제의 경전인 『국부론』이 공정거래와 무슨 상관이 있는가? 놀랍게도 자유시장경제와 함께 독점이나 불공정거래 문제 역시 『국부론』을 통해 인류 역사에 정식으로 모습을 드러내기 시작하였다.

저자는 2021년 여름 역대급 무더위 속에서 김수행 교수가 번역한 『국부론』을 일독하였다. 방대하고도 난해한 내용으로 경제학의 문외한인 저자가 그 전모를 파악하기는 가히 역부족이었지만 최소한 『국부론』이 자유시장경제의 경전인 동시에 공정거래의 고전이라는 점은 어렴풋하게나마 알게 되었다. 오늘날 기준으로 본다면 애덤 스미스는 최초의 자유주의 경제학자였으며 동시에 최초의 공정거래학자인 셈이다. 소위 '보이지 않는 손

(an invisible hand)'으로 상징되는 그의 핵심적 주장도『국부론』의 전모를 파악하지 않으면 진의가 왜곡되는 오류에 빠질 수 있다는 생각이 들었다.

『국부론』은 금·은이 아닌 노동생산량을 국부의 원천으로 삼고, 국부증 진을 위해서는 자유로운 시장경제를 주장하면서 분업을 통한 거래의 발생, 독점가격과 자연가격 또는 경쟁가격, 소비자이익 등 오늘날 공정거래의 핵심적 개념들에 대하여 상세히 다루고 있다. 그리고 가격규제, 동업조합(길드)을 통한 경쟁제한, 규제의 폐해 등 중상주의가 낳은 폐단들에 대하여 방대한 사례를 들어가면서 집요한 비판의 십자포화를 퍼붓고 있다.

그는 이렇게 토로하고 있다: "완전히 자유롭고 공정한 자연적인 체계(natural system of perfect liberty and justice)는 어떤 방식으로 점차 회복되어야 할 것인가? 우리는 이런 문제를 장래의 정치가와 입법가의 지혜에 맡겨둘 수밖에 없다." 그가 말한 자유와 공정은 공정거래의 핵심적 가치이기도 하다. 반독점 그리고 공정거래 정책이라는 강물의 발원지는 바로 이 지점이다. 시장경제와 공정거래는 서로 다르지 않다. 동시에 태어난 일란성 쌍둥이인 것이다.

(뉴스퀘스트, 2021. 9. 6.)

애덤 스미스 탄생 300주년 단상(斷想)

2023년은 애덤 스미스(Adam Smith)가 탄생한 지 300주년이 되는 뜻 깊은 해이다. 이를 기념하기 위해 국내외에서 각종 기념 세미나가 개최되고 각종 관련 서적이 출간되고 있다. 지난 6. 7.에는 한국자유주의경제학회와 한국경제신문이 공동으로 '자유의 길: 애덤 스미스와 한국사회'를 주제로 하는 심포지엄을 개최했고, 저자도 '애덤 스미스의 정부관' 세션에서 토론자로 나선 바 있다.

그러나 자유주의 경제학 계열 학자들의 세미나뿐만 아니라 경제적 시각을 달리하는 계열의 학자들도 기념 심포지엄을 개최했다. 즉, 지난 6월 26일 서울대학교 경제연구소 분배정의연구센터와 금융연구원이 공동으로 '애덤 스미스 경제학의 현대적 재조명'이란 제목으로 심포지엄을 개최했고, 저자도 참석해 발표와 토론을 들을 수 있는 기회를 얻었다. 이런 기회들을 통해 새삼스레 애덤 스미스는 그 스펙트럼이 매우 넓은 인물이라는 것을 알 수 있었다.

저자는 2년 전부터 질서자유주의(秩序自由主義) 계열의 경제학자들이 만든 애덤스미스연구회에서 『국부론』과 『도덕감정론』을 강독하고 토론하는 모임을 이어오고 있다. 따라서 올해가 애덤 스미스 탄생 300주년이라는 것이 적지 않은 의미로 다가오는 것 같다. 그가 쓴 『국부론』은 현대세계의 설계도와 같은 책으로, 경제학자인 갤브레이스(John Kenneth Galbraith)는 이 책에 대하여 "사상(思想)이 정책에 대해 사상(史上) 최대의 타격을 가한 사건"이라고 표현할 정도이다.

애덤 스미스는 지금으로부터 300년 전인 1723. 6. 5. 스코틀랜드 에든버러(Edinburgh)에서 북쪽으로 약 16km 떨어진 작은 항구도시인 커콜디(Kirkcaldy)란 곳에서 태어났다.[1] 커콜디는 당시 소금과 석탄의 주요 생산지로서 제조 산업의 중심으로 성장해 나가는 격변기에 있었는데, 애덤 스미스는 커콜디라는 작은 도시에서 이루어지는 상업의 발전을 직접 체험하면서 어린 시절을 보내고, 1737년 14세의 나이로 글래스고(Glasgow)대학에 입학한다.

---

1 이하 애덤 스미스의 생애에 대해서는 니콜라스 필립슨, '경제학의 아버지, 신화가 된 사상가 애덤 스미스', 한국경제신문사(2023)와 에이먼 버틀러(영국 애덤 스미스 연구소 소장), 『도덕감정론』

글래스고는 스코틀랜드의 대표적인 공업 및 상업도시인데, 우연인지 저자는 태어나서 처음으로 가 본 외국의 도시가 글래스고였다. 당시 보건사회부 국민연금국에서 공무원 생활을 시작한 저자는, 글래스고에 있는 대학에서 한 달간 연금 시스템 연수를 받기 위해 그곳에 체류했었고, '보이지 않는 손'으로 유명한 애덤 스미스의 고향이 스코틀랜드이며, 글래스고대학의 교수였다는 사실도 현지에 가서야 알게 되었다. 애덤 스미스에 대한 현지인들의 자부심도 대단한 것 같았다. 지금 같았으면 그의 발자취를 한번 밟아 보았을 텐데 하는 뒤늦은 후회가 든다.

애덤 스미스는 글래스고대학에서 학문적 기초를 다졌는데, 그때 만난 가장 중요한 인물이 도덕철학과 교수였던 프란시스 허치슨(Francis Hutcheson)이었다. 스미스는 허치슨으로부터 많은 영감을 받았다. 18세기에 들어와 절대 군주제를 옹호했던 그 이전의 자연법 체계에 대한 도전이 생겨났고, 허치슨은 그 선두에서 푸펜도르프(Samuel Freiherr von Pufendorf)의 사회계약론을 비판하면서, 중력의 원리로 자연질서를 설명했던 뉴턴(Isaac Newton)과 같은 방식으로 도덕감각(道德感覺)을 통해 우주의 도덕질서 원리를 설명했다. 그러나 스미스는 도덕감각이 선험적으로 존재한다는 허치슨의 입장을 받아들이지는 않았다.

한편, 글래스고대학에서 수학한 애덤 스미스는, 1740. 5월 런던의 옥스포드(Oxford)대학 베일리얼 칼리지로 유학을 떠나 11년간 머무르게 된다. 그는 그곳에서 고대와 근대철학, 문학 등을 심취했으며, 그의 사상에 결정적인 영향을 끼친 데이비드 흄(David Hume)의 철학을 접하게 된다. 흄의 1739년 「인간 본성에 관한 논고: A Treatise of Human Nature」와 1741년 「도덕, 정치, 문학적 평론: Essays, Moral, Political, and Literary」를 통해 '인간 중심의 과학'에 관심을 갖게 됐다. 흄은 허치슨과는 달리 '공감 또는 소통의 원칙'을 중

및 『국부론』 요약, 율곡출판사(2018)를 참조하여 서술했다.

데이비드 흄과 『인성론』

시했다.

1746년 당시 23세였던 애덤 스미스는 고향인 스코틀랜드에 돌아와 1748년과 1751년 사이 에든버러(Edinburgh)대학에서 수사학(修辭學)과 법학을 강의하면서 인간중심 과학의 기초를 닦게 된다. 흄은 재산을 소유하는 사회를 경험함으로써 권리를 이해하게 되었다고 하는데, 스미스는 흄의 권리이론을 발전시켜 법학 일반에 적용하였다. 1751년 그는 에든버러를 떠나 글래스고대학의 논리학 및 도덕철학 교수로 부임하게 된다.

『도덕감정론』

애덤 스미스는 글래스고대학에서 가르친 도덕철학 강의의 결과물로, 1959년 기념비적 저작인 『도덕감정론: The Theory of Moral Sentiments』을 출간하는데 이는 당시에 큰 반향을 일으켰다. 애덤 스미스의 묘비명에도 『국부론』보다 『도덕감정론』이 먼저 명기되고 있다. 『도덕감정론』은 첫 문장을 다음과 같이 시작하고 있다. "인간이 아무리 이기적이라 하더라도, 인간의 본성에는 분명 이와 상반되는 몇 가지 원리들이 존재한다. 이 원리들로 인해 인간은 타인의 운명에 관심을 갖게 되며, 단지 그것을 지켜보는 즐거움 밖에는 아무것도 얻을 수 없다고 하더라도, 타인의 행복을 필요로 한다. 연민과 동정이 이런 종류의 원리이다. 타인의 비참함을 목격하거나 그것을 아주 생생하게 느끼게 될 때 우리는 이런 감정을 느낀다."[2]

애덤 스미스는 1964년 글래스고대학 교수직에서 물러나 유럽 각지를 여행

---

2 애덤 스미스(박세일·민경국 역), 『도덕감정론』, 비봉출판사, 27면.

하며『국부론』을 구상했는데, 2년여에 걸쳐 제자인 버클루 공작과 프랑스 등지를 여행하면서 케네(Francois Quesnay), 튀르고(Anne Robert Jacques Turgot) 등 중농주의(重農主義) 사상가들과의 접촉을 통해 이들의 사상과 이론을 흡수하였다. '자유방임(laissez faire)'이란 말을 처음으로 사용한 것도 중농주의학파였다. 그는 귀국 후에 그동안의 경험을 결집한『국부론: 국부의 본질과 원인에 관한 연구, An Inquiry into the Nature and Causes of the Wealth of Nations』를 세상에 내놓게 된다. 이처럼『국부론』은 완전히 새로운 내용이라기보다는 당시의 혁신적 이론들을 집대성한 것이다. 이에 대해 슘페터(Joseph Schumpeter)는 다소 냉소적인 표현을 쓰기도 했다.

애덤 스미스가 탄생한 지 300주년이 된 지금 그가 다시 재조명되고 있는 이유는 무엇일까?

애덤 스미스와『국부론』

첫째, 애덤 스미스 이후 시장경제가 다양한 모습으로 발전해 오고 인류 문명의 발전에 크게 이바지해 왔지만, 그 내재된 문제도 심각해져서 시장경제와 민주주의의 위기 상황에 봉착해 있기 때문이다. 양극화가 심각해지고 타협과 공감에 입각한 사회보다는 극단적 편가르기와 냉소주의, '너 죽고 나 살자'식의 이기적인 행태가 우리나라뿐만 아니라 전 세계적으로 팽배해져 있기 때문이다. '애덤 스미스가 말한 연민(憐憫)이나 동정(同情)과 같은 종류의 감정이 인간에게 있다는 것인가?'라는 의구심이 들 정도이다.

둘째, 소위 '보이지 않는 손(invisible hands)'이라는 신화가 가져온 '자유방임주의자'라는 이미지에서 애덤 스미스를 해방시켜야 한다는 주장이 그것이다. 실제로 '보이지 않는 손'은『국부론』에서 한 번,『도덕감정론』에서 한 번 언급되지만, 책을 아무리 살펴보아도 그가 자유방임주의라는 단서를 발견하기 어렵다. 그는 중상주의(重商主義) 국가 운영을 타파하고 개방과 경쟁원리에 입각한 국가경제 운영을 주창했지만, 탐욕과 독점에 대한 걱정과 우려가 『국부론』 전체에 녹아들어 있다. 앞에서 소개한 두 개의 컨퍼런스(conference)에서 발표된 핵심적 주장들에서도, 이제는 애덤 스미스를 다시 재조명해 볼 필요가 있다고 입을 모으고 있다. 특히, 최근의 거대 플랫폼의 등장에 대해 애덤 스미스라면 어떤 처방을 내릴 것인가에 대한 관심도 제기됐다.

이제 애덤 스미스 탄생 300주년을 맞이해 그의 정신을 다시 한번 되새겨야 할 시점이라고 생각한다. 그는 일면만 보고 단장취의(斷章取義)할 수 있는 인물이 아니다. 말하자면, 그의 저작들은 거대한 수원지(水源地)와 같은 역할을 하는 것이다. 그 수원지에서 나온 물이 강을 이루고 때로는 꽃을 피워, 인류의 삶을 획기적으로 변화시켜 놓았다. 그의 '보이지 않는 손'의 신화에 인류는 큰 빚을 지고 있는 것이다.

그러나 그가 말한 시장경제의 본질에 대해서는 다시 한번 재점검해봐야 할 것이다. 애덤 스미스는 '보이지 않는 손'을 말하고, '거래'라는 인간의 본성에 관해 이야기하며, 이기심을 국부(國富)의 원천으로 보았지만, 극단적 이기주의나 자유방임을 말한 적이 없다. 그는 "완전히 자유롭고 공정한 자연적인 체계(natural system of perfect liberty and justice)는 어떤 방식으로 점차 회복되어야 할 것인가? 우리는 이런 문제를 장래의 정치가와 입법가의 지혜에 맡겨둘 수밖에 없다"고 역설하고 있다. 그에게 씌워진 잘못된 덫은 과감히 벗겨져야 하고 제대로 된 평가가 이루어져야 할 것이다. 오늘날과 같이 양극화로 인한 시장경제의 위기에 대해서도 그의 생각을 빌려볼 필요가 있다.

애덤 스미스는 도덕철학, 법학, 경제학 등 다양한 분야에서 인구에 회자되고 있으며, 특히 '경제학의 아버지'로 일컬어지고 있다. 저자는 여기에 하나를 더 붙이고 싶다. 즉, 애덤 스미스는 '경쟁정책, 경쟁법의 아버지'라고 부를 수 있다. 『국부론』에서는 금이나 은이 아닌 노동생산량을 국부의 원천으로 삼고, 국부 증진을 위해서는 자유로운 시장경제를 주장하면서 분업을 통한 거래의 발생, 독점가격과 자연가격 또는 경쟁가격, 소비자 이익 등 오늘날 공정거래의 핵심적 개념들에 대해 상세히 다루고 있다. 그리고 가격 규제, 동업조합(길드, guild)을 통한 경쟁 제한, 규제의 폐해 등 중상주의가 낳은 폐단들에 관해서도 방대한 사례를 들어가면서 집요한 비판의 십자포화를 퍼붓고 있다. 경쟁법을 공부하기 위해 애덤 스미스의 『국부론』부터 읽어야 한다는 것은 저자의 근거 없는 망상은 아닐 것이다.

(경쟁저널, 2023. 8.)

2. 독점과 혁신을 둘러싸고 이어지는 논쟁들

최근 거대 플랫폼에 대한 규제가 강화되면서

독점과 혁신이란 풀리지 않는 숙제가 다시 우리들 눈앞에…

애덤 스미스가 『국부론』을 통해 주로 비판의 대상으로 삼은 것은 중상주의의 국가독점, 배타적 식민지무역, 동업조합을 통한 경쟁제한이었고, 그가 현재 살고 있다면 지금의 사기업의 독점 문제에 대해서도 같은 반응을 하였을까에 대한 궁금증이 생기는 것은 사실이다. 그러나 어쨌든 후세대의 경제학자들은 독점이란 문제를 그냥 넘기지 않았고, 그를 계승하기도 하고 새로운 주장도 등장하면서 이론적인 논쟁을 이어나갔다.

세이, 맬서스, 리카르도가 애덤 스미스의 전통을 계승하였으나 리카르도 이후에 고전파에 대한 반대론도 등장하였다. 독일의 리스트의 보호무역론(유치산업보호론)이 그 대표적인 예이다. 반대로 마르크스는 독점을 자본주의 체제붕괴의 원인으로까지 인식하였다. 그 후 심해지는 자본가와 노동자 간의 격차에 대하여 고전파를 옹호하는 논리로 벤담과 밀의 공리주의, 스펜스의 적자생존이론이 등장하기도 하였다.

신고전파 경제학의 창시자로 알려진 알프레드 마셜은 고전파를 계승하면서 독점에 대해서도 깊은 관심을 가졌는데, 이에 대해서는 슘페터와 같이 독점을 문제시하지 않는 견해와 반대로 챔벌린과 로빈슨처럼 독점과 순수 경쟁의 중간상태인 독점적 경쟁이나 과점으로 확대하는 주장도 생겨났다. 어쨌든 고전파의 전통은 계속 경제학의 주류를 형성하였고, 19세기 말 미국으로 건너가면서 독점에 대한 적극적 대응으로 나타나게 되었다. 이에 독과점 시장구조에 대한 대응을 중시하는 메이슨과 베인의 구조주의(하버드 학파), 이른바 산업조직론이 발전하게 된다. 1960년대까지 미국에서는 〈Alcoa 사건(1945)〉, 〈American Tobacco 사건(1941)〉, 〈Brown Shoe 사건(1962)〉 등 구조주의에 입각한 법원판결이 대세를 이루게 되었다.

1970년대 이후 시카고대학의 스티글러, 포스너 등을 중심으로 시카고 학파가 등장하는데 시카고학파에서는 독점에 대한 정부의 인위적 개입을 반대하였다. 그리고 소비자보호를 경쟁정책의 최종적 목적으로 파악하였는데, 시카고학파의 소비자 복지는 보크 판사의 책『반독점의 역설(The Antitrust paradox)』에 기원한다. 즉 그는 미국 반독점의 유일한 목표는 소비자 복지의 극대화이고 여기에서의 소비자 복지는 총사회복지, 즉 생산자 잉여와 소비자잉여의 합을 의미한다고 보았다.

미국에서의 시카고학파와 유사한 생각들을 유럽에서는 오스트리아 학파에서 찾을 수 있다. 1차대전 후 오스트리아에서는 사회주의적 경향에 대항하여 고전파 경제학의 전통을 지키려는 미제스, 하이예크 등이 나타났고 이러한 일군의 학자들을 오스트리아 학파라고 부른다. 오스트리아 학파에서는 독점에 대한 국가의 개입에 반대하는 입장이었다. 이러한 독점에 대한 태도의 차이는 경쟁개념에 대한 접근에 있어서도 차이를 보이고 있다. 소위 고전파 및 신고전파의 전통하의 구조주의에서는 완전경쟁 내지는 유효경쟁 상태를 추구하게 되며, 시카고학파나 오스트리아학파에서는 자유경쟁을 통한 각축을 경쟁의 핵심으로 삼게 된다.

2차대전 후 독일에서는 전시 통제경제에서 벗어나 새로운 경제질서를 모색하기 시작하였다.

Walter Eucken(좌)과 Franz Böhm(우)

　그 과정에서 프라이부르크 대학 교수였던 오이켄은, 뵘이란 학자와 함께 1948년『ORDO』라는 잡지를 창간하고, 독일 전후의 경제질서로서 질서자유주의(Ordo liberalism)를 제창하였다.

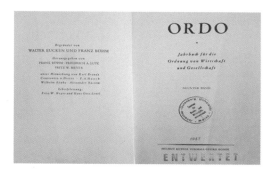

ORDO

　질서자유주의는 나중에 후퇴하기는 하였지만 완전경쟁을 추구하였고, 독점에 대한 강력한 대응을 주장하였다. 질서자유주의 역시 고전파 내지

신고전파의 전통 하에 있는 이론으로서 독일에서의 사회적 시장경제의 이론적 기초를 제공한 것이며, 독일뿐만 아니라 유럽의 공정거래정책에 큰 영향을 끼친 이론이다. 우리나라의 「공정거래법」과 정책도 그 영향을 받았다고 볼 수 있다.

　독점에 대한 논쟁은 지금까지 이어져 왔고, 앞으로도 계속 이어질 것이다. 세계 경제는 급속히 플랫폼화 하고 있다. 우리나라에서도 최근 거대 플랫폼에 대한 규제가 강화되면서 독점과 혁신이란 풀리지 않는 숙제가 다시 우리들 눈앞에 놓여 있다.

(뉴스퀘스트, 2021. 9. 19.)

3. 불황과 전쟁을 넘어 새로운 질서로

불황과 전쟁이 낳은 유산, 「공정거래법」

1차 산업혁명 후 약 100년 후인 19세기 중반 2차 산업혁명이 시작되었다. 이때는 철도, 철강, 화학 산업 등이 비약적으로 발전해 나가는 시기였다. 그러나 자본주의의 자유경쟁 원리는 이윤율 저하를 가져왔고, 이를 극복하기 위해 생산규모를 더욱 확대하고 생산량을 무한히 증대시켜 나가는 과정에서 다수의 산업자본가들은 몰락하게 되고, 살아남은 소수의 대자본가들은 빠른 속도로 기업의 결합을 도모하게 되었다.

이러한 현상은 미국에서 최초로 발생하였는데, 이는 1861~1865년 남북전쟁 이후 엄청난 사회경제적 변화와 1870년대 경제공황을 직접적인 배경으로 한 것이었다. 미국 석유시장의 90%를 장악한 록펠러 외에도 미국 철도 황제 제이 굴드, 철강시장의 1/4을 장악한 카네기, 금융황제 제이피 모건 등 대자본가들이 이 시기에 탄생한 대표적인 독점기업가들이었다. 석유시장의 경우 정유부터 수송까지 수직적으로 통합되는 등 혁신의 시대였다.

그러나 이들의 횡포가 사회문제화하면서 1890년 「불법적인 제한과 독점으로부터 거래 및 통상을 보호하기 위한 법(일명 "셔먼법")」을 제정하게 되었다. 사실상 세계최초의 「공정거래법」이었다. 이는 애덤 스미스가 『국부론』을 통해 비판했던 독점이나 불공정거래가 입법으로 구현된 최초의 사건이었다. 「셔먼법」의 제정 동기에 대해서는 여러 가지 주장들이 있는데, 당시 철도 트러스트의 곡물수송 운임인상에 대항하기 위한 농민들의 반발이 직접적 계기가 되었다고 한다. 하원에서는 242:0, 상원에서는 52:1의 압도적인 표결로 법이 통과되었고 오늘날 전 세계 140여 개국이 채택하고 있는 공정거래제도의 출발점이 된 것이다. 미국에서 「공정거래법」은 트러스트에 대항하기 위한 입법이었다는 의미에서 '반트러스트(Anti-trust)법'으로 불리고 있다. 미국 연방대법원은 「공정거래법」을 '자유기업의 헌장(Magna Carta of free enterprise)'으로 표현하고 있다.

미국의 시오도르 루스벨트 대통령은 1901년 취임 후 독점기업을 통제하기 위하여 많은 노력을 한 대통령이었다. 재임 중 무려 43건의 트러스트를 기소하기도 하였다. Antitrust법으로서 「셔먼법」의 위력을 보여준 최초의 사건이 1911년 스탠더드 오일 트러스트 해체 사건이었다. 연방대법원 판결로 스탠더드 오일은 34개 사로 분할되었다. 시오도르 루스벨트 대통령의 얼굴은 미국 사우스다코타 주 러쉬모어산의 유명한 큰바위 얼굴에 3명의 미국 대통령과 함께 조각되어 있다. 그리고 큰바위 얼굴의 미국을 상징하는 4인의 대통령 중 시오도르 루스벨트라는 반독점의 상징적 인물이 조각되어 있는 것은 매우 의외라는 생각과 함께 미국이란 나라를 지탱하는 기초가 무엇인가 매우 의미심장하게 느껴진다.

미국 공정거래 역사에서 또 하나 중요한 인물이 우드로우 윌슨 대통령인데, 그는 반독점법 집행의 패러다임을 혁신하였다. 즉 그동안 반독점법 집행의 비효율성을 극복하고자 법무부의 기소가 아닌 별도의 행정기구를 설치할 것을 제안하여, 1914년 「연방거래위원회법(FTC Act)」이 제정되고 1915년부터 연방거래위원회(FTC)가 출범하였다. 결과적으로 미국은 그때부터 법무부(DOJ)와 연방거래위원회(FTC)라는 이원적인 집행기구를 가지게 되었다. 미국 연방거래위원회 앞에는 달리는 말을 힘겹게 제지하는 동상이 서 있다.

미국 연방거래위원회(FTC)

세계적으로 미국 다음으로 비교적 먼저 반독점법을 만든 나라는 일본이었다. 2차대전 패전 후 재벌해체와 과도경제력집중억제 정책이 추진되었는데, 1946년 미군 총사령부는 카임(Posey Kime)시안이라 불리는 입법안을 제시하였고, 총사령부와 일본 간의 수차례의 협의를 거쳐 1947년 「사적독점의 금지 및 공정거래의 확보에 관한 법률」을 제정하였다.

유럽에서는 1950년 프랑스 외상 슈망이 1951년 석탄철강공동체(ECSC)를 제창하였고, 미국 「셔먼법」과 유사한 조항을 넣게 되는데 이것이 유럽 공정거래법의 시초였다. 그러나 실질적인 최초의 「공정거래법」은 1958년 발효된 「유럽경제공동체(EEC) 조약(일명 "로마조약")」이었다. 로마조약은 그 이후에 1992년 마하스트리트에서 경제적, 정치적 통합체로서 EU로 발전하게 되었고 「EU기능조약」으로 명칭도 변경되었다. 공정거래법은 유럽에서는 일반적으로 경쟁법으로 불리워진다. 독일은 대표적으로 카르텔이 일상화된 국가였으며, 양차대전을 거치면서 전시경제하에서 카르텔이 조장되고 나찌하에서 카르텔이 법으로 강제되기까지 하였다. 2차대전 후 시장경제를 회복하려는 강력한 의지로 1957년 「경쟁제한방지법(GWB)」이 제정되었다. 질서자유주의와 사회적 시장경제는 전후 독일경제의 기초가 되었고 독점규제는 이를 뒷받침하는 중요한 제도적 장치가 되었다.

비교적 가장 최근에 반독점법이 제정된 나라 중의 하나가 중국이다. 등소평 집권시기인 1978. 12월 공산당 11기 3차 중앙위원회 전체회의(3중전회)에서 '개혁개방' 노선을 채택하고, 1993. 11월 제14기 3중전회에서 사회주의 시장경제체제의 기본구조를 확정하면서 반독점정책이 추진되었고, 결국 2007년에 「반독점법」이 제정되었다. 공정거래제도의 탄생역사를 보면 불황과 전쟁이라는 혼란을 겪은 후에 시장경제를 회복하거나 형성하는 과정에서 모습을 드러낸 경우가 많았다.

(뉴스퀘스트, 2021. 10. 3.)

4. '80년 신군부의 '「공정거래법」' 제정, 경제패러다임의 전환과 역사의 아이러니

정부주도 경제에서 민간중심경제로의 경제패러다임 전환을 상징

우리나라에서 공정거래에 대한 논의가 불이 붙은 최초의 사건은 1963년의 삼분폭리사건이었다. 제1차 경제개발 5개년 계획이 본격 추진되어 1년째 되던 1963년 설탕, 밀가루, 시멘트 등 소위 삼분의 사재기 열풍이 불었는데, 당시 밀가루 폭리가 가장 심해, 외국에서 들여온 원맥을 배정받은 10여 개 제분업체들이 고시가격의 몇 배나 폭리를 취한 것이 문제가 되었다. 5·16 군정이 끝나고 민정이 들어선 뒤 1964. 1. 15. 제6대 국회의 임시국회에서 삼분폭리사건은 정치쟁점화되기도 하였다. 그리고 그해 9월에 「공정거래법」 초안이 나왔으나 국무회의에 상정되지 못하였다. 1966년 경제개발계획 추진으로 인한 인플레이션으로 물가가 급등하자 다시 「공정거래법」안이 추진되었으나 회기만료로 자동폐기되었다.

1968년 국회의 외자도입특별 국정감사과정에서는 차관업체의 폭리문제가 거론되었는데, 특히 신진자동차의 코로나 승용차를 둘러싼 독과점 횡포 문제가 주요 현안으로 등장하였다. 당시에 「공정거래법」안을 만들어 제출하라는 박정희 대통령의 지시로 1969. 2월 국회에 제출되었으나 2년을 끌다가 1971. 6월 역시 회기종료로 자동폐기되고 말았다.

1973년에 제1차 석유파동으로 물가가 급등하자 다시 「공정거래법」안

이 추진되었고, 1975년에 「물가안정 및 공정거래에 관한 법률」이 제정되었다. 이는 주요 상품의 최고가격 지정, 독과점 가격의 통제 등 물가안정에 주안을 둔 법이었다. 1975년 법은 공정거래란 명칭에도 불구하고 주목적이 물가통제를 위한 법이라는 점에서 진정한 의미의 공정거래 입법으로 보기 어렵다.

어쨌든 이 법은 1980년 「독점규제 및 공정거래에 관한 법률」이 제정되면서 일부 공정거래에 관한 규정이 삭제되고, 1995. 1월 물가안정에 관한 법률로 개정되어 지금도 시행되고 있다. 주로 비상시의 물가 관리를 그 내용으로 하고 있다.

각 국의 공정거래제도의 발전 과정을 보면 나라마다 조금씩 차이는 있으나, 물가나 폭리문제로 촉발된 경우가 많았다. 어느 정부나 물가는 민생과 직결되는 정치적인 문제이기 때문에 강한 개입욕구를 느낀다. 그런데 시장경제의 핵심은 수요와 공급의 원리에 따라 자연스럽게 가격이 형성되는 것이고, 정부가 가격문제에 직접 개입할 수 없다는 한계를 가지고 있다. 정부가 가격을 마음대로 통제한다면 이는 시장경제의 기본원칙을 허무는 일이기 때문이다. 그래서 공정거래라는 친 시장경제적인 제도를 통하여 이에 대응할 수밖에 없는 것이다.

언론에 폭리문제가 불거질 때마다 공정위는 욕을 한 바가지씩 얻어먹는다. 제대로 대응을 못한다는 비판이 주를 이룬다. 「공정거래법」에 독과점 사업자의 가격남용을 규제하는 제도가 있지만 거의 실효성이 없다. 최근에 플랫폼사업자들의 인앱결제를 통한 과도한 수수료가 언론의 도마 위에 오른 적이 있다. 결국에는 수수료에 대한 직접적 개입보다는 인앱결제 강제행위를 금지하는 법이 통과된 것도 같은 맥락이다. 그러나 거래질서의 일반법인 「공정거래법」보다는 「전기통신사업법」 개정을 통해서 이루어진 점은 경쟁당국으로서는 아쉬움이 있을 것이다.

1960~1970년대 「공정거래법」 제정논의는 경제계의 반대에 부딪혀 실현되지 못하다가 1980년에 제정되기에 이른다. 1976. 12. 12. 사태로 촉발된 제5공화국 헌법 수립을 위한 개정 과정에서 독과점 규제가 논의되었고 이러한 경향에 발맞춰 정부에서도 새로운 경제운용방식으로의 전환을 모색하였다. 1980. 10. 27. 제5공화국 헌법에 "독과점의 폐단은 적절히 규제·조정한다"는 규정이 삽입되었고, 1980. 12월 신군부의 국가보위입법회의에서 독점규제 및 공정거래에 관한 법률이 최종 통과되었다.

독점규제및공정거래에관한법률(안) 경제장관회의 안건(1980.11.20.)

이는 정부주도 경제에서 민간중심경제로의 경제패러다임이 전환되는 상징적 사건으로 인식되고 있다. 1979년의 비상시국에서 신군부가 이러한 민간중심경제로의 패러다임 전환을 모색한 것은 역사의 아이러니 같기도 하다.

(뉴스퀘스트, 2021. 10. 17.)

제 2 장

공정거래제도는 무엇을 추구하는가?

공정거래제도는 경쟁정책이라고 말하는데 도대체 경쟁을 촉진한다는 것은 무엇을 의미하는가? 우선 경쟁이라고 하면 모두가 진저리를 낸다. 경쟁사회는 인간성을 황폐화시키고 삶을 피곤하게 만드는 주범으로 인식되곤 한다. 그러나 경쟁정책이란 무한 경쟁을 추구하거나 승자독식 사회를 조장하는 개념이 아니다. 경쟁을 경제운영의 원리로 삼되, 반드시 자유로운 경쟁, 공정한 경쟁을 추구하도록 만들어 나가는 것이 경쟁정책의 요체라고 할 수 있다. 그러나 공정한 사회를 국가가 인위적으로 만든다는 것은 허상에 불과하다. 그런 세상은 존재하지도 않았을뿐더러 앞으로도 존재하기 어렵다. 경쟁이 모든 가치를 뛰어넘는 절대적인 개념은 더욱 아니다. 사회주의 국가는 기계적 평등을 통해 완벽한 유토피아적 공정을 꿈꾼다. 그러나 그것이 얼마나 허황된 것인지 역사를 통하여 경험하였다. 사회주의나 공산주의는 외관상 가장 완벽한 공정사회이다. 그러나 그러한 기계적 분배를 통한 공정은 가짜 공정인 것이다.

5. 공정거래의 목적과 기능, 그리고 경제민주화

우리나라에서 공정거래제도는 경제헌법으로서의 의미가…

우리나라의 공정거래제도는 헌법에 그 근거를 가지고 있다. 「공정거래법」을 경제헌법이라고 부르는 이유도 여기에 있다. 이와 같이 헌법에 공정거래에 관한 직접적인 근거규정을 둔 입법례는 유례를 찾기 어렵다. 기본적으로 헌법에 특별히 경제조항이라고 둔 경우가 매우 드물기 때문이다.

헌법적 테두리에서 보면 우리나라의 공정거래제도의 뿌리는 1980년 제5공화국 헌법에서부터 시작되었다. 제5공화국 헌법 제120조는 "① 대한민국의 경제질서는 개인의 경제상의 자유와 창의를 존중함을 기본으로 한다. ② 국가는 모든 국민에게 생활의 기본적 수요를 충족시키는 사회정의의 실현과 균형있는 국민경제의 발전을 위하여 필요한 범위 안에서 경제에 관한 규제와 조정을 한다. ③ 독과점의 폐단은 적절히 규제 · 조정한다"고 규정하였다. 당시 헌법 개정이유를 보면 "경제질서에 관하여는 자유경제체제의 원리를 근간으로 하면서 적정한 소득의 분배, 지역경제의 균형발전, 중소기업과 농 · 어민 보호 등을 통하여 모든 국민의 복리를 증진시키고, 국민생활의 기본적 수요를 충족시키는 사회정의를 실현"하는 데 두고 1987년 '6월항쟁'으로 나타난 민주화의 열망을 담아 대통령직선제 개헌을 주요 골자로 개정된 현행 헌법에서는 제119조에서 "① 대한민국의 경제질서는 개인과 기업의 경제상의 자유와 창의를 존중함을 기본으로 한다. ② 국가는 균형있는 국민경제의 성장 및 안정과 적정한 소득의 분배를 유지하고, 시장의 지배와 경제력의 남용을 방지하며, 경제주체간의 조화를 통한 경제의 민주화를 위하여 경제에 관한 규제와 조정을 할 수 있다."고 경제질서의 기본원칙을 선언하고 있다.

이는 제5공화국 헌법개정 당시의 경제질서조항을 계승하면서 정치적 민주주의를 넘어 경제적 민주주의를 추구하려는 의지를 명확히 한 것으로 해석할 수 있다. 그러나 현행 헌법의 경제민주화 조항 관련해서는 그동안 많은 개념상의 논란도 가져왔다. 왜냐하면 민주주의가 국가통치구조의 민주적 정당성을 의미하는 것으로 본다면 경제민주화라는 용어가 적절한가에 대한 문제제기가 있다.

실제 경제민주화나 경제민주주의 개념이 언제 누가 먼저 사용했는지는 명확하지 않으나, 경제민주주의의 개념은 20세기 초 독일에서 나프탈리(Fritz Naphtali)에 의해 정립되었고, 1928년 함부르크 노동조합총회에서 강령으로 채택된 후 1949년 독일노동조합총연맹(ADGB) 대회에서 수용된 개념으로 노사 간 공동결정을 주요개념으로 하고 있다고 한다(김호균, 독일의 사회적 시장경제, 2018).

물론 현행 헌법을 그렇게 해석할 수 없을 것이다. 헌법재판소와 대법원도 제119조 제2항에 대하여 '독점규제와 공정거래'라는 경제정책적 목표를 개인의 경제적 자유를 제한할 수 있는 정당한 공익의 하나로 보고 있고, 공정한 경쟁질서의 유지가 자연적인 사회현상이 아니고 국가의 지속적인 과제라고 보고 사회복지·사회정의를 실현하기 위하여 국가적 규제와 조정을 용인하는 사회적 시장경제질서로서의 성격을 가지고 있다고 판단하고 있다. 그런 관점에서 '경제의 민주화를 위하여 경제에 관한 규제와 조정을 한다'의 핵심적인 내용 역시 경쟁질서를 보호하는 내용으로 볼 수 있고, 이는 시장의 지배 및 경제력의 남용 방지와도 다소 중복되는 내용인 것이다. 앞으로 이러한 문제들에 대하여도 종합적인 검토가 필요하다고 생각된다.

어쨌든 제5공화국 헌법 개정 당시 독과점 규제에 대한 논의와 함께 「공정거래법」 제정이 논의되었고, 「공정거래법」 제1조(목적)에서는 "이 법은 사업자의 시장지배적 지위의 남용과 과도한 경제력의 집중을 방지하고, 부당한 공동행위 및 불공정거래행위를 규제하여 공정하고 자유로운 경쟁을 촉진함으로써 창의적인 기업활동을 조장하고 소비자를 보호함과 아울러 국민경제의 균형있는 발전을 도모함을 목적으로 한다"고 규정하고 내용의 변화없이 지금도 유지되고 있다.

이러한 의미에서 「공정거래법」은 헌법상 경제조항의 정신을 구체적으로 구현한 법들 중에서도 가장 핵심적인 법으로 볼 수 있고, 현행 헌법질서에서 공정거래의 중요성은 바로 여기에 있는 것이다. 「공정거래법」상 공정거래의 직접적 목적은 공정하고 자유로운 경쟁의 보호와 촉진이며, 그 궁극적 목적은 창의적인 기업활동의 조장, 소비자 보호 및 국민경제의 균형있는 발전이다. 이를 토대로 공정거래의 기능은 자유, 공정 및 후생으로 압축해 볼 수 있다.

공정거래의 1차적 목적은 자유롭고 공정한 경쟁의 보호와 촉진으로 정의해 볼 수 있다. 그래서 「공정거래법」을 정책으로 표현할 때는 경쟁정책(Competition policy)이라는 말을 많이 사용하고 있다. 우리는 일상생활에서 경쟁이란 말을 수없이 들으면서 생활하고 있다. 경쟁사회라는 말부터 입시경쟁, 스포츠 경쟁, 그리고 학술적으로는 완전경쟁, 유효경쟁, 자유경쟁, 혁신경쟁, 파괴적 경쟁 등이 그 예이다. 공정거래가 보호하고 촉진하고자 하는 경쟁은 무엇을 의미하는 것일까?

일반적으로 「공정거래법」, 즉 경쟁정책에서 중요한 의미를 가지는 것은 완전경쟁, 유효경쟁, 자유경쟁 세 가지를 들 수가 있다. 애덤 스미스와 그 이론을 승계한 신고전파 경제학에서는 완전경쟁을 의미하였는데, 이는 일반적으로 사용하는 경쟁이란 의미와는 달리 완전경쟁이란 상태는 어떤 시장참가자도 초과이윤을 얻을 수 없는 정태적 상태를 의미하였다. 이는 매우 이상적이지만 현실에서는 불가능한 이론으로 밝혀졌다. 그 후 1940년 존 클라크가 유효경쟁이란 개념을 주장하였는데, 어떤 시장이 경쟁적인가를 판단함에 있어 시장구조, 성과 및 행태(이른바 'SPC모형')를 기준으로 하는 이론이다. 오늘날 대부분의 국가에서 경쟁정책의 기초로 유효경쟁이론을 수용하고 있다.

그러나 유효경쟁이론도 완전경쟁이론과 마찬가지로 어떤 상태를 추구하는 규범적인 이론이다. 이에 대한 반발로, 하이에크 등의 오스트리아학파나 미국의 시카고학파에서는 자유경쟁이란 개념을 추구하는데, 이는 동태적인 각축과정을 경쟁으로 보는 것이다. 이러한 입장에서는 경쟁정책에 큰 의미를 두지 않고, 독과점상태도 시장 자체적으로 해결된다고 보는 것이다.

어쨌든 「공정거래법」이 추구하는 경쟁을 어떤 규범적이고, 정태적 상태로 보기는 어렵다. 다만 행태적 측면에서 경쟁제한적인 행위, 그리고 그 행위를 유발하는 시장구조와도 싸우면서 시장에서의 경쟁이 유지되고 보호된다고 의미로 볼 수밖에 없다. '경쟁이 아니라 경쟁제한만이 정의될 수 있다'고 하는 말도 이러한 의미를 가지는 것이다.

(뉴스퀘스트, 2021. 11. 9.)

6. 경제적 경쟁과 오징어 게임

사전에 규칙 정해놓고 움직이는 게임과 시장경제 경쟁은 달라…

최근 '오징어 게임'이란 드라마가 전 세계적으로 열풍을 일으키고 있다. 한국식 놀이의 재미는 말할 것도 없고, K-드라마의 우수성을 세계에 떨치고 있는 것이다. 가장 적나라한 경쟁게임인 오징어 게임에서의 경쟁을 경쟁정책에서 말하는 경쟁이라고 볼 수 있을까? 물론 탈락자를 죽이는 행위까지는 빼고 생각했을 때 말이다.

외견상으로는 참가가 자유롭고, 게임 과정에서는 철저한 게임의 규칙이 있어서 그 규칙에 따라 참가자들이 경쟁을 해서 최후의 1인이 선정되는 과정이 마치 자유롭고 공정한 경쟁과정으로 보일 수 있다. 그러나 자세히 뜯어보면 시장경쟁에서의 경쟁과는 분명히 다른 점이 있다.

우선 시장경제에서 경쟁은 사전적으로 규칙을 만들어 놓고 그 규칙 속에서 움직이는 것은 아니다. 다양한 경쟁방법이 동원되고 상대방을 착취, 배제, 구속 및 방해하는 등 불공정행위가 없다면 공정하고 자유로운 경쟁이 되는 것이다. 그러나 오징어 게임에서는 참가자들이 철저한 사전적 규칙에 따라 움직이는 것이다. 최후의 승자가 되기 위한 경쟁이 있지만 개방된 시장경제에서의 경쟁과는 다른 것이다. 오징어 게임에서 게임을 주관하는 프런트맨(frontman)의 존재를 시장경제에서는 상정하기 어렵다.

프런트맨은 일일이 게임의 규칙을 정하고(rule maker) 그 규칙을 지키는

지 감시하는 일을 한다. 파수꾼(Watchdog)으로서의 공정위는 게임의 규칙을 만드는 것이 아니라 기업 스스로의 판단에 따른 행위가 시장에서 경쟁을 제한하거나 불공정한 경우에만 개입을 하는 것이다.

그런 의미에서 스포츠 경쟁이나, 요즘 유행하는 가요 오디션 프로그램도 시장경제에서의 경제적 경쟁과는 그 의미가 다르다. 그 역시 사전에 경쟁방법이나 절차 등을 정하고 있고, 그 범위에서 우승자를 가리는 것이기 때문이다. 이와 같이 경쟁법이나 경쟁정책에서 추구하는 경쟁은 일상생활에서 사용하는 경쟁과는 그 의미에서 차이가 있다. 경제적 경쟁이란 상호 간에 주고받는 급부를 위해 자유롭게 거래하고 행동하는 열린 시스템의 일부를 의미하는 것이다.

(뉴스퀘스트, 2021. 11. 15.)

7. 경쟁정책과 산업정책, 조화(調和)의 기술이 필요

경쟁의 기능에 자유, 공정, 그리고 사회후생이라는 기능도…

오늘날 대부분의 국가는 나라마다 약간의 차이가 존재하지만 시장경제라는 경제질서 틀 속에서 경제활동을 영위하고 있다. 심지어 중국 같은 사회주의 국가도 경제활동만은 시장경제가 도입되어 사회주의적 시장경제라는 제3의 질서를 추구하고 있다. 시장경제에서 경쟁의 중요성에 대해서는 굳이 더 이상 강조가 필요하지 않다고 생각된다.

그런데 국가경제를 운영하는 데 있어서는 경쟁정책 외에도 다양한 규제와 조정이 이루어지고 있으며, 성장정책, 분배정책, 산업정책, 소득정책, 환경정책, 경제주체 간 조화를 위한 경제민주화 정책 등을 그 예로 들 수 있다. 이들 정책들은 헌법 제119조 제2항에 근거를 두고 집행이 되고 있다. 그런데 이들 정책 간에 충돌되는 부분이 없고 기계의 톱니바퀴처럼 잘 맞아 떨어진다면 국가경제 입장에서는 그보다 더 효율적인 일이 없을 것이다. 그러나 현실에 있어서는 상호간에 충돌되는 상황도 발생할 수 있는데, 이 경우 어디에 더 중점을 두어야 하는 것이 문제가 된다. 그러나 이는 '선택의 문제'라기 보다는 '조화(調和)의 기술'라고 보는 것이 타당할 것이다.

경쟁의 기능에 자유, 공정, 그 외에도 후생이라는 기능이 있음을 앞선 칼럼에서도 지적하였다. 「공정거래법」은 예외적으로 적용이 제외되는 경우를 규정하고 있는데, 이는 그렇게 하는 것이 사회후생에 더 큰 도움이 될 경우를 상정하여 경제 전체적인 관점을 고려하여 규정한 것으로 이해할 수 있다. 이러한 취지에서 「공정거래법」은 '다른 법령에 따른 정당한 행위'에 대해서는 법 적용에서 제외한다는 규정을 두고 있다. 예를 들어 다른 법령에서 「공정거래법」이 금지하는 공동행위를 할 수 있도록 규정하고 있다면 원칙적으로 「공정거래법」이 적용될 수 없는 것이다. 「보험업법」 등 그런 규정을 둔 몇 개의 법이 존재하고 있다.

그 중 최근 이 문제로 시끄러운 분야가 있다. 바로 해운사 공동행위 사건이다. 언론 보도내용을 종합해 보면, 공정위가 국내외 23개 해운사와 동남아정기선협의회의 운임 공동행위에 관한 심사보고서를 위원회에 상정하자 해운업계와 해양수산부는 「해운법」을 근거로 허용되는 행위라면서 강력하게 반발하고 있다는 것이 주된 내용이다. 정치권에서는 해운법을 개정하여 「공정거래법」 적용 면제를 소급하여 적용하려는 비상식적 상황까지 발생하고 있다.

「해운법」 제29조에 운임 등 협약이 허용되어 있는 것은 사실이다. 따라서 원칙적으로 해운사들의 운임 협약은 「공정거래법」 적용의 예외가 될 수 있다. 이는 전 세계적으로 인정되는 해운동맹이라는 개념에 기원을 두고 있는 매우 특수한 규정이다. 그러나 한편으론 협약 참가 및 탈퇴의 자유를 보장하고, 해수부장관에게 협약 내용을 신고하게 하거나 거래상대방인 화주단체와의 정보교환 및 협의의무를 부과하는 등 제도의 남용을 방지하는 장치도 동시에 두고 있다.

그럼 이러한 규정을 모를 리 없는 공정위가 왜 칼을 빼 들었을까? 아마 공정위는 해운사들이 위와 같은 신고 등 절차규정을 위반했으므로 정당한 행위가 아니라고 보고 있는 듯하다. 반면 해운사들은 해수부에 정상적인 신고를 하였고 따라서 절차위반이 없다는 주장을 하고 있다. 해수부도 정상적으로 신고를 받았다는 입장이라고 한다. 한편 해운법을 보니, 특이하게도 신고 받은 내용에 협약 참가 및 탈퇴를 제한하는 등 경우 조치 권한과 실질적인 경쟁제한이 있는 경우 조치 권한 및 공정위 통보의무가 해수부 장관에게 있는 것으로 규정되어 있다. 신고 받지 않은 협약이 있었을 경우 조치에 대해서는 명시적으로 규정되어 있지 않다.

그러나 「공정거래법」 적용제외 제도는 타 법령에서 정하고 있는 절차를 존중하여 「공정거래법」의 개입을 최대한 자제하는 것이 제도설계의 기본 취지이다. 상기 건에서도 타 법에 따라 신고행위들이 있었다면 그 신고가 부실한지, 내용에 문제가 있는지에 대한 주무부처의 판단이 중요하다고 생각된다. 따라서 해운사 조사 착수 전에 해수부로부터 자료협조를 받아 그 간의 운임신고 현황에 대한 예비적인 검토를 거쳐 부처 간 협의를 통해 방향설정을 하는 정책적 노력이 있었더라면 경쟁정책과 산업정책의 조화에 관한 모델 케이스가 되었을 거란 아쉬움이 든다.

(뉴스퀘스트, 2021. 11. 29.)

8. 조지양익(鳥之兩翼), 「공정거래법」과 지식재산권

지재권도 권리행사 범위 넘으면 「공정거래법」 적용,
2016년 퀄컴 시장지배적 지위남용으로 1조원 넘는 과징금 부과

지난번 칼럼에서 「공정거래법」이 적용되지 않는 예외적인 경우로 '타 법령에 따른 정당한 행위'에 대해 소개한 바 있다. 「공정거래법」은 또 다른 적용제외의 경우로 지식재산권 행사인 경우를 규정하고 있다. 즉 저작권법, 특허법, 실용신안법, 디자인보호법 또는 상표법에 의한 권리의 행사라고 인정되는 행위에 대해서는 「공정거래법」을 적용하지 아니한다.

그런데 이러한 규정을 두고 있는 이유는 무엇일까? 지식재산은 그 성격상 독점적 성격을 가지므로 지식재산권 행사 그 자체는 경쟁법의 성격을 가지는 「공정거래법」의 적용에서 제외한다는 취지이다. 시장경제 메커니즘에서는 경쟁 못지 않게 재산권의 보장도 중요하다.

우리나라 「공정거래법」이 독점 그 자체에 대해서는 개입하지 않는 폐해규제주의를 채택하고 있으므로 지식재산권의 행사를 「공정거래법」 적용에서 제외하는 것은 어떤 면에서는 당연한 규정이지만 경쟁과 독점을 상징하는 양대제도 간의 관계를 명확하게 규정한 것이다. 어쨌든 외견상으로는 마치 「공정거래법」과 지식재산권이 상충되는 제도인 것처럼 보이기도 한다. 그러나 지식재산권이 혁신적인 기술에 대한 정당한 보상을 통해 새로운 기술혁신의 유인을 제공하기 위한 제도인 점에서, 공정하고 자

유로운 경쟁 촉진을 통해 혁신을 유도하고 국민경제의 균형있는 발전을 도모한다는 「공정거래법」과 같은 지향점을 가진 것이다.

한편 '예외 없는 법칙은 없다(There's no rule but has some exceptions)'는 명제는 이 경우에도 역시 적용된다. 즉 「공정거래법」이 독점의 남용행위에 대해서는 개입하고 있는 것과 마찬가지로 지식재산권의 행사라 하더라도 배타적 사용권의 범위를 넘는 부당한 행위에 대해서는 적용의 예외를 둘 수 없다는 것이다. 다른 법령에 따른 '정당한 행위'에 대해서만 「공정거래법」 적용을 제외한다고 규정한 것과 유사한 취지이다.

지식재산권의 권리 행사의 범위를 넘는 경우에는 그 내용에 따라 시장지배적 지위 남용행위, 기업결합, 불공정거래행위, 부당공동행위 등 「공정거래법」 관련 규정의 적용을 받게 되는 것이다. 따라서 그 핵심은 지식재산권 행사의 범위 내의 행위인지, 범위를 넘는 행위인지 여부를 판단하는 것이다. 실무적으로는 특허의 경우가 주로 문제가 되고 있다.

1981년 공정위가 발족한 이후 지난 40년간 처리한 사건 중 최대의 사건으로 꼽히는 사건도 특허권 남용에 관한 사건이었다. 즉 지난 2016. 12. 21. 글로벌 통신칩셋 및 특허 라이선스 사업자인 퀄컴(Qualcomm)의 시장지배적 지위 남용행위에 대해 시정명령과 함께 1조 300억 원이라는 천문학적 과징금을 부과한 것이다. 동 사건에서 퀄컴은 칩셋 제조 · 판매에 필수적인 이동통신 표준필수특허(SEP: Standard Essential Patents)에 대해 라이선스 제공을 거절하거나 제한하였고, 칩셋 공급을 볼모로 FRAND 확약을 우회하여 부당한 라이선스 계약 체결 · 이행을 강제하였는데, 공정위는 이들 행위를 지식재산권의 행사의 범위를 넘는 시장지배적 지위 남용행위로 판단하고 제재한 것이다.

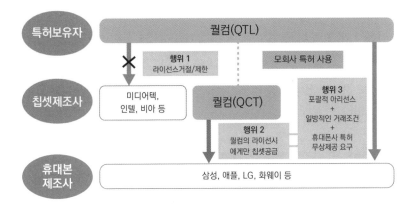

출처: 공정위 보도자료(2016. 12. 29.)

저자도 공정위 상임위원으로 활동할 당시 동 사건 심의에 참여하였는데, 국내 삼성전자·LG전자 뿐만 아니라 미국의 애플·인텔·엔비디아, 대만의 미디어텍, 중국 화웨이, 스웨덴 에릭슨 등 굴지의 글로벌 ICT 기업들이 세종시의 공정위 심판정에 총출동하였고 7차례나 심의를 했던 기억이 난다. 한국이 제재를 한 이후 미국, 대만 등에서도 유사한 제재가 이루어진 국제적인 사건이었다.[3]

최근 언론에서 국내 중견기업이 '특허 괴물'로 불리는 미국 특허관리 업체가 제기한 특허소송에서 승소했다는 기사를 본 적이 있다. 즉 광반도체 전문기업 서울반도체가 미국 다큐먼트 시큐리티 시스템즈(DSS)와 특허소송에서 승소하며 4년에 걸친 소송을 끝냈다는 내용이었다. 언론 등에서 사용하는 '특허괴물(Patent Troll)'이라는 용어는 특허관리전문회사를 말하는

---

3 2003년 4월 대법원에서 일부를 제외하고 공정위 승소가 확정되었다. 그러나 미국에서는 연방항소법원이 위법성을 인정하지 않았다.

데 제3자로부터의 특허권 매입을 통해 강력한 특허 포트폴리오를 구축하고 이를 기반으로 다른 기업에 대한 실시허락이나 특허소송을 통해 수익을 실현하는 것을 주된 사업방식으로 하고 있다. 이들이 매입한 특허권을 남용하여 현저히 불합리한 수준의 실시료를 부과하거나, 무효인줄 알면서도 특허소송을 일삼는 경우가 있다.

「공정거래법」과 지식재산권은 시장경제를 지탱하는 양날개, 조지양익(鳥之兩翼)이다. 한쪽 날개로는 날기가 어렵다. 경쟁의 결과물인 독점(지식재산권)을 보호하되 이를 남용하는 경우 다시 경쟁원리의 적용을 받아 새로운 혁신이 생겨나는 선순환 구조가 시장경제의 핵심인 것이다.

(뉴스퀘스트, 2021. 12. 12.)

9. 노동조합과 「공정거래법」의 적용
─ 묵시적 적용제외의 한계

시장경쟁 제한하는 노조의 행위, 「공정거래법」 적용 면제 받기 어려워…

공정위는 2022. 12. 28. 민주노총 전국건설노조 부산건설기계지부가 경쟁사업자단체 소속 사업자를 건설현장에서 배제할 것을 건설사에 요구하고, 이를 관철하기 위해 레미콘 운송 중단, 건설기계 운행 중단 등의 압력을 행사한 행위에 대해 시정명령 및 과징금(1억 원)을 부과하기로 결정하였다고 밝혔다. 보도자료에 따르면, 건설기계대여 사업자단체가 경쟁사업자단체 소속 사업자를 현장에서 배제할 것을 건설사에 요구하고 자신의 장비를 사용할 것을 강요하여 공사가 지체되고 사업자단체에 속하지 않은 사업자들의 기회가 상실되는 문제가 발생하였다고 한다.

「공정거래법」은 원칙적으로 사업자나 사업자단체에 대하여 적용되는 법이므로 원칙적으로 소비자나 노동자는 「공정거래법」의 적용대상이 되지 않는다고 보는 것이 일반적이다. 따라서 소비자단체나 노동자단체도 「공정거래법」의 적용대상이 되지 않는다. 이에 대한 명시적 규정은 없지만, 노동, 자본 등 생산요소 시장에서 이루어지는 행위는 가급적 「공정거래법」을 적용하지 않는다는 취지이다. 이를 전문용어로 '묵시적 적용제외 (implicit antitrust exemption)'라고 한다.

그리고 거래가 아닌 '고권적 기능'을 수행하는 국가나 지방자치단체도 원칙적으로 「공정거래법」의 적용대상이 되지 않는다. 그러나 「공정거래법」에는 '상대적 사업자' 개념이라는 것이 있다. 예를 들어 국가나 지방자치단체라 하더라도 계약과 같은 사경제적 행위를 하는 경우에는 '사업자성'을 띤다는 것이다. 이는 「공정거래법」을 기능적(functional)으로 해석한 결과이다.

마찬가지 논리로 노동자가 사업활동을 하는 경우 노동자와 사업자라는 이중적 지위를 가지며, 따라서 노동자단체 역시 노동단체로서의 지위와 사업자단체로서의 지위를 동시에 가지는 것이다. 상기 사건에서 공정위는 위법성의 근거로 구성원들이 형식적으로 특수고용형태의 노동자이지만, 건설기계관리법에 따라 '건설기계를 소유하고 건설기계대여업자로 등록하여 건설기계를 대여하며 그 대가로 임대료를 받는 사업자'라는 점을 주요 이유로 들고 있다. 일부 언론에서는 마치 「공정거래법」이 노동조합에 적용된 것처럼 보도를 하고 있는데, 이는 적확(的確)한 표현은 아니다. 심지어 노조탄압이라는 주장까지 하는데, 이는 노동조합의 사경제적 활동과 관련하여 「공정거래법」이 적용된 것뿐이지 노조탄압과는 아무 관련이 없다.

역사적으로 보면 노동조합에 대한 「공정거래법」 적용이 아예 없었던 것은 아니다. 사실상 세계 최초의 「공정거래법」이라고 할 수 있는 미국의 「셔먼법」이 1890년에 제정되었는데, 처음에는 노동조합의 단체행동에 대해 자유로운 거래를 제한한다는 이유로 「셔먼법」을 적용하였다. 법 제정 직후인 1893년에 「셔먼법」을 노동조합에 적용한 판결이 나타났고, 1894년 풀만(Pullman)회사 철도파업에서 미국철도연맹이 개입한 것에 대해 「셔먼법」 위반으로 처벌하게 되었다(지철호, 『독점규제의 역사』, 2020). 1902

년 북미모자연맹이 코네티컷 주 댄버리에 있는 D.E. Loewe의 회사를 가입시키는 데 실패한 후, 동 회사의 제품에 대한 전국적인 보이콧을 하게 한 행위가 문제된 사건이 있었다. 이에 1908년 연방대법원은 노동조합에 대해서도「서면법」을 적용하였고, 3배 배상까지 명하게 되었다[〈Loewe v. Lawlor(일명, Danbury Hatters) 사건〉].

그러나 그 후 1914년「클레이튼법」을 제정하면서 노동조합을 반독점법 적용에서 제외하게 되었고('노동자들의 헌장'이라 불리움), 1932년의「Norris−LaGuardia법」에서도 적용제외를 규정하게 되었다. 1940년 〈Apex Hosiery Co. v. Leader 사건〉에서 연방대법원은 노동조합에서 노동자를 독점 공급하는 문제에 대하여 반독점법 위반이 아니라고 하였다.

그러나 단체협상과 같은 노동조합 활동이라 하더라도 반독점법의 적용에서 무제한적으로 제외되지는 않았다. 1941년 〈United States v. Hutcheson 사건〉에서는 목적달성을 위해 '자신의 이익을 위해 행동하고 다른 노동단체와 연합하지 않는 한(acts in its self interest and does not combine with non−labour groups)' 반독점법의 적용에서 제외된다고 판결하여, 적용제외에 일정한 조건을 부과하였다. 1945년 〈Allen Bradley Co. v. Electrical Workers 사건〉에서도 연방대법원은 노동조합이 전기공사업체와 단체협상을 하면서 노동조합에서 만든 장비를 사용하도록 한 행위를 큰 틀에서 담합 및 공동의 거래거절행위로 보아 적용면제를 인정하지 않았다.

1975년 〈Connell Constr. Co., Inc. v. Plumbers & Steamfitters 사건〉에서는 노동분야 적용면제를 법령상의 면제(Statutory exemption)와 비법령상의 면제(Non−statutory exemption)로 구분하고, 후자는 임금, 근로조건 같은 데서 경쟁을 없애려는 노력에 대해서는 적용면제가 되지만, 시장에서의 경쟁을 제한하는 반경쟁적 행위에 대해서는 적용면제를 인정하지 않았다. 〈Connell 사건〉 이후 법원은 노동조합에 대하여 반독점법 적용면제를 결정하는 데 있어서 4가지 문제에 집중하고 있다. 즉 첫째, 사용자－노동자 관계가 존재하고 노동조합이 노동자를 대표하는지, 둘째, 노동조합이 다른 노동단체와 연합하고 있는지, 셋째, 노동조합이 자신의 이익을 위해 활동하는지, 넷째, 노동조합의 방식이 자신의 이익을 추구하는 데 있어서 목적달성을 위해 합리적으로 필요한 범위보다 더 제한적인지 여부이다.

1996년의 〈Brown v. ProFootball, Inc. 사건〉에서 대법원은 적용제외를 인정하였는데, 단체협상 과정에서 협상을 촉진하기 위해 부과되는 경쟁 제한은 반 독점법의 제재로부터 보호돼야 하는 것을 법령 외 적용제외(묵시적 적용제외)는 용인하고 있다고 판시하였다. NFL(National Football League)이 2군 소속 선수들의 월급을 전 팀 동일하게 주(週) 1,000달러로 한 것이 문제된 사례였다.

이러한 일련의 미국 연방대법원 판결을 고려해 보면 사업자단체가 아닌 순수한 노동단체로서 행위를 하였다 하더라도 정상적인 노조활동을 넘는, 시장경쟁을 제한하는 행위에 대해서는 「공정거래법」 적용면제를 받기 어려워 보인다. 합법적인 노동단체의 활동은 헌법과 법률의 규정에 따라 보호되어야 하지만 그 범위를 넘는 행위는 과유불급(過猶不及)이 아닌가 싶다.

(뉴스퀘스트, 2023. 1. 8.)

10. 미스터 션샤인의 전차와 붉은 깃발법 그리고 타다금지법

산업 전체의 발전이나 소비자 이익에 초점을 맞추어 판단해야…

> "저 전거 때문에 인력거꾼 수입이 팍 줄었다 카대요.
> 진고개 눈깔사탕 때문에 엿장수는 아주 엿돼뿟고요"

몇 년 전 시청자들의 큰 인기를 끌었던 TV 드라마 중에 '미스터 션샤인'이 있었다. 구한말 조선을 침탈하기 위해 열강들이 조선으로 쇄도해 오던 풍전등화 같았던 시대를 배경으로 한 시대극이었다.

억울하게 죽은 노비의 아들로 태어나 우여곡절 끝에 미국으로 건너가 미 해병대장교가 된 유진 초이(Eugene Choi)(이병헌 분)가 미공사관 영사로 조선에 들어오면서 조선의 정신적 지주인 고 씨 가문의 마지막 핏줄인 애신(김태리 분)과의 사이에서 벌어지는 처절하고도 슬픈 사랑 얘기였다. 배우들의 연기도 인상적이었지만 증오와 복수, 조선의 신분사회가 낳은 비극을 버무린 전개도 매우 흥미로운 드라마였다. 그리고 덤으로 뛰어난 영상미가 보는 이로 하여금 빨려들게 만들기 충분하였다. 저자는 이 드라마를 보고 김태리의 팬이 되었다.

저자는 직업의식에서인지 드라마 내용 중에 애신과 시내를 나온 함안댁이 당시 시내를 다니던 전차를 신기하게 보면서 "저 전거 때문에 인력거꾼 수입이 팍 줄었다 카대요. 진고개 눈깔사탕 때문에 엿장수는 아주 엿돼뿟

고요"라고 얘기하는 장면에 꽂힌 적이 있다. 전통과 신문물이 뒤섞인 변화의 시대가 그 한마디에 농축되어 있었다.

실제 1899년 경성에서 전차가 처음으로 개통되었다. 당시 전차개통은 일본 동경보다 먼저였는데, 이는 일본 동경에서는 레일을 이용한 마차영업이 성행하였는데 이들의 반대 때문에 늦어졌다고 한다. 당연히 당시 조선에서는 인력거꾼들이 그냥 가만히 당하고 있었을까? 하는 의구심이 들었다. 만약 당시에 동업자 조직이 있었다면 분명히 전차의 도입을 반대하고 상소 등을 통하여 생계대책을 요구하지 않았을까 하는 추측도 든다. 그러나 실제 그 일이 있었는지는 알지 못한다. 진차가 사람을 치이 죽였을 때 전차를 파괴하는 사건이 있었다고 전해지지만 신문물에 대한 막연한 반감이었을 것이다. 19세기 초 영국의 기계파괴(러다이트) 운동과 같다고 할까?

한편 드라마의 배경이 된 시대보다 몇 십 년 전에 지구 반대쪽 영국에서는 세계최초의 교통법이 제정되었다. 「The Locomotives on Highways Act」 줄여서 'Locomotive Act'가 그것이었는데, 이른바 「붉은 깃발법」이라고 알려진 것은 1865년의 2차 개정법률이었다. 그 내용은 이런 것이었다.

"1. 최고 속도는 교외에서는 4mph(6km/h), 시가지에서는 2mph (3km/h)로 제한한다. 2. 1대의 자동차에는 세 사람의 운전수(운전수, 기관원, 기수)가 필요하고, 그 중 기수는 붉은 깃발(낮)이나 붉은 등(밤)을 갖고 55m 앞을 마차로 달리면서 자동차를 선도해야 한다. 기수(旗手)는 보속을 유지하며 기수(騎手)나 말에게 자동차의 접근을 예고한다." (출처: 나무위키)

지금 생각해 보면 어이가 없는 법이지만, 어쨌든 그러한 규제 때문에 영국은 최초로 자동차를 상용화했음에도 불구하고, 자동차 산업의 주도권을 프랑스, 독일, 그리고 미국 등에게 빼앗겼다는 평가가 있다. 혁신을 막은 대표적 사례로 회자된다.

2019년 우리나라에서는 이른바 〈타다 사건〉이라는 것이 사회를 떠들썩하게 하였다. 자동차대여사업자인 쏘카와 브이씨앤씨라는 업체가 '타다'라는 앱을 통해 차량의 임차와 운전자 알선을 결합하여 제공하는 모빌리티 서비스 사업을 제공한 것이 빌미가 되었다.

대법원은 지난 1일 「여객자동차운수사업법」 위반 혐의로 기소된 쏘카 전 대표와 타다 운영사였던 VCNC 전 대표에게 무죄를 선고한 원심을 상고 기각 판결로 확정했다. 현재 타다는 개정 여객자동차법이 허용하는 운송·가맹·중개사업의 범위 내에서 '타다 라이트', '타다 넥스트' 등 서비스를 제공하고 있다.

서울 개인택시조합에서는 자동차대여사업자의 사업용 자동차를 사용하여 유상으로 여객을 운송한 것이 「자동차 운수사업법」 제34조(유상운송의 금지) 위반이라며 해당업체 대표를 고발하였다. 대규모 규탄 시위도 발생하였다. 그 후 「자동차운수사업법」은 대통령령으로 규정하고 있던 예외 규정을 법률로 상향조정하고, 11인승 이상 15인승 이하인 승합자동차를 임차하는 경우에는 허용하되 관광목적으로 제한하고 대여시간이 6시간 이상이거나, 대여 또는 반납장소가 공항 또는 항만 경우로 제한한다고 규정하였다.

한편 헌법재판소는 2021. 6. 24. 승차 공유 플랫폼인 '타다' 서비스를 사실상 금지한 「여객자동차운수사업법(여객운수법)」조항이 헌법에 위배되지 않는다며 합헌 결정을 내렸다. 그러나 최근 대법원은 타다 이용자와 쏘카 사이에 전자적으로 초단기 승합차 임대차(렌트) 계약이 성립되었다고 보는 것이 타당하다는 취지로 최종 무죄 판결을 하였다.

시장을 근본적으로 재편할 수 있는 잠재력을 가지는 경우 '파괴적 혁신(Disruptive Innovation)'이라고 한다. 위에서 마차를 대체하는 자동차의 등장이나, 인력거를 대체하는 전차의 등장을 생각해 볼 수 있다. 다만 타다 서비스를 그 정도의 혁신이라고 보기에는 논란이 있을 수 있지만 새로운 사업모델을 개발한 것은 사실이다.

혁신에 대하여 기존 업계는 혁신을 추구하거나 혁신자를 경쟁에서 이기거나, 인수 또는 배제적 전략을 쓰는 방법으로 대응한다. 혁신을 추구한다면 새로운 혁신이 일어나지만 배제적 전략으로 쓰는 경우 혁신이 저해되고 경쟁당국의 개입이 필요하다. 2019년 공정위는 '타다 금지법'에 대해 공식 반대 의견 제출한 바도 있다.

경쟁정책은 경쟁법 위반에 대한 사후적인 제재 기능뿐만 아니라 사전에 경쟁주창(Competition Advocacy) 기능을 활성화하여 경쟁이 촉진되고 혁신이 이루어지도록 조성해 나가는 것이 중요하다. 타다금지법의 배경에는 기존의 택시업계를 보호하려는 정책적 고려가 깔려 있을 것이다. 물론 경쟁정책과 산업정책은 조화가 필요하다. 그러나 경쟁정책이 양보해야 할 산업정책이 되기 위해서는 특정 업계의 보호보다는 해당 산업 전체의 발전이나 소비자 이익에 초점을 맞추어 판단해 보아야 할 것이다.

(뉴스퀘스트, 2023. 6. 19.)

11. 공정거래와 인권

공정거래제도가 가진 빈곤과 불평등 완화기능도 인간의 존엄과 가치를 유지하고
행복을 추구하는데 필요

공정거래는 시장에서의 자유롭고 공정한 경쟁을 유지하고 촉진함으로
써 시장경제를 바닥에서 지탱하고 있는 중요한 제도적 장치 중의 하나이
다. 우리나라는 이를 위해 1980. 12월 「독점규제 및 공정거래에 관한 법률
(이하 「공정거래법」)」을 제정하여 운영하고 있다. 「공정거래법」 제1조에서
"이 법은 사업자의 시장지배적지위의 남용과 과도한 경제력의 집중을 방지
하고, 부당한 공동행위 및 불공정거래행위를 규제하여 공정하고 자유로운
경쟁을 촉진함으로써 창의적인 기업활동을 조성하고 소비자를 보호함과
아울러 국민경제의 균형 있는 발전을 도모함을 목적으로 한다."고 명시하
고 있다.

시장경제 체제에서 공정거래제도는 우선 경제성장과 균형있는 발전의
핵심적인 역할을 한다. 즉 기업들의 생산성 향상과 혁신을 통한 경제성장,
그리고 대·중소기업 간의 균형있는 발전을 가져오는 원동력으로 작용한
다. 또한 공정거래는 빈곤문제에도 긍정적인 역할을 함으로써 불평등을
완화하는 기능을 한다. 공정거래의 핵심인 경쟁이 결여되면 국민들의 기
본적 수요 충족에 필요한 비용이 증가하게 되고 이는 결국 빈곤의 증가로
이어지게 된다. 반면 「공정거래법」의 적절한 집행을 통하여 카르텔이 깨

지고, 시장지배적 기업들이 더욱 경쟁적으로 행동하며, 진입장벽이 해소된다면 시장에서 소비자의 후생이 증대되고, 경제적 약자인 중소기업들의 시장참여가 확대되어 빈곤을 완화하는 기능도 수행하는 것이다. 이는 노동시장에도 긍정적 역할을 하게 될 것이다. 2차 세계대전 후 독일에서 사회적 시장경제를 이끌었던 에어하르트 경제부장관은 '카르텔이 번창했을 때처럼 실업이 많았던 적이 없었다'고 술회한 바 있다.

　그리고 위와 같은 경제적 관점에서의 기능 외에도 좀 더 넓은 의미에서 다양한 사회적 가치들과도 깊이 연관되어 있다. 예를 들어 경쟁은 환경문제에도 긍정적이다. 예컨대 경쟁적인 전력시장에서는 기업들이 대체에너지 개발을 통한 시장확대에 노력함으로써 장기적으로는 친환경사회로 나아가는 데 기여할 수 있다. 또한 공정거래는 부패방지와도 깊은 관련이 있다. 독점기업이 과도한 이익을 그들 영역의 특권을 유지하고 확대하는 데 활용한다면 부패가 일어나기 쉽다. 경쟁은 정부─기업 간의 관계에서 신뢰와 예측가능성을 제고함으로써 부패가 일어날 가능성을 예방하는 기능을 한다.

　공정거래제도는 헌법 제119조 제2항에 직접적 근거를 두고 있지만, 이는 무제한한 국가의 권한이 아니라 자유와 권리의 본질적인 내용을 침해할 수 없다는 헌법규정의 제약을 받는다. 모든 국민은 인간으로서의 존엄과 가치를 가지며, 행복을 추구할 권리를 가진다. 공정거래제도가 가진 빈곤과 불평등 완화기능도 인간의 존엄과 가치를 유지하고 행복을 추구하는 데 필요한 것이다. 이는 모든 국민이 근로의 권리와 인간다운 생활을 할 권리를 가진다는 규정과도 일맥상통하는 것이다. 경쟁이 가진 친환경적 기능은 국민이 건강하고 쾌적한 환경에서 생활할 권리를 가진다는 것과 연관되어 있다. 헌법상의 삼권분립을 통한 견제와 균형, 법치주의 원리도 부패방지의 핵심을 이루는 것이다. 결국 공정거래제도는 시장경제의 파수꾼이라는 제도 본연의 목적과 함께 국민들의 기본적 인권보장, 법치주의 등 헌법적 가치의 실현에도 기여하는 것이다.

(국제인권보, 2022. 8.)

12. 공정거래의 세 가지 기둥(Pillar)
— 사업자, 시장 그리고 경쟁제한

「공정거래법」 집행은 가상의 현실을 전제로
3단계(사업자, 시장획정 그리고, 경쟁제한성)를 거쳐야…

> "공정거래위원회는 삼성전자 등 기기제조사에게 안드로이드 변형 OS(포
> 크 OS) 탑재기기를 생산하지 못하게 함으로써 경쟁 OS의 시장진입을 방
> 해하고 혁신을 저해한 구글의 행위에 대해 시정명령과 함께 과징금 2,074
> 억 원(잠정)을 부과하기로 결정하였다"

이는 2021. 9. 15. 자 공정위 보도자료의 내용인데, 위 보도내용을 자세
히 보면 사업자(구글)가, 관련시장(모바일 OS 시장)에서, 경쟁제한 행위(시장
진입 방해행위)를 하였다는 구조로 되어 있다. 사안마다 다소의 차이가 있지
만 「공정거래법」을 적용하기 위해 거쳐야 할 단계는 기본적으로 3단계가
있다. 우선은 사업자 간의 행위인가를 판단하여야 한다. 물론 예외적으로
거래상대방이 소비자인 경우에도 적용되는 불공정거래행위 유형이 있으
나 대부분은 행위자는 물론이고 거래상대방도 사업자이다. 따라서 사업자
가 아닌 단순한 개인 간의 관계에서는 「공정거래법」을 적용하기는 어렵
다. 몇 해 전 아파트 부녀회의 아파트 호가담합이 언론에 크게 문제가 된
적이 있었는데, 「공정거래법」 적용이 어렵다고 본 것이 그 일례이다. 그리
고 사업자라 하더라도 채권채무관계 같은 순수한 민사관계에서는 「공정

거래법」을 적용하기 어렵다.

사업자라는 개념은 회사라는 개념과도 다소 차이가 있는데, 특정한 법적 형태를 의미하는 것이 아니라 타인에게 일정한 경제적 이익을 제공하고 이에 상응하는 반대급부를 받는 행위, 즉 경제활동을 계속적·반복적으로 하는 자를 의미한다. 한편 사업자의 개념은 기능적 차원에서 접근하므로, 국가라 하더라도 계약이나 입찰 같은 비고권적 행위를 하는 경우에는 사업자가 될 수 있고, 의사, 변호사 같은 자유직업자도 사업자에 해당할 수 있다. 노동조합이나 소비자단체 같은 경우에는 사업자에 해당되지 않는다.

그러나 사업자는 국내 사업자에 한정되지 않는다. 공정거래 분야에서는 이른바 '역외적용'이라는 것이 국제규범화 되어 있어서 외국사업자의 행위라도 자국에 영향을 주면 자국법을 적용할 수 있는데, 이를 영향이론(effect theory)이라고 한다. 우리 「공정거래법」에는 명시적 규정까지 두고 있다. 지난 칼럼에서 외국사업자인 퀄컴에 대하여 제재를 한 사례를 소개하였는데 바로 이러한 맥락인 것이다. 우리나라 기업이 미국이나 EU 등에서 「공정거래법」, 특히 담합행위로 제재 받은 사례가 많다.

두 번째 거쳐야 할 단계는 시장획정이다. 법적으로는 '일정한 거래분야'라고 표현하고 있다. 경제학에서 시장이란 동대문시장, 남대문시장 같이 사전에 특정된 장소뿐만 아니라, 거래가 이루어지는 공간이라는 매우 추상적인 개념이다. 이론적으로 시장은 수백, 수천 개가 될 수 있는 것이다. 공정거래 사건에서, 특히 독과점 여부를 판단함에 있어 시장의 획정은 필수적인 전제가 된다. 즉 'A 사업자는 독과점 사업자다'라고 하면 틀린 말이다. 'A 사업자는 B시장에서의 독과점 사업자다'라고 해야 정확한 말이 되는 것이다. 공정위는 한때 독과점사업자를 매년 지정하였지만, 결국 폐지하였다.

시장을 획정하는 데 있어서는 상품시장, 지리적 시장이 가장 중요하고 기타 거래단계·상대방별, 시간적 시장이 성립되는 경우도 있다. 상품시장은 예를 들어 '사이다와 콜라', '승용차와 버스'가 같은 시장에 속하는가 아닌가를 판별하는 것이다. 지리적 시장은 세계시장, 국내시장 그리고 지역시장으로 구분될 수도 있다. 공정거래에서 시장은 기본적으로 서로 경쟁관계가 성립되는 범위를 정하는 것이므로, 가장 중요한 기준이 대체가능성인데, 서로 대체가능하면 하나의 시장으로 보는 것이다. 이를 정하는 데 있어서는 여러 가지 경제분석방법이 동원되는 것이 일반적이다.

지금까지의 전통적인 산업 위주의 경제에서는 그나마 시장을 획정하기 용이하였으나, 플랫폼 경제로 진입하면서 시장획정은 난제로 떠오르고 있다. 플랫폼과 같은 다면적이고 그 경계가 불분명한 경제에서 시장을 획정하기란 매우 어려운 일이기 때문이다. 이에 전통적 방법론인 시장획정 무용론까지 거론되는 실정이다.

마지막 단계로 거치는 것이 경쟁을 제한하는 행위인지 또는 공정거래를 저해하는 행위인지 여부를 판단하는 일이다. 「공정거래법」 위반 행위 중에서는 부당공동행위, 시장지배적 지위 남용행위 그리고 기업결합 행위와 같은 경우 경쟁을 제한하는 효과가 있는 행위인지를 주된 기준으로 삼는다. 좁은 의미로 경쟁법의 범주에 들어가는 것이다. 그러나 각종 불공정거래행위와 같이 경쟁제한성보다는 공정거래 저해성이라는 좀 더 넓은 개념을 사용하기도 한다. 우리나라의 경우 이러한 행위를 규제하는 데 더 집중되어 있는 것이 현실이다. 갑을 관계 규제라고 하는 것이 그 대표적인 예이다.

어떻게 보면 「공정거래법」 집행은 가상의 현실을 전제로 하여야 한다. 집행의 어려움도 바로 여기에 기인하는 것이다. 기업들도 마찬가지로 자신들이 법위반을 하는지 인식하기 어려운 경우도 많이 있다. 다양한 사례의 축적과 꾸준한 시장 분석을 통해 최적의 결론을 도출하도록 노력하는 수밖에 없을 것이다.

(뉴스퀘스트, 2021. 12. 26.)

13. 임인년(壬寅年) 새해 단상(斷想),
공정거래는 시장경제의 파수꾼

지난 칼럼을 통하여 피상적으로나마 공정거래 제도의 연원과 기초적인 개념들에 대하여 설명을 하였다. 앞으로는 좀 더 실체적인 내용 위주로 현재 운영되고 있는 공정거래 제도의 내용에 대하여 차근차근 설명해 볼 생각이다.

코로나로 인하여 전 지구가 다사다난이란 말이 부족할 정도로 전쟁 같은 시대를 살아가고 있다. 마스크를 쓴 인간(Homo maskus)이란 말도 등장하고 있다. 이번에도 새해는 어김없이 다가왔지만 고 황병기 선생의 미궁(Labyrinth)이나 레너드 번스타인 작곡의 불안의 시대(The age of anxiety)에서의 무심한 피아노 협주처럼 약간은 언밸런스하면서도 공포영화의 기괴함도 느끼는 새해이다. 올해를 상징하는 검은 호랑이(黑虎)는 과연 어떤 존재가 될 것인가? 그 번득이는 눈빛에서 희망과 불안이 교차한다.

불현듯 오래전에 읽었던 갤브레이스(J.K. Galbraith)의『불확실성의 시대』라는 책이 생각난다. 이 책에서 갤브레이스는 현대사회를 '사회를 주도하는 지도원리가 사라진 불확실한 시대'라고 규정하였다. 대학시절 그저 그렇게 읽었던 책이 살아가면서 생각해 보니 명저 중의 명저다. 그의 탁월한 혜안에 감탄을 금치 못하겠다. 도덕적 기준도 혼돈과 분열 속에 갈피를 못잡고 있다.

그러나 불확실성과 혼돈이 세상의 본질이고 새로운 질서의 원천이 아닐까도 생각해 본다. 독일의 유명한 법철학자인 라드부르흐(G. Radbruch)는 "철학은 우리를 결단에서 해방시키는 게 아니라 우리가 결단에 직면하게 한다. 세상이 궁극적으로 모순이 아니고 삶이 결단이 아니라면 살아간다는 건 얼마나 무가치하겠는가?"라고 반문하고 있다.

『장자』내편 '응제왕'의 마지막 장에 혼돈(混沌)의 내용이 기록되어 있다. "남해의 황제 숙(儵)과 북해의 황제 홀(忽)이 중앙의 황제 혼돈(混沌)과 어느 날 중앙에서 만났다. 혼돈은 그들을 극진히 대접했다. 숙과 홀은 혼돈의 은혜에 보답하고자 그에게 구멍을 뚫어주기로 하였다. 사람에게는 모두 일곱 개의 구멍이 있어 보고, 듣고, 먹고, 숨을 쉬는데, 혼돈은 유독 구멍이 없었기 때문이다. 그들은 하루에 하나씩 구멍을 뚫어갔다. 그러나 이레째 되는 날 혼돈은 죽고 말았다." 혼돈은 무질서 속의 질서인데, 숙과 홀의 강요로 인위적으로 구멍을 내자 혼돈은 죽어버렸다는 것이다.

불확실성과 혼돈 속에 시작된 새해에 이른바 정치의 계절이 시작되었다. 대통령선거가 당장 우리들 눈앞에 놓여 있다. 「공정거래법」은 태생적으로 정치·경제적 상황에 매우 민감한 법이다. 미국 「셔먼법」의 탄생에 대하여 미국의 노벨경제학상 수상자인 스티글리츠(J. E. Stiglitz)는 이렇게 말하고 있다. "만일 독점으로 인한 후생손실이 그리 크지 않다는 하버거의 분석이 미국 최초의 경쟁정책인 셔먼법을 놓고 논쟁을 벌이던 사람들에게 알려졌다면 사정이 달라졌을까? 나는 그렇지 않다고 생각한다. 쟁점이 되었던 것은 효율성 손실에 대한 계산 이상의 것이었다. 경제의 기능방식을 바라보는 시각, 경쟁조건을 같게 만들기(level playing field)와 공정한 게임(fair game)에 대한 인식이었다. 적은 사람이 덩치 큰 불량배에게 맞서 경쟁하는 것은 불리하다는 생각이었다."라고 하면서, 이를 인민주의적 뿌리라고 표현하였다.

우리나라의 공정거래 제도도 작년에 40년을 맞이하여 이제 반세기의 역사를 향해 첫발을 떼었다. 최근 들어 '공정'이 시대적 화두가 되면서 자연스럽게 대통령 선거 때마다 공정거래 제도도 이슈가 되어 왔다. 그러나 이번 선거의 경우에도 각 분야에서 '공정'이 화두가 되고 있지만 과거에 비해 큰 관심을 끌고 있는 것 같지는 않다.

인민주의적 뿌리를 가진 공정거래 제도가 전 세계적으로 100년 이상의 집행 경험을 축적해 왔다. 이제 공정거래에 관한 불필요한 거품을 걷어내고 지나친 정치화(politicalization)로부터도 벗어나는 계기가 되어야 한다. 국제적 규범으로서 글로벌 스탠더드에도 맞춰나가야 한다. 정치적 상황과 관계없이 국민경제적 관점에서 시장경제의 파수꾼이라는 본래의 기능을 수행하는 데 충실하여야 할 것이다. 코로나의 혼돈 속에서 새로운 질서가 탄생하길 기대해 본다.

(뉴스퀘스트, 2022. 1. 9.)

제 3 장

서로 짜고치는 행위는 최악의 반경쟁적 행위이다

공정거래나 경쟁을 추구한다고 할 때 그럼 어떤 수단을 통해 그러한 목표를 달성할 수 있을까? 아쉽게도 공정하고 자유로운 경쟁이 이루어지는 상태를 인위적으로 만들 수는 없다. 왜냐하면 그것이 어떤 상태인지 정확하게 확정할 수 없기 때문이다. 그러나 다행히도 그렇지 못한 행위, 즉 반칙행위는 짐작해 볼 수 있다. 공정거래제도가 대상으로 하는 행위가 사업자간의 행위라고 할 때 선 경쟁법에서 최악의 행위는 담합, 소위 카르텔이라고 하는 것이다. 일상생활에서 '짜고치는 고스톱'이란 말을 통해 이러한 개념을 이해할 수 있다. 이는 사업자들이 인위적으로 무언가를 도모한다는 말인데, 이를 통해 행위자들은 이득을 얻는 반면, 시장의 활력도, 소비자의 이익도 모두 사라지게 되는 것이다. 이러한 위험성은 일찍이 애덤 스미스가 『국부론』에서 이미 갈파한 바 있다. "동업자들은 오락이나 기분전환을 위해 만나는 경우에도, 그들의 대화는 공중에 반대되는 음모나 가격인상을 위한 모종의 책략으로 끝나지 않을 때가 거의 없다"고.

14. 카르텔은 왜 금지하는가?
시장경제의 적(enemy) 또는 암적 존재(cancer)라는 오명(汚名)의 주인공

「공정거래법」은 시장에서 유효경쟁을 유지하고 촉진하는 것을 그 목적으로 하고 있다는 것이 일반적인 인식이다. 유효경쟁이론은 1940년 클라크(J. M. Clark)가 "유효경쟁의 개념에 관하여(Toward a Concept of Workable Competition)"이란 논문에서 처음 사용하였는데 현실에서 불가능한 모델인 완전경쟁시장을 대체하는 이론으로 제시된 것이다.

유효경쟁론에서는 이른바 시장성과(market performance), 시장행태(market conduct), 시장구조(market structure)(이른바 "SPC모형")로 시장이 경쟁적인지 여부를 판단하게 되는데, 「공정거래법」이 특정한 형태의 시장구조를 추구하는 것으로 보기는 어려우므로 경쟁제한이 없는 상태라는 행태적 기준을 채택할 수밖에 없다. 다만 시장구조도 시장행태에 영향을 줄 수 있으므로 그러한 범위에서 시장구조로 규제대상으로 하고 있다. 행태적 기준을 기준으로 할 때, 「공정거래법」이 우선 가장 관심을 가지는 분야는 공동의 경쟁제한적 행태이다. 이는 공동행위를 통하여 인위적으로 시장을 독점하고 직접적인 소비자 피해를 유발하기 때문이다. 시장경제의 적(enemy) 또는 암적 존재(cancer)라는 다소 극단적인 평가도 받고 있다.

「공정거래법」이 금지하는 공동행위라는 것은 일반적으로 카르텔이라는 용어로 통용되는데, 이는 중세 때 휴전협정을 의미하는 '카르타(charta)'

라는 라틴어에서 유래되었고 Kartell(독일어), Cartel(영어)로 발전한 것이다. 독일의 경우 Kartell은 사업자들의 모임을 의미하였다. 미국에서는 셔먼법에서 '공모(conspiracy)'라는 표현을 사용하고 있다. 일상이나 언론 등에서는 담합이나 짬짜미 같은 용어가 주로 사용된다. 카르텔에 대한 부정적 사고는 매우 오랜 역사를 가지고 있다.

일찍이 애덤 스미스는 1776년 『국부론』에서 "동업자들은 오락이나 기분전환을 위해 만나는 경우에도, 그들의 대화는 공중에 반대되는 음모나 가격인상을 위한 모종의 책략으로 끝나지 않을 때가 거의 없다"고 우려를 표시하였다. 중세부터 내려온 동업조합(길드)에 대한 비판에서 나온 말이지만 오늘날 카르텔에 대한 규제를 상징하는 표현으로 회자되고 있다.

그러나 그 이후에도 상당기간 카르텔이 불법으로 인식되지는 않았다. 미국의 경우 1890년 「셔먼법」 제1조에서 트러스트(trust)가 공모(conspiracy)를 위법으로 규정하였지만 처음에는 노동조합에 적용되기도 하였고, 실제 법 적용에는 많은 혼선이 야기되기도 하였다. 독일의 경우 19세기 말까지만 해도 카르텔은 하나의 계약과 유사한 법적 효력을 인정받았고 양차 세계대전의 전시경제에서 카르텔 전성시대가 전개되기도 하였다. 그러나 2차 대전 이후 전시경제를 청산하고 시장경제를 회복하는 과정에서 카르텔을 금지하게 된 것이다.

모든 기업은 독점을 하기 위해 치열한 경쟁을 한다. 슘페터(J. Schumpeter)가 이를 '창조적 파괴'라고 한 것은 익히 알려진 사실이다. '창조적 파괴'를 혁신이라 부를 수 있을 것이다. 이러한 혁신의 보상인 독점에 대해서는 「공정거래법」이 개입하지 않는다. 카르텔은 기업의 혁신적 활동이 아니라 참가사업자 간에 임의적으로 시장을 독점하고 지배하는 결과가 되기 때문에 혁신의 결과로서의 독점과 동일하게 취급할 수 없는 것이다.

그러나 독점규제에 대한 찬반론이 존재하는 것과 마찬가지로 카르텔에 대해서도 그것이 항상 나쁘냐에 대한 논란이 있는 것이 사실이다. 앞선 칼럼에서 경쟁의 기능에 후생이란 관점에 대해 언급한 적이 있다. 사회 후생을 소비자후생과 생산자 후생으로 구분해 볼 때 카르텔의 금지를 통해 소비자 후생이 증가할 수 있지만, 소비자후생 증가보다 생산자 잉여가 더 크게 감소한다면 사회 전체적으로 볼 때 그것이 바람직한 것인가의 문제가 있는 것이다.

한정된 자원을 효율적으로 배분하는 메카니즘이 경쟁이다. 그러나 개릿 하딘(Garrett Hardin)이 1968년 「사이언스(Science)」에 실은 이른바 '공유지의 비극(Tragedy of the Commons) 이론'에서도 느낄 수 있듯이, 경쟁이 항상 만능해결사라고 단정적으로 얘기하기는 어렵다. 카르텔 사건을 다루다 보면 정말 나쁜 카르텔일까 하는 의심이 들 때가 있다. 예를 들어 흔히들 얘기하는 파멸적 경쟁이라든가, 이른바 경제적 약자들의 항변이라 할 수 있는 대항 카르텔이라고 하는 상황도 있다.

「공정거래법」도 이러한 경우를 완전히 도외시하지는 않는다. 제도적으로 공동행위의 인가를 통하여 카르텔을 허용해 주는 제도를 가지고 있고, 아예 타 법령에 따른 정당한 행위에 대해서는 「공정거래법」 적용을 제외하는 제도도 있다. 업계의 자율규약을 인정해 주기도 한다. EU의 일괄면제(Block Exemption) 제도나 독일의 중소기업카르텔 제도도 이러한 맥락에서 이해할 수 있을 것이다. 어떤 제도이건 완전무결한 제도는 없기 때문에 시장경제의 적이라는 카르텔이라 하더라도 그 뒤에 감추어진 시장상황도 균형있게 보아야 할 것이다.

(뉴스퀘스트, 2022. 1. 23.)

15. 정보교환, 그리고 디지털 카르텔(digital cartel)

디지털 시대의 화려함 뒤에 숨겨진 부작용도 미리 대비해야…

Algorithms and collusion, OECD(2017)

카르텔 금지와 관련하여 「공정거래법」 제40조 제1항에서는 "사업자는 계약, 협정, 결의 기타 어떠한 방법으로도 다른 사업자와 공동으로 부당하게 경쟁을 제한하는 행위를 합의하거나, 다른 사업자로 하여금 이를 행하도록 하여서는 아니된다."고 규정하고 있다. 그리고 구체적 유형으로 가격, 거래조건, 거래제한, 시장분할, 설비·장비도입종류·규격제한, 공동회사설립, 입찰담합, 기타 사업활동방해 및 정보교환 행위의 9가지를 규정하고 있는데, 이와 같은 행위가 「공정거래법」 제40조 제1항에 위반되는지를 판단할 때 가장 중요하고도 기본적인 것이 '합의'라는 개념이다. 여기서 합의의 개념은 서면을 통하여 합의사항을 명시적으로 정하는 경우도 있지만 묵시적 합의 즉 암묵적 양해도 포함되는 것으로 해석한다. 미국의

〈Esco 판결〉에서는 '의식적 윙크(knowing wink)'만으로도 합의가 인정될 수 있다고 판시하였다.

카르텔 위반 사건을 조사하다 보면 과거에는 명시적으로 합의를 남기는 경우가 많았고, 소위 협정가격을 지키지 않는 것을 오히려 불법적인 행위로 오해하는 기업들까지 있곤 하였다. 그러나 지금은 명시적으로 카르텔의 증거를 남기는 경우는 거의 없고, '정보교환'의 형태를 띠는 것이 일반적이다. 그런데 동종 영업을 하는 사업자들 간의 정보교환은 어떻게 보면 자연스러운 현상일 수 있지만, 가격 등 중요한 정보를 교환하는 경우 합의라고 하는 외관을 가지는 것도 사실이므로 어떤 정보교환이 「공정거래법」이 금지하는 합의에 해당하는가가 실무적으로 문제가 되어 온 것이다.

이에 대해서는 많은 판례들이 축적되어 있는데, 그 간의 판례를 종합해 보면 '의사연결의 상호성'이란 개념을 판단기준으로 삼고 있다. 그러나 정보교환이 있었다고 하여 의사연결의 상호성을 바로 인정하지는 않고 유력한 자료 정도로만 취급하는 것이 기본적인 입장이다.

그런데 2022. 1월 시행된 새로운 「공정거래법령」에 따르면 가격, 생산량, 원가, 출고량, 재고량 또는 판매량, 거래조건 또는 대금·대가의 지급조건 등 정보교환행위에 대하여 처벌할 수 있는 규정을 명문화하였고, 추정조항에서도 정보교환행위를 추가하였다. 앞으로 기업들이 정보교환행위에 대하여 법 위반이 되지 않도록 경각심을 가질 필요가 있다고 생각된다. 더욱이 과징금 상한도 2배로 상향되어 더욱 주의가 필요한 시점이 되었다.

디지털 경제가 도래하면서 단순한 정보교환을 넘어서서 '디지털 카르텔(digital cartel)'이란 말이 회자되고 있다. 이는 전통적인 의미에서의 합의나 정보교환보다 더 진화한 형태의 합의로 일반적으로 알고리즘 담합이란 말로 통용되고 있다. 2016. 10월 뉴욕연방지방법원은 Uber가 탑승객의 수요와 운전기사의 공급에 따라 가격이 바뀌는 가격알고리즘(surge pricing)을 사용하는 행위에 대하여 Uber와 운전기사들이 가격알고리즘을 바탕으로 요금을 담합했다고 판단한 바 있다. Uber가 알고리즘을 통하여 수백 명의 경쟁운전사들을 위하여 특정 승차건에 대한 표준가격 및 할증요금의 적용시기 · 지역 · 기간 · 범위 등을 결정해 주는 역할을 하였던 것이다.

알고리즘을 이용한 담합의 경우 법 적용이 용이하지 않다. 「공정거래법」에서는 공동행위의 성립요건으로 '합의(agreement)'를 요구하는데, 위의 Uber 사례처럼 알고리즘이 합의를 실행하는 수단으로 사용된 것이라면 묵시적 담합으로 될 수 있다. 그러나 이른바 자가학습 알고리즘(self−learning algorithm)으로 발전하는 경우에는 법 적용이 어려워 질 수 있다. 알고리즘을 통하여 경쟁자의 정보가 자동으로 수집되고 그에 맞추어 자동으로 가격조정이 일어나는 경우를 생각해 보면 될 것이다. 이제 알고리즘이란 용어가 일상화될 정도도 거래관계에 있어서도 깊숙이 개입하고 있고, 그에 따라 다양한 분야에서 윤리적, 법적인 문제까지 파생되고 있다.

영화 '이미테이션 게임'으로 유명한 알고리즘의 선구자인 튜링은 이미 1950년에 '기계는 생각할 수 있는가(Can machine think?)'라는 도발적인 질문을 던진다. 컴퓨터도 언젠가는 인간처럼 생각할 수 있다는 것이다. 최근에 본 2036년 러시아와 우크라이나 간 내전을 배경으로 한 '아웃사이드 더 와이어(outside the wire)'란 영화에서 미국에 의해 개발된 제4세대 생명공학 로봇인 리오 대위가 등장하는데, 사람과 완벽하게 같은 모습을 한 리오는 자신의 임무수행을 위해 스스로의 판단으로 수하에 하프 중위를 배치하고, 나중에는 핵미사일을 오히려 미국을 향해 쏘려한다는 설정이 등장한다.

디지털 세계는 끊임없이 진화해 가고 있다. 싫건 좋건 인간의 사고력에 근접하는 인공지능 로봇들이 활약하는 세상도 그리 멀지 않았을 거란 생각이 든다. 이들은 기업 간의 거래관계에서도 깊숙이 개입하고 활용될 것이다. 문득 메타버스(Metaverse)라는 가상의 세계에서는 또 어떤 모습으로 나타날지도 궁금해진다.

(뉴스퀘스트, 2022. 2. 7.)

16. 인공(人工)의 시대, 빛과 그림자

알고리즘(algorithm)을 통한 담합이나 불공정행위에 대한 규제는…

요즘은 영화의 홍수시대다. 극장을 가지 않아도 집에서 IPTV를 틀면 과거의 영화부터 신작까지 온갖 종류의 영화들이 쏟아진다. 온갖 스트레스로 지친 현대인들이 망중한을 즐기기 좋은 시대가 되었다. 그래서인지 극장이라는 곳을 잘 가지 않다가 지난주 제작자인 지인의 초청으로 신작 영화의 시사회라는 데를 난생 처음으로 가보게 되었다. 막연히 생각했던 영화 시사회에 대한 생각보다는 훨씬 더 많은 사람들로 극장이 꽉 들어차 있었다. 영화 제목이 "나는 여기에 있다"였는데, 제목만 봐서는 내용을 짐작하기 어려워 영화 보는 이들의 호기심을 불러일으키지 않을까 싶었다.

살인자를 검거하는 과정에서 칼에 폐를 찔린 후 장기 이식을 통해 기적적으로 살아난 형사 '선두'(조한선 분)는 수사 일선에 복귀하여 살인사건을 수사하게 된다. 살인자는 연쇄 살인범 '규종'(정진운 분)을 쫓던 중 장기이식 코디네이터 '아승'(노수산나 분)을 통해 '규종'이 자신과 같은 공여자의 장기를 이식받은 것은 물론, 공여자가 과거 자신이 검거했던 살인자인 김철웅이라는 것을 알게 되는데, 쫓는 자와 쫓기는 자의 묘하게 엇갈린 운명을 묘사한 영화였다.

거대자본이 투자되어 컴퓨터 그래픽으로 점철된 요즘 식의 눈요기 영화는 아니었지만 나름 시사점을 던져주는 영화였다. 약간 미스터리 영화같이 보이지만 초반부터 살인자의 장기가 이식되었다는 사실을 드러냄으로써 미스터리물이라기 보다는 장기이식을 통한 엇갈린 운명을 그린 영화 같았다. 형사물은 더더욱 아니다.

직업병이 발동해서인지, 영화를 보면서 내내 이 영화가 주는 의미가 무엇일까 생각해 보았다. 우선 이 영화는 장기이식의 윤리적, 법적 문제를 제기하고 있다. 영화 속에서 살인자의 장기를 이식하면 살인자처럼 변할 수 있다는 가정이 의학적으로 실제로 가능한지, 아니면 영화 속의 단순한 픽션인지는 저자가 알 수는 없지만 최소한 상상은 해볼 수 있는 문제였다. 의학이 고도로 발달하여 뇌이식이 가능하다면 영화 속 문제는 더 심각해질 수 있을 것이다. 상식적으로 생각해서 뇌는 심장보다도 더 의식을 지배할 수 있기 때문이다.

작가는 왜 손쉬운 뇌가 아니고 심장을 선택했을까? 아직까지는 뇌이식까지는 의학수준이 도달하지 못했기 때문일 수도 있고, 인간의 감정과 관계되는 것을 심장이라 생각했을 수도 있을 것이다. 그러나 심장이 변화하는 과정에서 그냥 무조건 변화하는 것이 아니라 살인자 김철웅의 어머니와의 감정적 교류라는 방편을 사용하였다. 말하자면 살인자의 어머니와의 감정교류를 통해 살인자의 심장으로 재구성이 되는 방식이다. 그냥 변했다고 하면 무미건조하고 영화라기보다는 다큐멘터리로 흐를 뻔 했다. 그런 의미에서 김철웅 어머니의 등장은 영화를 살리는 역할을 한 것 같다. 실제로 살인자의 어머니와 만나지 못했던 형사 '선두'는 살인자의 심장으로 변하지 않았던 것이다. 이러한 사실을 나중에 알고 눈물을 흘리는 선두의 모습은 회한 내지는 운명의 장난에서 오는 서글픔이었을까?

작가의 의도는 모르겠지만, 이 영화를 보면서 선악의 문제를 생각하게 되었다. 종교와 철학에서 모든 인간의 마음속에는 선과 악이 공존하고 있다고 말한다. 어떤 계기로 정의로운 사람이 되기도 하고, 악인이 되기도 한다. 영화에서는 같은 심장을 나눠가진 두 사람이 선과 악으로, 쫓는 자와 쫓기는 자로 변신하게 된다. 선악불이(善惡不二), 선악은 모두 인연에 의해 생기는 것이다. 니체(Nietsche)가 말했듯 선악의 경직적 이분법은 존재하지 않을지도 모른다. '선두'가 선이고, '규종'이 악이냐의 문제는 영화에서도 명확한 대답을 하지 않고 있다.

현실로 돌아와, 영화 속에서 '규종'이 죽지 않고 연쇄살인범으로 법정에 섰을 경우 감형의 사유가 될 수 있을지도 궁금증이 생겼다. 실제 이런 사례가 있는지는 알 수는 없지만, 앞으로 장기이식이 보편화되었을 때 일어날 수 있는 문제인 것만은 분명한 것 같다. 장기이식은 여러 가지 윤리적 문제도 일으킬 수 있다. 이 영화 속의 얘기와는 다른 얘기지만, 2022년 초 미국에서 유전자 조작 돼지의 심장을 사상 처음 이식받은 환자가 34년 전 흉악 범죄를 저질렀다는 사실이 뒤늦게 드러나, 흉악범에게 의료 기술로 삶의 기회를 주는 게 옳으냐는 논란이 일어난 적도 있다.

인공지능(AI) 시대로 향하는 역사의 시계침이 급속히 빨라지고 있는 느낌이다. 인공지능시대의 윤리적, 법적 문제도 만만치 않다. 만약 영화와 같은 타인의 장기이식이 아니고 인공장기를 장착하는 경우에도 비슷한 문제가 발생하지 않을까 싶다. 공정거래 분야에서도 벌써 알고리즘(algorithm)을 통한 담합이나 불공정행위가 논란의 대상이 되고 있는데, 이런 문제들과도 연관성이 있어 보인다. '규종'의 심장이 실제로는 김철웅의 심장이었듯이, 불공정한 행위가 사실은 '자가학습 알고리즘'이 행한 것이라면 이를 어떻게 판단해야 할까?

좋은 영화의 기준이 무엇일까? 저자의 기준으로는 뭔가 마음속에 불씨가 남아있는 영화가 아닐까 싶다. 다양한 음식이 나오는 한정식이 아니라 가성비 높은 단품 음식을 먹은 느낌이었다. 보는 내내 즐거운 상상을 해본 영화였다.

(뉴스퀘스트, 2023. 4. 10.)

17. 자진신고와 죄수의 딜레마 그리고 국제카르텔

카르텔 자진신고자 감면제도는 게임이론에서

'죄수의 딜레마(prisoner's dilemma)'를 이용한 제도

카르텔에 있어서 자진신고라는 제도와 국제카르텔을 다룬 영화로 2009년 개봉된 미국의 스티븐 소더버그 감독의 '인포먼트(The Informant)'라는 영화가 있었는데, 이는 1990년대 실제 사건인 라이신 가격 담합 사건을 배경으로 하는 작품이다. 이 영화에서는 식료품 회사의 고위직 간부인 마크 휘태커(맷 데이먼 분)는 FBI가 회사를 수사하는 과정에서 자신이 관련된 업계의 담합관련 내용이 문제가 될까 이를 미리 FBI에 자진신고한다는 내용이 등장한다. 어쨌든 이 영화로 주인공인 맷 데이먼은 그 해 골든 글로브 남우주연상과 조연상 후보에 동시에 오르기까지 하였다.

과거와 달리 카르텔은 증거를 남기지 않다보니 그 적발이 쉽지 않다. 그래서 고안된 제도가 자진신고 감면제도라는 것이다. 즉 자진신고를 하면 인센티브를 주겠다는 것이다. 이 제도는 1978년 미국에서 처음으로 도입이 되었고 우리나라에서는 1996년 「공정거래법」 개정 시 도입이 되었다. 자진신고 감면제도로서는 국내에서 처음으로 「공정거래법」에 도입이 된 것이다. 우리나라의 경우 2020년 말 기준으로 카르텔 사건의 약 70%를 자진신고 제도를 통하여 적발할 정도로 경쟁당국 입장에서는 효자 노릇을 톡톡히 하고 있고 이는 미국 EU 등 외국의 경우도 별반 다르지 않다. 전세

계적으로 50개국이 이 제도를 활용하고 있다.

자진신고자 감면제도는 게임이론에서 '죄수의 딜레마(prisoner's dilemma)' 를 이용한 제도이다. 즉 A, B 둘 다 부인을 하면 무죄나 가벼운 처벌을 받을 수 있음에도 불구하고 상대방만 자백하는 경우에 입을 피해에 대한 두려움 때문에 자백을 하게 되고, 그 결과 자백을 한 사람은 이익을 보게 되는 반면 나머지는 불이익을 보게 되는 상황을 의미한다.

죄수의 딜레마

이 제도는 카르텔을 쉽게 적발하기 위한 제도이지만 실제 카르텔 사건에서는 법률적 대응능력이 빠른 대기업이 주로 혜택을 받다보니 대기업을 봐주기 위한 제도 아니냐는 오해도 많이 받았는데 저자가 카르텔 조사국장으로 재직할 당시 국회와 언론으로부터 엄청난 비판 세례를 받았던 기억이 난다.

어쨌든 이 제도를 통해 제1순위로 자진신고를 하는 경우에 과징금을 100% 면제받을 수 있고, 2순위의 경우에도 50%까지 면제를 받을 수 있다. 검찰 고발까지 면제될 수 있으므로 기업들 입장에서는 매력적인 제도가 아닐 수 없다. 실제 사건이 발생한 경우 이 제도를 잘 활용하는 것이 매우 중요하다.

영화 인포먼트의 실제 사례가 된 라이신 담합은 1996. 8월 우리나라 기업들이 미국 경쟁당국으로부터 처벌되었던 국제카르텔 사건이었다. 어떻게 이런 일이 일어날 수 있을까? 「공정거래법」상으로는 우리나라 기업도 외국 경쟁당국의 조사와 제재를 받을 수 있고 외국기업도 우리나라 경쟁당국의 조사와 제재를 받을 수 있다. 현재까지 우리나라에서 최대의 국제카르텔 사건으로 일컬어지는 2010년의 〈26개 화물운송사업자 공동행위 사건〉에서는 16개국 21개 업체에 대해 과징금을 부과하였다. 그리고 이 사건은 우리나라뿐만이 아니라 전 세계적으로 진행되었다.

국제카르텔에 연루되게 되면, 각국 경쟁당국으로부터 제재를 받을 수 있고 민사소송까지 당할 수 있어 기업 입장에서는 주의를 요한다. 이러한 위험성 때문에 저자가 카르텔조사국장 시절 미국, EU 등지에서 우리나라 기업을 대상으로 예방교육에 나서기도 하였다. 최근에는 경각심이 높아져서인지 우리나라가 외국 당국으로부터 처벌받은 사례가 뜸한 편이다. 2020. 12월 기준으로 우리나라 기업이 가격담합으로 외국 경쟁당국에 의해 부과 받은 과징금 및 벌금은 대략 3조 7천억 원 정도로 집계되며, 일부 기업체 임직원들은 미국에서 징역형을 선고받고 복역하기도 하였다. 반면 우리나라는 23개국 사업자를 대상으로 과징금 약 8,905억 원을 부과하였다.

「경쟁법의 국제적 준수를 위한 행동준칙」에서는 다음과 같이 권고하고 있다. "1. 경쟁회사의 임직원과 만나지 말아야 한다. 불가피한 만남은 엄격하게 통제되고 관리되어야 한다. 경쟁회사는 문자 그대로 경쟁자일 뿐, 협조자가 아니다. 2. 경쟁회사들과 가격 및 거래조건, 물량, 설비증설, 거

래상대방 등에 대해 정보를 교환하거나 합의해서는 안 된다. 3. 사업자단
체 회의 시에는 가격동향이나 신제품 출시, 시장상황 등에 관한 대화를 절
대 피하고, 불가피하게 경쟁회사의 임직원과 접촉한 뒤에는 모임의 성격
과 대화 내용에 대한 기록을 남겨두어야 한다. 4. 기업내부문서의 작성 및
보존에 관한 기준과 절차를 마련하여, 불필요한 오해를 살 만한 표현은 사
용하지 않아야 한다. 5. 국가마다 경쟁법의 규제 내용에 차이가 있으므로,
어떤 기준에 비추어 보더라도 경쟁법 위반이 의심될 만한 행동을 하지 말
아야 한다. 6. 경쟁법 준수에 있어서는 무엇보다도 최고경영자의 의지가
중요하다. 스스로 솔선수범하고, 임직원의 준법의식 고취에 힘써야 한다.
7. 공정거래자율준수 프로그램과 국제카르텔 예방을 위한 행동준칙을 지
속적으로 교육하고 실천하도록 한다."(2021 공정거래백서).

(뉴스퀘스트, 2022. 2. 21.)

18. 국민음식 라면과 'I Pencil'

자유시장경제 체제 하의 가격시스템 역할과 의미 새겨야…

최근 뜨거운 음식 라면이 언론을 뜨겁게 달구었다. 지난 2023. 6. 18. 추경호 부총리 겸 기획재정부장관은 "밀 가격을 내린 부분에 맞춰 (라면가격)을 적정하게 내렸으면 좋겠다"고 하였고, 이에 호응한 한국소비자단체협의회도 "라면−과자 값 조속히 내려야"라고 입장을 밝혔다. 또한 21일 한덕수 총리는 "공정위가 담합 가능성을 좀 더 열심히 들여다봐야"라고 언급하고, 26일 농림축산식품부는 제분업체와의 간담회에서 밀가루 가격인하요청을 하였다. 이에 7. 1.부터 농심 신라면(4.5%), 삼양식품 12개 대표제품(4.7%), 오뚜기(5%), 팔도(5.1%) 등 라면가격이 인하된다고 한다(이상, 동아일보, 2023. 6. 28). 라면에 이어 과자, 빵 등도 인하될 예정이라고 한다.

라면은 1870년대 일본 요코하마 중화거리 혹은 1922년 삿포로, 중일전쟁 이후 일본에 남겨진 전리품이라는 설이 있고, 불황에도 잘 팔리는 대표 불황지표 상품이다. 한국은 세계 1위의 라면소비국이다(EBS 지식채널). 라면이란 단어는 중국의 납면(拉麵: 라멘)에서 왔으나, 1963년 일본서 개발된 인스턴트라면이 한국에 전래되면서 일본어 '라멘'이 멘에 해당하는 면 부분만 한자음을 그대로 읽어 라면이 되었다고 한다. 1958년 일본의 기업인 닛신식품이 면을 기름에 튀겨 건조하는 방식에서 아이디어를 얻어 닭뼈 육수맛을 낸 '치킨라면'을 출시하였는데 세계최초의 인스턴트 라멘이었다. 창업주였던 안도 모모후쿠는 96세로 사망하는 날까지 매일 인스턴트 라멘을 먹었다고 전해진다.

우리나라는 1963년 삼양라면이 최초였다. 처음에는 일본식 라면이 인기가 없었다. 라면을 먹어본 박정희 대통령이 '고춧가루가 들어갔으면 좋겠다'는 말을 하였고 한국식 매운 라면이 탄생하였다고 한다. 1986년 신라면이 출시되면서 매운 라면이 더 인기를 끌게 되었다(이상 나무위키). 현재 라면의 1위는 농심라면이다. 그런데 삼양식품이 1위 자리를 내준 것은 소위 1989년 '우지파동' 때문이었다. 삼양이 공업용 우지를 사용했다는 혐의였는데, 7년 뒤 내법원에서 무죄판결을 받았다. 그러나 농심은 60% 이상의 시장을 점유하였고, 삼양은 이미 파산 직전의 회사가 된 뒤였다.

최근 언론보도에 따르면 지난 1년 동안 라면은 13%가 올랐고, 이번 가격인하는 13년 만에 처음이라고 한다. 우리나라에서 주식인 쌀을 대체할 정도로 애용되는 식품이기 때문에 항상 정부의 관심 대상이 된다. 13년 전 가격인하는 공정위의 소위 '라면담합' 사건 조사가 진행 중이던 때인 것으로 기억된다. 이명박 정부가 들어서던 그 당시의 상황은 지금의 상황과 유사하였다. 물가가 폭등하던 시기였고, 공정위는 정부의 물가잡기에 호응하여 각종 생필품에 대한 담합조사에 열중이었다.

저자는 2012년 초 공정위 카르텔조사국장으로 부임하였는데 그 당시 유난히 대형 민생사건들이 많았다. 처음으로 처리한 〈비료담합 사건〉은 나중에 소송으로 진행되어 농민들이 소액이지만 배상금을 받았다는 보도를 본 적이 있다. 그 후 두 번째로 처리한 사건이 〈라면담합 사건〉으로 기억된다. 이번에 한덕수 총리가 담합 아닌지를 들여다봐야 한다고 한 발언의 배경을 잘 알 수는 없지만 업체들은 과거 라면담합 사건의 기억이 났을 것이다. 빨리 인하조치를 한 이면에는 그런 기억이 작용하지 않았을까 싶다.

〈라면담합 사건〉은 나중에 대법원에서 무혐의로 확정되었는데, 대법원이 근거로 제시한 것 중에 선두업체가 가격을 올리면 후발업체가 가격을 올리는 관행을 지적한 바 있다. 가격합의가 아니라 과점시장에서의 의식적 병행행위 정도로 본 것이다. 그리고 그렇게 판단한 이면에는 라면 값은 정부가 관리하므로 업체의 재량이 없다는 판단이 작용한 것으로도 보인다.

그 이후에 처리한 〈4대강 담합사건〉이나 〈증권사 채권수익률 담합사건〉 등 여러 사건이 기억나는데 이러한 사건들의 공통점은 정부정책이나 행정지도가 개입되었다는 점이다. 이번에 추경호 부총리의 발언이나 농림축산부의 제분업계 간담회 같은 것이 전형적인 행정지도에 해당한다. 행정지도는 행정절차법에 근거가 있는 정상적인 행정행위로 볼 수 있다.

그러나 행정지도는 「공정거래법」에서 금지하는 부당한 공동행위(담합)와 관련하여 문제가 된다. 공정위는 이에 대하여 행정지도가 개입된 공동행위에 대하여 심사지침을 두고 있다. 그 핵심 내용은 법령에 근거를 가진 행정지도에 대해서는 「공정거래법」 적용을 제외하지만, 법령에 근거가 있다 하더라도 행정지도의 범위를 넘는 경우에는 「공정거래법」을 적용한다는 것이다.

「공정거래법」 집행과 정부의 행정지도 간에는 긴 악연의 역사를 가지고 있다. 대법원은 〈맥주3사 사건(2003)〉, 〈보험료담합 사건(2005)〉, 〈소주담합 사건(2014)〉 등에서 행정지도에 의한 행위로 보고 공동행위로 인정하지 않았다. 이번 업체들의 라면 값 인하는 정부의 행정지도의 결과임이 명백해 보인다. 언론을 통해서 공개적으로 밝히고 인하 권유를 했기 때문이다. 그러나 법리적으로 명확하게 법령에 근거가 있는 행위로 볼지는 의문이 간다.

정부가 가격에 개입하는 것은 결코 바람직한 일은 아니다. 밀가루가격이 내렸다고 해서 라면이나 과자 가격이 필연적으로 내려야 할 이유는 없는 것이다. 이번 가격인하가 별 실효성이 없다는 점도 언론에서는 많이 제기되고 있다.

유명한 "나, 연필(I, pencil)"이라는 레너드 리드(Leonard E. Read)의 에세이에서는 연필 한 자루가 생성되기까지의 복잡성을 잘 표현하고 있다.

> "나, 연필은 나무, 아연, 구리, 흑연 등의 기적들의 복합적인 조합이다. 하지만 자연에서 나타나는 이러한 기적들에 훨씬 더 놀라운 기적이 추가되었다: 창조적인 인간 에너지의 구성 — 인간의 필요와 욕구에 반응하고 인간의 주도적인 사고가 없는 상황에서 자연스럽게 자발적으로 구성되는 수백만 가지의 작은 노하우!(I, Pencil, am a complex combination of miracles: a tree, zinc, copper, graphite, and so on. But to these miracles which manifest themselves in Nature an even more extraordinary miracle has been added: the configuration of creative human energies—millions of tiny know−hows configurating naturally and spontaneously in response to human necessity and desire and in the absence of any human master−minding!)"

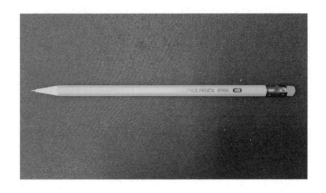

자유주의 경제학자인 밀턴 프리드만(Milton Friedman)은 가격시스템의 역할과 의미를 이보다 더 잘 묘사한 문헌이 없다고 격찬하기도 하였다. 그러나 물가가 폭등하고 국민들이 생필품 가격 때문에 고통받는 현실을 외면하기는 어려운 정부입장도 충분히 이해는 간다. '자유시장경제'라고 하는 원칙만으로 정부운영을 할 수 없는 경우도 많기 때문이다. 하지만 이러한 행정지도로 업체들이 불필요한 피해를 보는 일은 없어야 할 것이다.

　저자는 공정위에 근무하면서 담합이 문제가 되면 해당 부처에서 행정지도 사실을 부인하거나 책임을 오롯이 업체에 전가하는 행태를 많이 보았다. 불가피하게 행정지도를 해야 한다면, 업체들이 불측의 피해를 보는 일은 없도록 해야 하며, 업체들도 각자의 독립된 판단에 따라 가격을 결정하고 인하하는 것이 「공정거래법」 위반 오해를 낳지 않는 방법이다. 만약 업체들이 정부정책에 호응한다고 모여서 인하율을 협의하면 또 다른 문제를 가져올 수 있다.

　시장경제에서는 원칙적으로 가격에 대한 개입보다는 ESG활동 등을 통해 기업 스스로 사회 책임경영을 실천하도록 유도하는 것이 장기적으로는 바람직한 일일 것이다. 일요일인 오늘 저자도 라면으로 한 끼를 해결하였다.

(뉴스퀘스트, 2023. 6. 19.)

19. 사업자단체의 기능과 금지행위

사업자단체 중에서 자주 공정위의 조사대상이 되었던 단체는 의료관련 협회

2020. 8월 14일 부산시청 앞에서 열린 4대악 의료정책 저지를 위한 전국의사총파업
부울경 궐기대회에서 참가자들이 구호를 외치고 있다

주로 '협회'라고 불리는 사업자단체는 그 형태가 무엇이든 상관없이 둘 이상의 사업자가 공동의 이익을 증진할 목적으로 조직한 결합체 또는 그 연합체를 말한다. 원래 사업자단체는 구성사업자의 공동의 이익증진을 목적으로 하는 단체이므로 구성사업자의 사업내용이나 활동을 과도하게 제한하는 것이 아닌 한, 그 목적달성을 위하여, 단체의 자율적인 의사결정에 의하여 구성사업자의 사업활동에 대하여 일정한 범위의 제한을 하는 것은 어느 정도 허용된다. 우리나라의 경우에도 과거 정부주도의 경제하에서 정부로부터 많은 권한을 부여받아 실질적 권한을 행사하는 경우가 많았

다. 그런 과정에서 협회가 구성사업자들의 자유로운 활동을 제약하는 행위가 빈번하게 발생하게 된 것이다.

이에 따라 「공정거래법」 제51조에서는 사업자단체가 공동행위에 의해 부당하게 경쟁을 제한하는 행위, 일정한 거래분야에서 현재 또는 장래의 사업자수를 제한하는 행위, 구성사업자의 사업내용 또는 활동을 부당하게 제한하는 행위, 구성사업자에게 불공정거래행위 또는 재판매가격유지행위를 하게 하거나 방조하는 행위 등 4가지를 금지한다고 규정하고 있다. 그 중 공동행위나 구성사업자 사업활동방해행위가 실무적으로 자주 문제가 되어 왔다.

사업자단체에 대한 불신의 원형을 애덤 스미스의 『국부론』에서 찾아볼 수 있다. 그는 "모든 동업조합 및 동업조합법들이 생겨난 것은 자유경쟁을 제한함으로써 이러한 가격인하 및 그에 따른 임금·이윤의 저하를 방지하기 위한 것이다"라고 중세부터 내려오던 동업자조합에 대하여 경쟁을 제한하는 대표적인 조직으로 비판을 가하고 있다.

사업자단체 중에서 자주 공정위의 조사대상이 되었던 단체는 의료관련 협회이다. 정부의 의료정책이 의료업계와 사사건건 부딪히면서 나타난 집단 휴업이 자주 문제가 된 것이다. 지금부터 20여 년 전인 2000년 의사협회 및 병원협회는 의약분업제도의 시행(2000. 7. 1.)에 앞서 의료보험수가의 현실화, 시범사업의 실시 등 의약분업제도의 선보완·후시행을 주장하면서 집단폐업을 주도한 적이 있었다. 공정위는 이에 대해 사업자단체 금지행위로 제재하였고, 대법원에서도 최종적으로 구성사업자인 의사들 사이의 공정하고 자유로운 경쟁을 저해하는 것으로 판단하였다.

그 후 2014년에도 정부의 원격의료, 영리병원 허용정책에 반대하면서 자체 투표를 하고 이에 따라 단체휴업을 한 사건이 있었다. 이에 대하여 공정위는 사업자단체 금지행위라고 보고 의사협회에 과징금을 부과했는데, 대법원은 휴업참여를 강요하거나 불이익, 징계를 고지한 바가 없어 강제성이 없다는 이유로 사업자단체의 금지행위가 아니라는 결론을 내렸다.

최근에는 대한변호사협회와 법률서비스 플랫폼인 '로톡'과 갈등이 빚어지고 있다. 언론 보도에 따르면 공정위는 '로톡' 등 온라인 법률 서비스 플랫폼에 가입한 변호사에 대해 징계 절차에 착수한 대한변협 등의 행위가 구성사업자에 대한 사업활동방해행위를 금지하는 「공정거래법」 위반이라는 입상라고 한다. 이에 내하여 대한변협은 변호사들의 로톡 가입 금지와 징계 등의 조치가 '변호사의 공공성이나 공정한 수임 질서 등을 해칠 우려가 있는 광고'를 대한변협에서 제한할 수 있도록 한 「변호사법」 제23조에 따른 정당한 행위라고 주장하고 있다.[4]

사업자단체가 다른 법률 또는 그 법률에 의한 명령에 따라 행하는 정당한 행위에 대하여는 「공정거래법」 제116조(법령에 따른 정당한 행위)에 따라 「공정거래법」의 적용이 제외된다. 관련하여 "노어ㅡ페닝턴 이론(Noerr-Pennington Doctrine)"이라는 것이 있다. 즉 1961년 미국 연방대법원

---

4 그 후 변호사들이 로톡 등 민간 법률 광고 플랫폼에 가입하지 못하도록 막은 대한변호사협회(변협) 내부 규정은 사실상 헌법에 어긋난다는 헌법재판소 판단이 나왔다. 헌재는 '로톡' 운영사 로앤컴퍼니와 변호사 60명이 대한변협의 '변호사 광고에 관한 규정'으로 변호사들의 표현ㆍ직업의 자유와 플랫폼 운영자의 재산권이 침해당했다며 낸 헌법소원에서 핵심 조항들에 대해 26일 위헌 결정을 내렸다. 대한변협은 지난해 5월 변호사가 다른 변호사의 영업이나 홍보를 위해 그 타인의 이름 등을 표시해서는 안 된다는 내용으로 내부 규정을 바꿨다. 경제적 대가를 받고 변호사와 소비자를 연결해주거나 변호사를 홍보해주는 플랫폼 업체에 광고를 의뢰하면 징계할 수 있는 근거를 마련한 것으로 2014년 출시된 플랫폼 로톡을 겨냥한 것이다. 로톡은 대한변협의 규정 개정 후 헌법소원 심판을 청구했다(연합뉴스, 2022. 5. 26.).

이 〈Noerr Motor Freight 사건〉에서 24개 철도회사와 철도협회가 경쟁하는 트럭회사에게 불리한 입법과 행정행위를 얻으려는 공동노력에 대하여 독점금지법 적용을 면제한 것이다. 이른바 협회 주도의 청원행위(Petitioning)라는 것인데, 우리나라에서는 아직 인정한 사례가 없다.

어쨌든 사업자단체의 정상적 활동과 금지행위 간에 경계가 불분명한 경우가 있다. 그래서 사업자단체가 「공정거래법」에 저촉되지 않고 할 수 있는 행위를 「사업자단체 활동지침」에서 상세히 예시하고 있다. 예를 들어 정부기관, 민간의 조사기관 등이 제공하는 당해 산업에 관련한 국내 및 해외시장, 경제동향, 경영지식, 시장환경, 입법·행정의 동향 등에 대한 일반적인 정보를 수집·제공하는 행위, 경영 및 기술의 발전을 위한 조사연구와 정부에의 시책건의 및 평가 등이 법위반 우려 없이 할 수 있는 행위이다.

(뉴스퀘스트, 2022. 3. 5.)

제 4 장

일방적 행위도 중요한 불공정행위이다

공정거래나 경쟁법이 최악의 반경쟁적 행위로 카르텔을 상정하고 있다는 점은 앞에서 알아보았다. 사업자의 행위를 분류해 볼 때 짜고치는 행위 외에 수직적 관계에서 일방적으로 그 힘을 남용하는 행위를 생각해 볼 수 있다. 물론 두 개가 복합적으로 이루어지는 경우도 있을 것이다. 그러한 사업자의 행위는 다시 두 가지로 구분해 볼 수 있는데, 말하자면 힘, 즉 시장을 지배하는 힘을 가진 독과점사업자와 그에는 미치지 못하지만 상대적으로 시장력(market power)이 있는 기업이 상대기업에게 하는 행위가 있다. 전자를 우리는 시장지배적 지위라는 말을 사용하고 그 힘을 남용하지 못하도록 일정한 규제를 한다. 이른바 독과점적 지위의 무분별한 행사를 막는 것이다. 이를 경쟁개념이란 관점에서 보면 자유로운 경쟁, 즉 지배적 기업 외에 나머지의 기업들이 시장에서 자유롭게 행동(잔존경쟁)하도록 보호하는 것이다. 후자는 불공정거래행위를 금지하는 것인데, 다른 사업자들이 이른바 차별 없이, 방해받지 않고, 구속되지 않고 공정한 경쟁을 하도록 하는 것이다.

20. '독점과 지배' 그리고 시장지배적 지위

독점이 '지배'라는 매개체를 통해서 시장지배적 지위라는 개념으로 재구성

애덤 스미스 이후 자유시장경제의 원리가 중심에 자리잡게 되었으나 현실에서 발생할 수밖에 없는 독과점 현상에 대해서는 그 처방을 어떻게 할 것인지에 대해 다양한 경제학 이론들이 존재하고 있고 실제 정책에 있어서도 국가 간에 약간씩의 차이를 보이고 있다. 어쨌든 오늘날 시장경제를 채택하고 있는 나라에서 어떤 형태로건 독과점에 대한 규제를 하고 있는 것이 일반적이라고 할 수 있다. 예를 들어 크게 독과점 자체를 규제하거나, 독과점의 폐해를 규제하는 입법례가 존재하는데 학술적으로 원인규제주의, 폐해규제주의 등으로 부르기도 한다.

저자가 과문(寡聞)한 탓인지는 몰라도 평소 「공정거래법」 조문을 보면서 왜 독과점이라고 하는 일반적인 경제학 용어를 사용하지 않고 시장지배적 지위라는 어려운 말을 쓰고 있을까 의문이 들 때가 있다. 「공정거래법」에 대해 전문성이 없는 일반인은 '독과점' 하면 쉽게 이해하지만 '시장지배적 지위'라고 하면 고개를 갸우뚱하게 만드는 것이다. 물론 이러한 용어는 우리나라뿐만 아니라 특히 EU나 독일 등 대륙법계 국가들의 경쟁법에서 일반적으로 사용하고 있는데, 우리나라에서 「공정거래법」을 제정할 때 EU 등 외국의 입법례를 참고했으리라 추측이 된다.

얼마 전 미국의 정치철학자이며, '복합평등론'을 주장한 마이클 왈쩌

(Michael Walzer)의 『정의와 다원적 평등』을 읽다가, 우연하게도 그의 '독점'과 '지배'라는 개념을 통해서 생각의 단서를 발견하게 되었다.

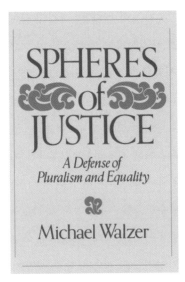

왈쩌의 정의와 다원적 평등

그에 따르면 하나의 가치를 독점소유한다고 할 때, 그 가치를 가지고 있다는 이유 때문에 다른 가치들을 제압할 수 있는 경우 그것을 지배적이라고 설명하고 있다. 독점보다는 지배가 문제라는 시각이다. 이러한 관점에서 보면 시장에서의 독점이 지배라는 매개체를 통해서 시장지배적 지위라는 개념으로 재구성되는 것이다. 물론 그의 설명이 경제에서의 독점과 지배라는 현상과 정확히 일치하는지의 문제는 있을 수 있겠으나 그 기본적인 프레임(frame)은 비슷하지 않을까 싶다.

입법적으로 독점에 대한 원인규제주의를 취하는 미국이나 일본이 독점이란 용어를 사용하고, 폐해규제주의를 취하는 우리나라 EU, 독일, 중국 등이 시장지배적 지위라는 용어를 사용하고 있는 것도 비슷한 맥락에서 바라볼 수 있지 않을까? 1980. 12. 31, 법률 제3320호로 제정된「공정거래법」제정이유에서는 "'독과점의 폐단'은 적절히 규제"한다는 헌법 정신에 따라 이 법을 제정하려는 것이라고 밝히고 있다. 그리고 시장지배적 사업자의 남용행위, 독과점화를 억제하기 위한 기업결합의 금지라는 표현을 동시에 사용하고 있으나, 당시 헌법도 '독과점의 폐단'이라고 하고 기업결합도 '독과점화'라고 함으로써 독점 자체에 대해서는 문제를 삼지 않고 있다.

어쨌든 이런 어려운 용어를 사용하는 데는 나름 이유가 있는 셈이다. 시장지배적 지위의 남용에서 좀 더 나아가 현재「공정거래법」이 채택하고 있는 다양한 경쟁정책 수단들을 '지배'라는 화살로 관통해 볼 수 있다. 예를 들어 공동행위는 공동의 시장지배, 시장지배적 지위의 남용은 단독(또는 공동)의 시장지배, 기업결합은 결합을 통한 시장지배, 경제력 집중은 집단적 시장지배로 설명할 수 있을 것이다.

그리고 지배의 하위 유형으로 착취, 배제, 방해, 구속행위로 카테고리화(categorization) 할 수 있을 것이다. 예를 들어 공동행위에는 공동의 시장지배를 통한 소비자 이익의 착취행위가, 시장지배적 지위 남용행위에는 착취, 배제, 방해 및 구속행위 등 다양한 위반 유형이 존재한다. 그리고 기업결합규제는 결합을 통해 나타날 수 있는 소비자 이익의 착취나 경쟁사업자 배제의 효과를 미리 예방하기 위한 조치라고 볼 수 있다.

독과점과 시장지배적 지위라는 말은 비슷한 의미인 것 같지만, 다른 맥락을 가진 개념이다. 단순한 동의어(Synonymia)는 아닌 것이다.

(뉴스퀘스트, 2022. 3. 20.)

21. 공정거래와 가격규제의 딜레마

가격남용과 출고조절, 대표적 소비자 이익 착취하는 행위로 규정

착취(exploitation)라는 말은 현실에서는 노동착취, 임금착취, 성착취 등 온갖 반사회적인 행태를 지칭하면서 사용되는 용어이다 보니, 시장지배적 지위 남용행위를 착취에 비유하는 것이 과연 적절한 것인지 의문이 있으나, 학계에서도 일반적으로 통용되는 용어로서 달리 대체할 만한 용어를 찾기는 어렵다. 일반적으로 시장지배적 지위를 남용하는 행위로서 착취행위에는 가격남용, 출고조절, 소비자 이익 저해행위를 꼽고 있는데, 특히 딜레마 상황에 직면하는 것이 가격남용행위에 대한 규제 문제이다.

2021. 8. 31. 앱 마켓사업자가 특정한 결제 방식을 강제(인앱결제)하는 행위를 금지하는 「전기통신사업법」 개정안이 국회 본회의에서 의결되었는데, 모바일 콘텐츠 개발자들은 독점적 빅테크 기업의 특정한 결제방식 강제로 인해 콘텐츠 창작자의 정당한 수익과 일자리가 빼앗길 위기에 있다며 이를 막아줄 것을 강하게 요구했기 때문이었다(방송통신위원회 보도자료, 2021. 8. 31.). 인앱결제란 스마트폰 앱 안에서 결제하는 방식으로, 애플 앱 마켓인 앱스토어와 구글 앱 마켓인 구글플레이를 이용할 때 자체 결제 시스템을 이용하게 하는 정책을 말하는데, 구글이 게임뿐만 아니라 웹툰, 음원 등으로 30% 수수료를 확대 적용하겠다는 정책을 발표하면서 전세계적으로 수수료 갑질이라는 비난에 휩싸이게 된 것이다.

구글은 1일부터 구글 플레이스토어 등록 애플리케이션(앱)에
인앱결제 시스템 적용을 의무화했다.

　여기서의 쟁점은 30%라는 수수료가 과도하지 않느냐는 것과 이를 강제
하는 것이 불공정거래가 아닌가 하는 점이다. 그러나 만약 30% 수수료가
과도하다고 느끼지 않았다면 인앱결제를 강제하는 것은 크게 문제가 되지
않았을지도 모를 일이다. 논란의 중심에는 우선 과도한 수수료 문제가 있
었다. 이를 속시원하게 해결하려면 구글의 이러한 행위를 「공정거래법」상
가격남용행위로 처벌하고 수수료 인하 명령을 하면 간단하다. 콘텐츠 업
계에서도 이를 원할 것이다. 그러나 이러한 조치를 하기에는 현실적인 난
관이 있는 것이다. 즉 수수료 30%가 과도한지에 대한 판단 기준이 없고,
시장경제에서 개별 기업의 가격이나 수수료에 개입하는 것이 타당한지에
대한 근본적인 딜레마가 존재하는 것이다.

　결국 정부도 「전기통신사업법」 개정을 통하여 인앱결제를 강제하는 행
위만 불공정거래행위로 금지하도록 명시하는 방식으로 대응할 수밖에 없
었다고 생각된다. 우리나라가 세계 최초로 만든 인앱결제 강제 방지법이
'구글 갑질 방지법'으로 불리는 것은 이 때문이다. 이 개정내용은 지난
2022. 4. 1.부터 시행이 되고 있다.

하지만 최근 언론 보도에 따르면 구글은 구글플레이 결제 정책을 통해 앞으로 앱 개발사들에게는 구글플레이 인앱결제 또는 인앱결제 내 제3자 결제만 허용하면서 '아웃링크' 방식의 외부 결제방식을 아예 금지하고, 인앱결제 방식은 최대 30%, 제3자 결제 방식은 최대 26%의 수수료가 부과한다고 한다. 이에 개발자들은 구글 결제 시스템과 별반 차이가 없거나 더 불리해진다는 불만을 토로하고 있다는 것이다. 구글의 인앱결제 의무화 발표 이후 연쇄적으로 OTT 업계가 이용권 가격 인상 계획을 밝히고 있다.

어쨌든 「공정거래법」상 가격남용 규제는 실제로 적용한 사례도 몇 건에 불과하고 거의 사문화되어 있는 실정이다. 그러나 이 조항을 폐지하기도 어렵다. 대부분 공정거래 제도는 과도한 가격문제에 그 기원을 두고 있어서 공정거래제도의 조상 격에 해당되는 조항이기 때문이다.

가격남용 외에 출고조절이라는 것도 소비자의 이익을 착취하는 또 하나의 행위로 규정되어 있다. 조선시대 박지원의 소설 「허생전」은 출고조절행위의 사례로 자주 회자되곤 한다. 주인공인 허생은 빌린 돈 1만 냥으로 안성시장으로 가서 그 돈으로 과일을 다 싹쓸이하여 10배의 폭리를 취하고 제주도로 가서 말총을 다 싹쓸이하여 망건 값을 10배로 올려 처음 꿨던 돈의 100배로 불린다는 것이 주된 내용이다. 출고조절행위 역시 과거 몇 건의 사례가 있었지만 2019년 약 20년 만에, BCG 백신을 독점 수입·판매하고 있던 (주)한국백신 등의 출고조절행위에 대한 제재가 이루어질 정도로 큰 의미가 없는 조항이다.

『후한서(後漢書)』 양수전(楊脩傳)에서 조조가 유비와 한중지역을 놓고 전쟁을 벌일 때 조조는 닭갈비를 먹으면서 군사들에게 계륵이라는 명령을 내리자 양수(楊脩)가 "닭의 갈비뼈는 먹을 만한 데가 없다. 그렇다고 버리기도 아깝다. 공은 돌아가기로 결정하신 것이다(夫鷄肋, 食之則無所得, 棄之則 如可惜, 公歸計決矣.)"라고 이해한 데서 유래하는 계륵(鷄肋)이란 말이 있다. 가 격남용행위이나, 출고조절행위도 이와 같은 존재는 아닐까 생각이 들었다.

(뉴스퀘스트, 2022. 3. 20.)

22. 필수설비 이론 — 재산권보호과 경쟁질서 사이

경쟁질서는 생산수단의 사적 소유가 경제적, 사회적인 불공정성을

초래하지 않는다는 것이 전제조건(Walter Eucken)

저자는 세기 말의 불안과 전 세계가 다가올 밀레니엄으로 분주해 있던 1999. 10월 독일 및 유럽의 경쟁법을 공부하고자 독일로 국비유학을 떠나게 되었다. 국내적으로는 1997년 말 외환위기의 여파로 우리나라 경제가 큰 어려움을 겪던 시기였다. 큰 트렁크에 옷가지 몇 벌만 넣고 어학공부를 위해 도착한 만하임 역(Mannheim Bahnhof)을 적시던 스산한 가을비가 지금도 기억에 선하다. 2000년 구텐베르크의 도시 마인츠(Mainz)대학에 입학하였고 1년 만에 석사학위를 마친 저자는 박사학위 논문주제를 정하기 위해 대학 도서관에서 이런저런 자료들을 찾아보고하고 있었다. 그때 저자에게 아주 매력적으로 다가온 것이 '필수설비 이론(essential facilities – doctrine)'이었고 그로부터 2년 뒤 이에 관한 내용으로 박사학위를 취득하였다.

당시 유럽의 경쟁법 학계에서는 1992년 EU집행위원회의 〈항만결정〉으로 이에 대한 논의가 활발하였고, 저자로서는 귀국 후 이러한 내용을 국내에 최초로 소개해 보고 싶은 욕구가 생겼다. 그러나 유학중이었던 2001년 우리나라 「공정거래법」 시행령에도 이러한 내용이 규정되었고, 결국 '최초로(?)' 소개해 보려는 의도는 성공하지 못한 결과가 되었다. 지금도 시장지배적 지위의 남용행위 중 사업활동방해 행위의 한 유형으로 규정되

어 있다.

저자의 박사학위 책 표지

　'필수설비 이론'은 미국의 판결에서 출발하였는데, 말 그대로 필수시설
을 소유한 자는 경우에 따라 그 시설을 제3자에게 개방해야 할 의무가 있
으며, 이를 거절하는 경우 셔먼법을 위반하는 행위가 된다는 것이 그 핵심
적 내용이다. 이러한 이론은 일찍이 1912년 〈Terminal Railroad 사건〉에
서의 연방대법원 판결에서 기원한다. 이는 미주리 주 세인트루이스를 배
경으로 발생한 사건이었다. 사건의 개요는 이렇다.
　1889년에 세인트루이스의 Terminal Railroad Association(TRA)이 철
도, 교량, 터미널을 통합하는 계약을 체결하였다. 그 후 이를 통해 Eads교
량, Merchants 교량, Original Wiggins 페리회사를 인수하였고 철도역사,
교량, 터널 그리고 세인트루이스와 서세인트루이스 간의 선박교통망을 완

전히 장악하였다. 이에 1905년 연방검사가 미주리주 항소법원에 그 결합을 해소하는 취지의 소를 제기하였고, 1912년 연방대법원은 「셔먼법」 제1조 위반으로 판단하고 TRA로 하여금 동일한 조건으로 시설을 경쟁자에게 제공하도록 명하였다는 것이다. 즉 철도, 선박교통, 교량 등 시설을 제3자에게도 개방하라고 명한 것이다. 그 이후 1983년 〈MCI Communication 사건〉에서 공식적으로 그 적용요건이 설시되었으나, 미국 연방대법원은 2004년 〈Verizon 사건〉에서 이를 부정하였고, 유럽에서도 EU사법재판소가 1998년 〈Bronner 사건〉에서 적용을 부인함으로써 그 힘을 잃고 말았다.

우리나라에서도 공정위가 2001년 〈에스케이/대한송유관공사 기업결합위반행위 사건〉에서 '송유관'을, 2005년 대법원에서 〈한국여신금융협회 사업자단체 금지행위 사건〉에서 '은행공동망'을 필수설비로 인정한 바가 있다. 그리고 몇몇 사건에서는 적용이 부인된 바도 있다. 앞으로 플랫폼 경제가 도래하면서 플랫폼을 필수설비로 볼 수 있느냐도 문제가 될 수 있을 것이다. 「공정거래법」 아닌 다른 법에도 이러한 취지의 규정을 두고 있다. 예를 들어 「전기통신사업법」 제35조에서는 다른 전기통신사업자가 전기통신역무를 제공하는 데에 필수적인 설비를 보유한 기간통신사업자는 협정을 체결하여 설비 등을 제공하여야 한다고 규정하고 있다.

질서자유주의를 대표하는 오이켄(Walter Eucken)은 말하였다. "생산수단의 사적 소유가 경쟁질서의 전제조건이듯이 경쟁질서는 생산수단의 사적 소유가 경제적, 사회적인 불공정성을 초래하지 않는다는 것이 전제조건이다." 그러나 미국에서 필수설비 이론에 대한 부정적 판단에 큰 영향을 끼친 Phillip Areeda 교수는 1989년 "Essential Facilities: An Epithet In

Need of Limiting Principles"란 논문에서 필수설비이론을 '구호에 의한 판결(judging by catch-phrase)'이라고 표현하기도 하였다.

어찌 되었건 이 이론은 재산권보호냐 경쟁의 보호냐는 관점에서 경쟁법의 다양한 이론 가운데서도 시각(視覺)적으로 가장 첨단(cutting edge)에 위치하는 것이다. 바람직한 결론은 구체적 사안에서 그 적용요건을 엄격하게 분석하여 판단할 수밖에 없을 것이다.

(뉴스퀘스트, 2022. 4. 17.)

23. '시장지배적 지위 남용'에 대한 포스코 판결과 그 여파(餘波)

포스코 판결은 한국판 Nothern Securities 판결

독일 질서자유주의의 창시자 Walter Eucken은 그가 사망하기 2개월 전 1950. 1월 휴양도시 비스바덴(Wiesbaden)에서의 자영업자 초청 강연을 다음과 같은 의미심장한 말로 시작하였다: "기선이 강을 지나갈 때면, 그 것이 사라진 뒤에도 파도는 여전히 양안(兩岸)을 친다."

우리나라에서 공정거래 관련 판결은 그 수를 헤아릴 수 없을 만큼 많지 만, 그 중 공정거래 실무에 커다란 영향을 끼친 판결 중의 하나가 2007년 포스코 판결이다. 시장지배적 지위 남용행위 중 사업활동방해 행위의 하 나로 "부당하게 특정사업자에 대하여 거래를 거절하거나 거래하는 상품 또는 용역의 수량이나 내용을 현저하게 제한하는 행위"에 관련되는 사건 이었다. 당시 사건 내용을 잠시 소개하면 다음과 같다.

포스코는 국내유일의 일관제철소이고 열연코일 공급자로서, 국내 열연 코일 시장에서 79.8%('00년)의 시장을 점유하고 있으며, 아울러 포스코는 냉연용강판(열연코일을 사용하여 생산)시장에서도 58.4%('00년)의 시장을 점 유하고 있었다. 한편 현대하이스코는 냉연용 강판을 생산하는 업체로서 11.1%('00년)의 시장을 점유하고 있으며, 전량 해외(일본)으로부터 수입하 여 냉연강판을 제조하며, 1999. 2월부터 냉연용 강판시장에 진입한 신규

사업자였다. 그 외 동부제강(13.7%), 연합철강(7.9%) 등도 포스코 또는 해외로부터 열연코일을 공급받아 냉연강판을 제조·공급하고 있었다. 포스코는 현대하이스코가 1997. 8월부터 수차례에 걸쳐 냉연강판용 열연코일의 공급을 요청하였음에도, 현대자동차가 수직계열화를 목적으로 냉연강판 시장에 부당하게 진출하려는 것이라 하며 열연코일 공급을 거절하였다.

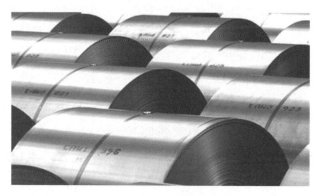

포스코의 열연코일

포스코의 이러한 행위에 대하여 공정위는 2001. 4. 12. 포스코의 행위가 열연코일 시장에서의 독점적 지위를 남용하여 경쟁사업자의 사업활동을 부당하게 방해하는 행위로서 냉연강판시장의 공정한 거래질서를 저해한다고 판단하여 포스코에 대해 중지명령(공표명령) 및 과징금 1,640백만 원 납부명령을 하였다. 포스코는 공정위의 결정에 불복을 하였고, 서울고등법원도 공정위와 같이 포스코가 현대하이스코에 대해 냉연강판용 열연코일의 공급을 거절한 행위는 시장지배적 지위를 남용한 것이라 판단하였다. 그러나 대법원은 공정위나 서울고등법원과는 달리 시장지배적 지위를 남용한 행위로 인정하지 않았다(대법원 2007. 11. 22. 선고 2002두8626 판결). 대법원은 일반 불공정거래행위로서의 거래거절 행위와 시장지배적 지위 남용행위로서의 거래거절 행위의 부당성을 다르게 해석한 것이다.

대법원의 판시 내용 중 핵심적인 내용은 "시장에서의 자유로운 경쟁을 제한함으로써 인위적으로 시장질서에 영향을 가하려는 의도나 목적을 갖고, 객관적으로도 그러한 경쟁제한의 효과가 생길 만한 우려가 있는 행위로 평가될 수 있는 행위로서의 성질을 갖는 거래거절행위를 하였을 때에 그 부당성이 인정될 수 있다"고 판시한 부분이다. 대법원은 거래거절행위 이후 국내에서 냉연강판의 생산량이 줄었다거나 가격이 상승하는 등 경쟁이 제한되었다고 볼 만한 결과가 없다는 이유로 상기 부당성의 요건에 해당하지 않는다고 판시하였다.

한편 이 사건은 거래거절 행위 중에서도 거래중단이 아닌 거래개시거절의 유형에 해당하는데, 대법원도 "신규 참여에 의하여 냉연강판시장에서 현재보다 소비자에게 유리한 여건이 형성될 수 있음에도 참가인이 원고 외의 다른 공급사업자로부터 열연코일을 구할 수 없어, 거래거절에 의하여 신규 참여가 실질적으로 방해되는 것으로 평가될 수 있는 경우 등에 이르지 않는 한, 그 거래거절 자체만을 가지고 경쟁제한의 우려가 있는 부당한 거래거절이라고 하기에는 부족하다"고 판시하였다.

거래개시 거절행위에 대해서는 특히 위법성을 인정하기 용이하지 않다. 미국의 경우 1919년 〈Colgate 사건〉에서 연방대법원이 독점을 형성하거나 유지하기 위한 목적이 없는 한 기업은 자유롭게 자신의 판단으로 누구와 거래할지 결정할 수 있다는 이른바 '콜게이트 룰(Colgate rule)'을 확립하였다. 이는 시장경제의 기본인 사적 자치의 원칙을 확인한 것이기도 하다.

어쨌든 포스코 판결에서는 방해남용행위로서의 성격이나 그 논리성 측면에서 여러 가지 비판이 제기되고 있으나, 경쟁법 위반 사건에서 소위 '경쟁원리(competition rule)'라는 것을 명확히 밝힌 점에서는 그 의미가 크다. 전문적인 용어로 '효과주의 접근방식(effect-based approach)'으로 표현기도 한다.

미국에서 1896년 「셔먼법(Sherman Act)」이 코몬로(common law)식 해석에서 벗어나, 소위 '경쟁원칙(the principle of competition)'이 시작된 것을 1904년 〈Nothern Securities 사건〉으로 보고 있는데(Stephan Martin, "The Goals of Antitrust and Competition Policy", 2008), 동 사건에서 대법원은 두 독립적인 철도회사에 대한 지배력 확보 목적의 지주회사 설립을 철도회사 간 경쟁을 제한하는 행위로 인정하였다.

우리나라에서 포스코 판결 이전 판결에는 경쟁원리가 정착되지 않았다고 단정하기는 어렵지만, 대법원에서 이러한 문제에 대하여 정면으로 다룬 것은 처음이 아닌가 기억되고, 그런 측면에서는 미국에서의 〈Nothern Securities 판결〉에 비유될 수 있을 것이다. 포스코 판결의 이후 유사한 취지의 판결들이 줄을 이어 나타나게 되었다. 공정위 실무자들 사이에는 시장지배적 지위 남용행위를 규제하기 어려워졌다는 얘기들이 많았다. 그러나 경쟁법 사건에서 경쟁제한 효과를 입증하는 것은 경쟁당국의 기본적인 임무일 수밖에 없을 것이다. 이제는 그 여파(餘波)가 잦아들었을까?

(뉴스퀘스트, 2022. 5. 2.)

24. 경쟁자의 시장진입 방해와 시장에서 몰아내기

시장지배적 지위를 남용하여 타 사업자의 사업을 방해하거나 배제적인 행위를 통하여
인위적으로 독점력을 유지하거나 시장을 독식하려고 할 때에는 국가가 개입

시장에서 모든 참가 사업자가 타 사업자로부터 방해받거나 배제되지 아니하고 자유롭게 경쟁하는 것이 시장경제의 핵심적인 메시지이다. 그러나 그 시장에서 지배적인 사업자가 다른 경쟁사업자에 대하여 방해나 배제적인 행위를 하는 경우가 종종 발생하게 된다. 일찍이 애덤 스미스는 『국부론』을 통하여 "제조업자들은 자국시장에서 그들의 경쟁자 수를 증가시킬 것 같은 어떠한 법률에도 반대한다"고 하였는데(제2편 제2장 43), 중상주의를 비판하면서 한 말이지만 어떻게 보면 기업들의 속성을 적나라하게 표현한 말이기도 하다.

경쟁자가 모두 사라진 독점상태는 모든 기업들의 최종적인 목표라고 할 수도 있을 것이다. 그래서 오늘날 대부분의 국가에서는 기업이 독점적 지위에 도달했다고 해서 그 자체에 대해서는 문제를 삼지 않는다. 다만 그러한 시장지배적 지위를 남용하여 타 사업자의 사업을 방해하거나 배제적인 행위를 통하여 인위적으로 독점력을 유지하거나 시장을 독식하려고 할 때에는 국가가 개입하게 되는 것이다.

이와 관련하여 현행 「공정거래법」이 시장지배적 지위 남용행위로 규정하고 있는 내용을 보면, 대표적으로 타 사업자가 시장참가 자체를 못하도

록 방해하는 행위가 있고, 기존에 시장에서 활동하는 경쟁사를 시장에서 배제하는 행위를 들 수 있다. 전자는 예를 들어 거래하는 유통사업자와 배타적 거래계약을 체결하는 경우라든가 필수설비에의 접근을 거절하거나 제한해서 아예 경쟁사업자가 생기지 않도록 하는 행위를 말한다. 이에 반해 후자에는 기존에 존재하는 경쟁사업자를 시장에서 몰아내기 위하여 부당염매나 고가매입을 하거나 거래상대방이 경쟁사업자와 거래하지 아니할 것을 조건으로 그 거래상대방과 거래하는 경우, 즉 배타조건부 거래행위가 이에 속한다.

이른바 '이윤압착(margin squeeze)'도 경쟁사업자를 배제하는 행위로 분류할 수 있다. 즉 이윤측면에서 경쟁사업자를 견디지 못하게 만들어 사업을 접도록 도모하는 것이다. 최근 2021년 〈(주)엘지유플러스 사건〉에서 대법원은 하류시장에서 완제품의 소매가격을 낮추는 형태로 이루어지는 시장지배적 사업자의 이윤압착행위가 부당염매행위로 평가될 수 있다고 판시한 바 있다.

우리나라에서 시장지배적 사업자의 배타조건부 거래행위에 대한 고전적인 사례는 2008년 〈인텔 사건〉과 2009년 〈퀄컴 사건〉이라 할 수 있다. 2008년 〈인텔 사건〉은 이른바 로열티 리베이트 제공행위가 반경쟁적 행위라고 인정한 최초의 심결이었다. 즉 PC 제조사에 대해 CPU 수요량의 전부 또는 대부분을 자신으로부터 구매할 것을 조건으로 리베이트를 제공한 행위가 문제되었는데, 거래상대방이 경쟁사업자와 거래를 하지 않거나 일정비율 이하로 거래하도록 하고 그에 따라 리베이트를 제공한 행위가 위법으로 인정된 것이다. 이는 아직 대법원에 계류 중에 있다.

2009년 〈퀄컴 사건〉에서 공정위는 휴대폰 제조사에게 CDMA 모뎀칩/RF

칩을 판매하면서 수요량의 대부분을 자신으로부터 구매하는 조건으로 리베이트를 제공한 행위를 배타조건부 거래행위로 판단하였다. 동 사건은 공정위 제재 후 무려 10년이란 시간이 흐른 2019년 대법원에서 최종 판결을 받게 되었다. 대법원은 일부 파기환송 외에는 공정위의 판단을 인정하였다.

배타조건부 거래행위 같은 유형의 경우 그 위법성 여부를 판단하기 용이하지 않다. 공정위 심결 당시에도 3년이 넘는 조사기간과 6차례의 전원회의를 개최할 만큼 치열한 법리 공방이 있었고, 대법원 판결이 나오기까지도 10년이란 시간이 소요된 것이다. 결국 경쟁제한성 여부가 중요한 판단기준이 될 것이다.

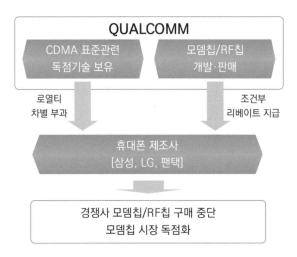

공정위는 2009년 퀄컴 사건에서 휴대폰 제조사에게 CDMA 모뎀칩/RF칩을 판매하면서 수요량의 대부분을 자신으로부터 구매하는 조건으로 리베이트를 제공한 행위를 배타조건부 거래행위로 판단하였다.

출처: 공정위 보도자료(2009. 7. 23.)

일찍이 애덤 스미스는 『국부론』에서 "식민지가 건설되고 모국의 관심을 끌만큼 중요한 것으로 되었을 때, 모국이 식민지에 대한 최초의 규제는 식민지무역의 독점을 확보하고 식민지의 판로를 모국에 한정하며, 식민지를 희생시켜 본국시장을 확장하는 것, 결국 식민지의 번영을 촉진하기는 커녕 오히려 둔화시키고 억제하는 데 그 목적을 두고 있었다"(제4편 제7장 63)면서, 중상주의의 배타적 무역을 비판하고 자유무역을 옹호한 바 있다.

배타적 거래계약을 체결하는 행위는 일면 기업의 자율적 경영판단으로 볼 수 있어서 그 자체가 위법한 행위는 아니지만, 시장에서의 경쟁에 영향을 미치는 경우는 이에 대한 대응이 불가피하나고 본다. 정확히 일치하는 얘기는 아니지만 애덤 스미스가 식민지에 대한 '배타적(exclusive)'인 무역에서 가졌던 문제의식도 이런 점이 아니었을까?

(뉴스퀘스트, 2022. 5. 16.)

25. 제4차 산업혁명의 물결에도 시장지배적 지위 남용행위는 여전한 이슈

인터넷(Internet)에서 플랫폼(Platform) 이슈로 진화 중

산업혁명(Industrial Revolution)이란 말은 1884년 역사학자 아널드 토인비(Arnold J. Toynbee)의 유고 『영국의 18세기 산업혁명 강의(Lectures On the Industrial Revolution In England)』에서 유래하는데, 그는 산업혁명을 '기술혁신과 그에 수반하여 일어난 사회·경제구조의 변혁'이라고 정의하였다.

제1차 산업혁명이라는 용어도, 1913년 영국의 도시계획가 패트릭 게데스(Patrick Geddes)가 『도시의 진화(Cities in Evolution)』에서 2차 산업혁명을 최초로 이야기하고, 1969년 미국의 경제사학자 데이비드 란데스(David Landes)가 『언바운드 프로메테우스(The Unbound Prometheus)』에서 이를 학술적 용어로 정립하면서 1차라는 수식어가 붙었다고 한다.

3차 산업혁명이라는 용어 역시 거의 사용되지 않다가, 2011년 미국의 경제학자 제레미 리프킨(Jeremy Rifkin)의 기술과 재생에너지의 융합을 강조한 『제3차 산업혁명(The Third Industrial Revolution)』이란 책을 통해 나타났으며, 그리고 3차 산업혁명의 개념이 채 자리 잡기도 전인 2016년 4차 산업혁명이라는 용어가 등장했다(이상 내용은 김명자, 『산업혁명으로 세계사를 읽다』, 19면 참조). 익히 알려진 대로 클라우스 슈바프(Klaus Schwab)가 의장으로 있는 2016년 세계경제포럼(World Economic Forum: WEF)에서는 지금

을 제4차 산업혁명시대로 규정한 것이다. 그러나 3차 산업혁명과 4차 산업혁명의 경계는 불분명한 것이 사실이다.

공정거래제도가 공식적으로 등장한 것은 독점자본주의의 폐해가 나타나던 19세기 말이었고, 제3차 산업혁명이라고 하는 1990년대의 IT, 인터넷 혁명과 함께 전통적인 제조업 중심의 독점 양상도 변화를 겪게 되었다. 이 시기의 특징은 거대 IT기업의 등장과 경쟁법의 글로벌화로 요약할 수 있다. 이러한 경향에 발맞추어 우리나라 공정위도 2005년 EU에 이어 두 번째로 마이크로소프트사(MS)의 끼워팔기 사건을 처리하는가 하면, 2007년에는 퀄컴, 인텔의 배타조건부거래행위 사건, 2017년 퀄컴의 표준필수특허권 남용 사건을 처리하였다. 또한 카르텔 분야도 글로벌화 되어 2002년 흑연전극봉 카르텔, 2010년 항공화물 카르텔 등 다수의 대형 국제카르텔사건 조치를 하였다. 기업결합에 있어서도 관련 시장을 세계시장으로 본 사례들이 다수 나타나게 되었다.

3차 산업혁명시대의 경쟁법 사건을 상징하는 것이라면 〈MS의 끼워팔기 사건〉을 들 수 있다. 전 세계적으로 진행되었던 이 사건은 우리나라에서는 2001년 다음커뮤니케이션, 2004년 미국의 리얼네트워크(RealNetworks)사의 신고로 시작되었다. 당시 MS사는 국내 PC 서버 운영체제(Operating System; OS)시장에서 78%의 시장점유율, 국내 PC OS시장에서 99%의 시장점유율을 보유하는 등 독점수준의 시장지배력을 갖고 있었다. 동 사건에서는 첫째, 윈도우 미디어 서버 결합판매 관련 MS가 독점력을 갖고 있는 PC 서버에 윈도우 미디어 서버 프로그램을 결합하여 판매한 행위, 그리고 MS가 독점하고 있는 PC 운영체제에 윈도우 미디어 플레이어 프로그램 및 메신저 프로그램을 결합하여 판매한 행위가 문제되었다.

　수년간의 조사 끝에 공정위는 첫째, 윈도우 미디어 서버 결합판매 관련 윈도우 서버 운영체제에서 윈도우 미디어 서버를 분리하도록 명령하였다. 그리고 윈도우 미디어 플레이어 및 메신저 결합판매 관련해서는 윈도우 미디어 플레이어(WMP)와 메신저를 분리한 버전 및 윈도우 PC 운영체제에 경쟁 미디어 플레이어와 메신저를 다운로드받을 수 있는 링크가 포함된 "미디어 플레이어 센터"와 "메신저 센터"를 설치한 2가지 윈도우 PC 운영 체제를 공급하도록 하였고, 기존제품의 경우 윈도우 PC 운영체제에 경쟁 제품을 탑재하도록 시정명령을 하였다. PC의 윈도우 화면이 바뀌게 된 것 은 이러한 사건의 결과였다.

　이른바 4차 산업혁명시대의 도래는 정보통신의 융합된 기술들이 경제 체제와 사회구조를 급격하게 변화시키면서 초지능, 초연결이라는 혁명적 변화를 예고하고 있고, 초거대 플랫폼의 등장, 융·복합현상에 따른 시장 의 불규칙성 증대, 빅데이터와 알고리즘을 통한 의사결정의 일반화 등 현 상이 나타나고 있다.

　플랫폼은 기차역 승강장을 의미하는 용어지만, 오늘날 디지털 플랫폼은 온라인에서 생산·소비·유통이 이루어지는 장소라는 의미로 사용되고 있 다. 데이비드 에반스(David S. Evans)는 플랫폼의 특징을 첫째, 양면성 (Two-sided), 둘째, 교차네트워크 외부성(Cross Network Externalities 또는

Indirect Network Effect), 셋째, 플랫폼을 통한 내부화(Internalized by Platform)를 들고 있다. 요즘은 플랫폼을 통한 경제활동이 대세를 이루고 있고 앞으로 더욱 심화될 것으로 예상이 된다. 이러한 상황에서 독점력을 가진 거대 플랫폼기업들의 시장지배적 지위 남용행위가 전 세계적으로 이슈가 되고 있다.

공정위는 2020. 10월 네이버가 쇼핑·동영상 분야 검색 서비스를 운영하면서 검색알고리즘을 인위적으로 조정·변경하여 자사 상품·서비스(스마트스토어 상품, 네이버TV 등)는 검색결과 상단에 올리고 경쟁사의 것은 하단으로 내린 행위에 대해 사업활동방해 및 불공정거래행위의 차별적 취급행위로 보고 시정명령과 과징금을 부과하였다. 그리고 2021. 9월에는 삼성전자 등 기기제조사에게 안드로이드 변형 OS(포크 OS) 탑재기기를 생산하지 못하게 함으로써 경쟁 OS의 시장진입을 방해하고 혁신을 저해한 구글의 행위에 대해 시정명령과 함께 과징금 2,074억 원을 부과하기로 결정하였다. EU 등 해외에서도 구글, 아마존 등 플랫폼 기업에 대한 조사와 제재, 그리고 정책적 대응이 계속 진행되고 있다. 제조업에서 인터넷기업으로, 그리고 다시 플랫폼으로 독점의 문제는 계속 진화해 나가고 있다.

(뉴스퀘스트, 2022. 5. 30.)

'4차 산업혁명시대와 공정거래'

독점이나 불공정 문제는 인류가 상거래를 시작하면서부터 시작되어 온 문제이고 기록에 따르면 고대로부터 독점을 처벌하는 법령도 있었다고 한다. 그러나 현대적 의미의 「공정거래법」의 맹아는 1차 산업혁명과 함께 산업자본주의의 등장과 함께 시작되었다고 볼 수 있다. 유럽에서는 중세봉건시대가 끝나고 16~18세기에 걸쳐 절대왕정을 통하여 중상주의 시대가 열리게 되는데 자본주의 발전단계로 보면 상업자본주의 시대라 할 수 있다. 1600년에는 영국, 1602년에는 네덜란드가 동인도회사를 설립하여 국가가 무역독점권을 주고 이를 통하여 막대한 부를 축적해 나갔다. 이를 공정거래 관점에서 보면 국가가 공인한 독점의 시대였다고 볼 수 있다. 이러한 중상주의, 국가 독점주의를 비판하면서 혜성과 같이 등장한 사람이 바로 영국 글래스고 대학 교수였던 애덤 스미스였다. 때는 바야흐로 영국에서 산업혁명이 일어나고 산업자본주의가 시작되던 18세기 중반기였다.

애덤 스미스는 1776년 『국부론』을 출간하는데, 이는 세계사적 패러다임의 전환을 의미하는 사건이었다. 그는 사적 이익의 추구는 사회전체의 이익에 반하지 않는다고 하고, '우리가 저녁식사를 기대할 수 있는 것은 푸줏간주인, 술 만드는 사람, 빵 굽는 사람들의 자비심이 아니라 그들 스스로가 자신의 이익을 추구하기 때문이다"라는 유명한 구절을 통하여 인간의 이기심이 자연적 질서와 일치한다는 점을 주장하였다. 소비자와 기업이라는 두 경제주체가 등장하고 시장경제의 기본개념이 정립되었다. 중요한 것은 현재의 신고전파 경제학에 이르는 단초가 된 이 책에서 이미 독점의 폐해나 기업들의 불공정거래행위에 대한 내용이 소개되고 있다는 점이다. 애덤 스미스는 "그들의 대화는 소비대중을 배반하거나 가격을 담합하는 데서 끝난다"라고까지 언급하였다. 어떻게 보면 애덤 스미스는 최초의 자유시장주의 경제학자였으며, 최초의 「공정거래법」 학자였다고 볼 수 있다. 이는 매우 중요한 관점이라는 생각이 든다. 즉 공정거래는 시장경제시스템이 창안될 당시부터 시장경제의 밖에서 이를 견제하고 기업을 억누르기 위한 제도가 아니라 시장경제의 내재적 한계로서 이미 인정되고 있었던 셈이 되기 때문이다. 즉 시장경제는 공정거래와 동일체이고 동전의 양면과 같다고 할 수 있다.

1차 산업혁명으로부터 약 100년 후 2차 산업혁명이 시작되었다. 이 시기는 철도, 철강, 화학 산업 등이 비약적으로 발전해 나가는 시기였다. 그러나 자본주의의 자유경쟁 원리는 이윤율 저하의 경향을 더욱 심화시켰고, 기업가들은 이 같은 현상을 극복하고 이윤 총액을 증대시키기 위해 생산규모를 더욱 확대하고, 생산량을 무한히 증대시켜 나가는 과정에서 결국 다수의 산업자본가들은 몰락하게 되었고, 살아남은 소수의 대자본가들은 빠른 속도로 기업의 결합을 도모하여 거대한 독점체를 형성해 나갔다. 독점자본주의, 독점기업이란 개념이 생겨나고 공정거래 문제가 역사의 전면에 등장하게 되는데 애덤 스미스의 우려가 현실화된 것이다. 정치적으로는 이런 독점 자본주의가 해외에서의 시장을 확보하기 위한 제국주의 현상으로 발전되어 양차 세계대전으로 비화하는 도화선이 되기도 하였다. 특히 1873년 기업들의 이윤저하와 과잉생산으로 인한 대규모 경제불황이 도래하였고 특히 미국에서 불황을 극복하기 위한 철강, 철도 등 기업들의 기업연합 현상이 발생하게 되었다. 1882년 미국 록펠러의 스탠다드오일 트러스트는 이를 상징하는 사건이었다. 그리고 이에 대한 최초의 입법적 대응이 1890년 미국의 「셔먼법」으로 나타나게 되었다. 현대적 의미에서의 「공정거래법」이 의회에서의 압도적 표차로 통과된 것이다. 1911년에는 미연방대법원에 의하여 스탠다드오일 트러스트가 해체되기도 하였다. 제2차 세계대전 후 독일을 비롯한 유럽에서도 경쟁법이 속속 도입되면서 독점과 불공정거래행위에 대한 대응이 본격화되기 시작하였다.

제2차 산업혁명이 시작된 지 약 100여 년 지난 1960년대부터 시작된 제3차 산업혁명은 컴퓨터, 인터넷 혁명이라 불리는데, 「공정거래법」 집행에도 큰 변화를 가져왔다. MS, 퀄컴, 인텔 등 거대 IT기업들의 횡포가 문제되기 시작하였고, 특히 특허권 남용을 둘러싼 불공정거래행위가 주요 이슈가 되었다. 우리나라에서도 2000년대 들어서 MS, 퀄컴, 인텔 등의 시장지배적 지위 남용행위가 도마에 올랐고 이에 대하여 제재한 바도 있다.

제1차 산업혁명에서 제2차, 제3차 산업혁명으로 오기까지는 각각 100여 년 정도의 시간이 소요되었는데, 제3차 산업혁명이 일어난 지 불과 수십 년 만에 제

4차 산업혁명이 시작되고 있다. 앞으로 기술발전의 속도는 더욱 빨라질 것으로 예상된다. 기업들은 창조적 파괴를 통하여 끊임없이 변화해 나가고 있다. 2016년 스위스 다보스 경제포럼에서 글로벌 경제위기의 대안으로 선언된 이 제4차 산업혁명은, 컴퓨터와 인터넷 기반의 지식정보가 사물인터넷, 클라우드, 빅데이터, 모바일 등의 데이터·네트워크 기술과 융합하고 인공지능과 결합하여 3차산업에서 시작된 이커머스(e-Commerce)사업을 고도화 할뿐 아니라 AI(인공지능), VR(가상현실)·AR(증강현실), 빅데이터 등의 미래형 기술이 새로운 비즈니스모델을 창출하여 새로운 시장을 만들어 내고 있다. 이와 같이 4차 산업혁명은 기존과는 판이 완전히 다른 초지능, 초연결이라는 혁명적 변화를 예고하고 있고, 공정거래 차원에서도 의미있는 변화가 관측되고 있다. 초거대 플랫폼의 등장, 융·복합현상에 따른 시장의 불규칙성 증대, 빅데이터와 알고리즘을 통한 의사결정의 일반화 등을 그 예로 들 수 있다.

4차 산업혁명시대의 가장 대표적인 사업방식이 플랫폼이고 그 중 온라인 플랫폼 경쟁은 전 세계 소비자를 대상으로 이루어지면서 거대 글로벌 사업자가 등장하게 되었다. 지금 세계는 슈퍼 플랫폼의 시대로 진입하고 있다. 구글, 애플, 페이스북, 아마존 4개의 사업자가 전 세계 소비자를 대상으로 글로벌 플랫폼으로서 서로 경쟁하고 있으며, 한국에서는 네이버와 카카오 중심의 신경제구조가 지속되고 있다. 우리나라를 비롯한 유럽 등 각국은 이러한 초거대 플랫폼들의 불공정거래행위에 대하여 조사와 제재를 통하여 적극적 대응을 하기 시작하였다. 최근 공정위가 세계 모바일 OS시장의 80% 이상을 차지하는 구글이 자사앱 선탑재 강요(끼워팔기) 혐의와 AFA(Anti-Fragmentation Agreement)계약을 체결함으로써 삼성전자 및 LG의 OS 개발을 방해한 혐의에 대하여 조사 중에 있다. 그보다 앞서 EU가 구글이 안드로이드 OS 기반 스마트폰 제조사들에 구글 플레이스토어를 사용하는 대가로 구글 검색과 웹브라우저 앱 '크롬'의 선탑재를 요구했다고 판단하여 사상최대 규모인 43억 4,000만 유로(약 5조 7,000억 원)의 과징금을 부과하였고, 러시아 역시 동일한 사유로 과징금 680만 달러를 부과하였다.

산업 간의 융·복합현상이 일반화됨에 따라 시장의 정체성이 불분명해지고 새로운 시장이 출현이 일상적으로 일어날 가능성이 높아지고 있다. 양면시장 등 시장이 다원적으로 형성됨으로써 시장획정에 관한 전통적 분석방법이 어려움에 봉착할 수도 있다. 빅데이터는 높은 진입장벽을 형성하여 경쟁을 약화시키고, 경쟁자 배제를 위해 접근이 필수적인 정보에 대하여 접근을 금지(데이터 접근봉쇄)하거나 접근에 대하여 차별적 취급을 함으로써 시장지배력을 악용하는 경우가 있을 수 있다. 알고리즘으로 인해 사업자간 가격담합이 촉진될 우려도 있다. 동일한 가격책정 알고리즘을 이용하여 여러 기업이 동시에 가격조정이 가능하고, 실시간 정보를 이용하여 담합 이행여부를 모니터링 하는 것도 가능해지기 때문이다.

단순하게 생각해 보아도 제4차 산업혁명 시대에 소수의 지배적 플랫폼이 가지는 시장지배력은 과거의 전통적인 독과점기업들이 가지는 그것과 비교할 수 없을 정도로 광범위할 것이라는 점은 쉽사리 예상해 볼 수 있다. 경제적 불평등 구조를 더욱 심화시킬 것이라는 우려도 있는 것이 사실이다.

그러나 제4차 산업혁명이 아직은 시작단계이다. 정부도 제4차 산업혁명이 가져오는 혜택이 모든 소비자에게 골고루 돌아갈 수 있도록 연구·분석을 강화하고 그것이 가져올 부작용에 대해서 차분히 대응해 나간다면 이러한 혁명적 변화에 효율적으로 대응해 나갈 수 있다고 본다. 지나친 낙관도 지나친 우려도 금물이 아닌가 싶다.

(경쟁저널, 2018. 11.)

26. 온라인 플랫폼 독과점 심사의 새로운 전기

오프라인 중심의 시장지배적 남용행위 규제만으로는 한계

디지털 경제로의 전환 속에 온라인쇼핑몰 거래액이 2020년 기준 약 161조 원에 달할 정도로 온라인 플랫폼 중심의 경제구조가 심화되고 있으며, 이 과정에서 시장을 선점한 플랫폼이 신규 플랫폼의 진입을 방해하거나 독점력을 연관시장으로 확장하는 등 경쟁제한 우려도 증가하고 있다. 이에 최근 몇 년간 공정위는 온라인 플랫폼 사업자의 독점력 남용행위에 대한 법 집행을 강화해 왔다. 대표적으로 네이버 쇼핑·동영상 관련, 검색 알고리즘 조정을 통해 자사 서비스를 이용하는 입점업체의 상품을 온라인 플랫폼 상에 우선적으로 노출한 행위를 시정하였으며('20. 10.), 구글 모바일 운영체제(이하 'OS') 관련, 경쟁 OS 개발 및 출시를 방해한 행위를 시정하였고('21. 9.), 네이버 부동산 관련, 경쟁 부동산 정보 플랫폼을 이용하지 못하도록 배타조건부 계약을 체결한 행위를 시정하였다('20. 9.).

온라인 플랫폼에서의 경쟁제한행위에 대한 선제적 대응을 위해 약 2년 전인 2021. 1. 26. '온라인 플랫폼 중개거래의 공정화에 관한 법률안'이 국무회의를 통과하였고, 동년 1. 29.에는 국회 정무위원회와 법제사법위원회에 회부되었다. 법안은 일정 규모 이상 플랫폼 사업자에 대하여 필수 기재 사항을 명시한 계약서 작성·교부의무, 계약 내용 변경 및 서비스 제한·중지·종료 시 사전 통지 의무를 부과하고, 플랫폼 거래 모델 특성에 맞는 금지 행위를 주요 내용을 하고 있었다. 그러나 ICT 단체의 반대, 공정위, 방통위, 과기부 등 부처 간의 주도권 싸움 과정에서 법안이 표류하게 되었고 결국에는 입법이 무산되었다.

한편 2022. 1. 6. 오프라인 중심으로 규정되어 있는 시장지배적 지위 남용행위 심사기준에 보완적으로 온라인 플랫폼 분야에 특화된 "온라인 플랫폼 분야의 시장지배적지위 남용행위 등 심사지침"에 대한 행정예고를 하였다. 그러나 2022. 5. 새 정부가 출범하면서 온라인플랫폼 기업들에 대한 자율규제 원칙으로 방향을 잡으면서 법 제정은 사실상 어려운 상황이 되었고, 심사기준 제정작업도 시시부진하게 되었나. 그사이 2022. 10. 15. 카카오 데이터센터 화재로 인한 인터넷 서비스 장애사건이 발생하였고, 플랫폼 기업에 대한 비난여론이 일자 공정위는 심사지침 제정작업에 속도를 내게 되었다.

각계의 의견 수렴과정을 거쳐 공정위는 2023. 1. 12. 「온라인 플랫폼 분야의 시장지배적 지위 남용행위 심사기준」을 발표하였다. 공정위는 기존의 시장지배적 지위 남용행위 심사기준(고시)은 온라인 플랫폼 분야의 다면적 특성, 네트워크 효과 및 데이터 집중으로 인한 쏠림 효과(tipping effect), 시장의 혁신 및 동태적 효과 등을 반영하는 데에 일부 한계가 있어, 온라인 플랫폼 분야에 특화된 심사지침을 마련하는 것이라고 제정 이유를 밝히고 있다.

그 내용 중 중요한 몇 가지만 소개하고자 한다. 우선 시장지배력 판단의 전제가 되는 시장획정과 관련하여 온라인 플랫폼의 다면(多面, multi-sided)적 특성을 고려하여, 각 면을 여러 개의 시장으로 구분하여 획정할지, 각 면을 포괄하여 하나의 시장으로 획정할지 여부에 대한 판단기준도 제시하였고, 무료 서비스라도 플랫폼 사업자와 이용자 간 가치의 교환(거래)이 발생한다면 관련 시장을 획정할 수 있다는 점을 명확히 하였다. 시장 지배적 사업자여부를 판단하는데 있어서는, 교차 네트워크 효과, 문지기(gatekeeper)로서 영향력, 데이터의 수집·보유·활용 등을 고려하고, 무료 서비스 등 매출액 기준 시장점유율 산정이 적합하지 않은 경우, 이용자 수, 이용빈도 등을 대체 변수로 고려하도록 규정하였다.

심사지침은 온라인 플랫폼 분야에서 경쟁제한 우려가 있는 주요행위 유형으로 ① 멀티호밍(multi-homing) 제한 ② 최혜대우(MFN: Most Favored Nation) 요구 ③ 자사우대(self-preferencing) ④ 끼워팔기를 예시하고 있다. 멀티호밍(multi-homing) 제한은 자사 온라인 플랫폼 이용자의 경쟁 온라인 플랫폼 이용을 직·간접적으로 방해하는 행위, 최혜대우(MFN: Most Favored Nation) 요구는 자사 온라인 플랫폼상의 거래조건을 타 유통채널대비 동등하거나 유리하게 적용하도록 요구하는 행위를 말한다. 그리고 자사우대(self-preferencing)는 자사 온라인 플랫폼 상에서 자사 상품 또는 서비스를 경쟁사업자의 상품·서비스 대비 직·간접적으로 우대하는 행위, 끼워팔기는 온라인 플랫폼 서비스와 다른 상품 또는 서비스를 함께 거래하도록 강제하는 행위를 말한다.

공정위의 이번 심사지침은 지금까지의 법 적용사례, 외국의 입법례 등을 종합적으로 참고하여 기존규제를 명확히 한 수준으로 보면 될 것 같다. 그러나 다면 플랫폼이나 무료서비스 같은 전통적인 시장과 다른 개념을 최초로 사용한 것은 나름 향후 규제의 방향성을 주는 것이다. 온라인 플랫폼 분야에서의 고유한 특성들을 시장지배적 지위 남용행위 규제에 접목시킨 선도적인 법이 독일의 '경쟁제한방지법(GWB)'이다. 이른바 GWB-디지털화법(GWB – Digitalisierungsgesetz)이라고 불리는 이 법은 2017년 제9차 개정 및 2021년 제10차 개정에서 디지털 경제에 대응한 규정이 대거 삽입되었다.

앞으로 심사지침의 실제 운용 과정에서의 문제점 등을 면밀히 분석·평가하여 필요한 경우 상위 법령에 반영하는 방안도 신중히 검토되어야 할 것이다.

(뉴스퀘스트, 2023. 1. 15.)

27. 「공정거래법」의 지향점은 자유경쟁 그리고 공정경쟁

불공정거래행위 규제는 공정경쟁 촉진의 기능을 하는 엄연한 경쟁법의 영역

지난 몇 회에 걸쳐 시장지배적 지위 남용행위에 대하여 그 주요한 내용과 사례를 소개한 바 있다. 우리나라 「공정거래법」을 살펴보면 제5조의 시장지배적 지위 남용금지 외에 제45조에서 불공정거래행위 금지를 별도로 규정하고 있다. 그 유형을 자세히 보면 거래거절행위, 차별적 취급행위, 경쟁자 배제행위, 구속조건부 거래행위, 사업활동 방해행위 등 시장지배적 지위 남용행위 유형과 중복된 규정도 있고, 고객 유인행위, 거래상 지위 남용행위같이 불공정거래행위에만 규정된 행위 유형이 있으나, 크게 보면 그게 그거 같고 비슷한 내용이다. 「공정거래법」 전문가가 보더라도 구분이 쉽지 않다. 왜 이렇게 중복된 규정이 존재하게 되었는가?

불공정거래행위 제도는 미국의 「연방거래위원회법(FTC Act)」 제5조의 불공정한 경쟁방법과 불공정한 거래방법(불공정하거나 기만적인 행위 또는 거래관행) 금지에서 유래하고 있고, 이 제도가 일본 「사적독점금지법」을 통하여 우리나라로 계수되었다는 것이 일반적인 설명이다. 미국에서 1890년 세계 최초의 「공정거래법」인 「셔먼법(Sherman Act)」이 제정되었다. 이법은 현재까지도 큰 틀의 변화 없이 담합과 독점화를 금지하는 내용을 담고 있다.

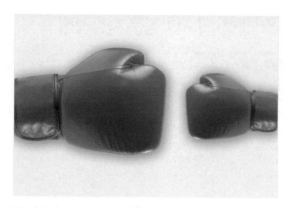

1890년 미국에서 세계 최초의 「공정거래법」인 셔먼법이 제정됐다.
이 법은 아직까지 큰 틀의 변화 없이 담합과 독점화 등
불공정행위를 금지하는 내용을 담고 있다.

이 법은 처음에 제대로 집행이 되지 않았고, 현실에서 벌어지는 다양한 불공정행위에 대해서는 대응하기 어려운 근본적인 한계를 가지고 있었다. 이 법의 소관부처는 그때나 지금이나 법무부(DOJ)이다. 이에 1914년 「연방거래위원회법(FTC Act)」을 제정하여 독립규제위원회인 연방거래위원회(FTC)를 설립하고, 제5조에서 불공정한 경쟁방법을 금지하는 규정을 두었다. 그 후 이는 1938년 법 개정으로 불공정하거나 기만적인 행위까지 확대가 되었다. 미국, 일본, 우리나라가 비슷한 제도로 되어 있는 반면, 유럽 등의 경우에는 이와는 다른 체계를 가지고 있다. 별도의 입법을 하거나 민법, 상법 등에 규정되어 있는 경우도 있다.

어쨌든 시장지배적 사업자에 대한 규제와 별도로 불공정거래행위를 규제하는 취지는 '맹아이론(萌芽理論: incipiency doctrine)'으로 설명하기도 한다. 즉 시장이 독점이 되기 전 단계에서 예방적으로 불공정거래행위를 규제

하여 독점에 대항한다는 데 그 의미를 가진다는 것이다. 「공정거래법」이 촉진하고자 하는 경쟁은 자유경쟁 그리고 공정경쟁이다. 큰 틀에서 보면 시장지배적 지위 남용행위를 금지하거나 부당한 공동행위를 금지하는 것은 시장에서 자유로운 경쟁을 보호하기 위한 것이고 불공정거래행위 금지는 공정한 경쟁을 보호하기 위한 제도이다. 「공정거래법」에서 규정하고 있는 일반 불공정거래행위 외에도 분야별로 병행수입 분야나 신문업 등에서는 특수한 불공정거래행위 규제 제도가 있고, 개별 입법으로 하도급분야, 가맹사업분야, 대규모유통업 분야에서 특별법이 제정되어 운영되고 있다. 이러한 법 규정들을 통칭하여 '불공정거래행위법'으로 부를 수 있을 것이다.

「공정거래법」은 각국에서 다양하게 불리고 있다. 미국 「셔먼법」은 반트러스트법 또는 반독점법으로, EU에서는 경쟁법, 일본은 「사적독점금지법」으로 불리운다. 우리나라에서는 법 명칭이 독점규제 및 공정거래에 관한 법률인데, 주로 「공정거래법」으로 약칭하여 불리우고 있다. 독점규제법으로서 보다 「공정거래법」으로 인식된 이유는 여러 가지가 있지만 '공정'이라는 시대적 화두도 있었고, 실제 공정위 업무비중도 불공정거래행위 관련 업무가 압도적 비중을 차지한다.

공정위 실무에서 불공정거래행위 관련 업무가 압도적 비중을 차지하는 데 비해, 그 평가가 그리 우호적이지는 않다. 경쟁법의 고유한 영역이 아니라든가, 민사로 규제해야 할 영역이라는 생각들이 학계나 실무에서 잠재된 일반적인 인식인 것 같다. 불공정거래행위 규제를 독점의 싹(萌芽)이 자라는 것을 예방하기 위한 제도라는 인식도 비슷한 생각일 것이다. 왜 이런 모순된 상황이 발생하게 된 것일까? 이는 알게 모르게 「공정거래법」은 경쟁자체를 보호하기 위한 것, 즉 경쟁법이라는 인식이고, 경쟁자나 거래상대방 보호에도 관심을 갖는 불공정거래행위 규제는 경쟁법의 본령이 아니라는 것이다.

최근 언론기사를 보면 공정위가 경쟁촉진 업무를 소홀히 해왔고 새로운 정부에서는 그 개선이 필요하다는 지적들이 나오는 것을 볼 수 있는데, 이와 비슷한 맥락에서 이해할 수 있을 것이다. 그러나 이는 반은 맞고 반은 틀린 얘기라고 생각한다. 그간 공정위 업무가 불공정거래행위 규제업무에 지나치게 집중되어 시장지배적 지위 남용, 부당 공동행위 규제나 기업결합 규제 같은 반독점, 경쟁촉진 업무에 지장을 주었다는 지적에 대해서는 공감하고 이를 해소하기 위한 특단의 제도개선이 필요할 것이다. 예컨대 분쟁조정을 적극 활성화하는 방안도 하나의 대책이 될 것이다.

그러나 불공정거래행위 규제를 일반적인 경제규제로 생각한다든지, 글로벌 스탠더드에 맞지 않다는 주장은 지나치지 않은가 생각된다. 「공정거래법」의 이념은 자유 그리고 공정경쟁이다. 특히 우리나라 「공정거래법」은 공정경쟁을 자유경쟁보다 앞에 위치시키고 있는 점도 생각해 봐야 할 지점이라고 생각한다. 불공정거래행위 규제는 공정경쟁 촉진을 담당하는 엄연한 경쟁법의 영역인 것이다.

그러나 시장지배적 지위 남용행위와 불공정거래행위 금지제도와의 관계에 대하여 판례나 지침, 공정위 실무 등이 조금씩 다르게 접근하고 있어 혼란을 가중시켜 왔다. 앞으로 이러한 해석상의 논란을 피하기 위해 양 제도간의 관계를 명확히 하기 위한 제도개선과 이를 통해 경쟁을 촉진을 위한 중요한 제도로서 균형있게 발전시켜 나가는 것이 중요하다고 생각한다.

(뉴스퀘스트, 2022. 6. 13.)

28. '갑질행위'와 포스트휴머니즘(posthumanism)

포스트/트랜스 휴머니즘 시대가 된다면 각자에게 각자의 것을 돌려주는
공정한 시대가 될 수 있을 것인가?

우리나라 「공정거래법」 제45조에 규정된 불공정거래행위에는 여러 가지가 있다. 거래거절, 차별적 취급, 경쟁자 배제, 고객유인, 거래강제, 거래상지위 남용, 구속조건부거래, 사업활동방해가 그것이다. 이를 행태별로, 착취행위, 방해행위, 유인행위, 배제행위, 구속행위 등으로 구분해 볼 수도 있다. 시장지배적 지위 남용행위에서 가격남용과 출고조절, 소비자이익 저해행위를 착취 남용행위로 구분한 바 있는데, 불공정거래 유형에서는 거래상 지위 남용행위를 우월한 지위를 이용하여 거래상대방을 착취하는 행위로 볼 수 있다.

최근 몇 년간 우리나라에서는 '공정'이란 화두와 경제민주화라는 정치적 이슈의 홍수 속에서 '갑질행위'만큼 언론이나 인구에 회자된 용어도 없을 듯싶다. 경제민주화 이슈가 정치권에서 나오기 시작한 시점부터 유행어가 된 듯하다. 인터넷을 검색해 보니 위키백과에서는 "갑질(甲-)은 계약 권리상 쌍방을 뜻하는 갑을(甲乙) 관계에서 상대적으로 우위에 있는 '갑'에 특정 행동을 폄하해 일컫는 '~질'이라는 접미사를 붙여 부정적인 어감이 강조된 신조어로 2013년 이후 대한민국 인터넷에 등장한 신조어라고 한다. 상대적으로 우위에 있는 자가 우월한 신분, 지위, 직급, 위치 등을

이용하여 상대방에 오만무례하게 행동하거나 이래라저래라 하며 제멋대로 구는 행동을 말한다. 갑질의 범위에는 육체적, 정신적 폭력, 언어폭력, 괴롭히는 환경 조장 등이 해당된다."라고 정의하고 있다. 세계적 권위의 영국 옥스포드(Oxford) 사전에서도 'Gapjil'로 등재되었다.

그런데 이 글을 쓰면서 새롭게 알게 된 사실은 갑질행위가 '2013년 이후 대한민국 인터넷에 등장한 신조어'라는 점이다. 모든 계약서가 갑과 을로 되어 있으니, 과거에도 '갑을(甲乙) 관계'라는 말은 존재했겠지만, 소위 '갑질'이라는 용어는 신조어인 셈이다. 생각해 보니 구속을 싫어하고 공정성을 강조하는 MZ세대의 등장, 기존의 질서를 부정하고 기계문명과 결합을 통한 신 인간을 추구하는 포스트 휴머니즘(posthumanism)적인 조류와도 무관치 않다는 생각이 든다.

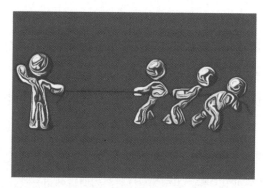

과거에도 '갑을(甲乙) 관계'라는 말은 존재했지만, 소위 '갑질'이라는 용어는
2013년 이후 한국 인터넷에 등장한 신조어다. 구속을 싫어하고 공정성을
강조하는 MZ세대의 등장, 기존의 질서를 부정하고 기계문명과 결합을 통한 신
인간을 추구하는 포스트 휴머니즘(post humanism)적 조류와도 무관치 않다.

경제활동, 특히 거래관계에서 갑질행위를 금지하도록 규정한 것이 「공정거래법」 제45조 제1항 중 '거래상 지위 남용행위'이다. 즉 사업자가 거래상 우월적 지위가 있음을 이용하여 열등한 지위에 있는 거래상대방에 대해 일방적으로 물품 구입강제 등 각종 불이익을 부과하거나 경영에 간섭하는 것은 경제적 약자를 착취하는 행위를 말한다. 공정위 업무의 상당 부분이 이러한 거래상 지위 남용행위를 규제하는 일이다.

「공정거래법」뿐만 아니라 「하도급법」, 「가맹사업법」, 「대규모유통업법」 그리고 「대리점법」이 모두 「공정거래법」상 거래상 지위 남용행위에서 파생된 특별법이라고 보면 거래상 지위 남용행위 관련 업무 비중은 매우 크다고 볼 수 있다. 저자가 한국공정거래조정원에 근무하던 3년간의 일도 대부분 갑질행위로부터 받은 피해를 보상하고 거래관계를 원상으로 회복시키려는 노력이었다.

실무에서 보통 민사관계라는 것과의 한계가 가장 문제되는 영역이 거래상 지위 남용행위인데, 대등한 지위에서의 민사관계에 대해서는 「공정거래법」을 적용할 수가 없기 때문이다. 공정위에 접수되는 수많은 사건 중에 민사상 채무불이행문제나 단순한 계약서의 해석 문제는 민사관계로 분류하여 심사 불개시 결정을 내리기도 한다. 기본적으로 거래상 우월한 지위가 인정되어야 하는데, 계속적 거래관계, 거래의존도 등을 따져서 종합적으로 판단할 수밖에 없다.

거래상 지위 남용행위의 하위 유형에는 구입강제, 이익제공강요, 판매목표강제, 불이익제공, 경영간섭행위를 규정하고 있다. 구입강제행위는 통상 '밀어내기'라는 표현으로 많이 알려져 있는데, 몇 년 전 유업회사의 밀어내기 사건이 크게 언론을 장식한 일이 있었다. 대리점에 대하여 유통기한 임박제품, 대리점이 주문하지 않거나 취급하지 않는 제품 등의 구입을 강요한 행위에 대해 공정위가 제재를 하였다. 이는 사회적으로 큰 이슈가 되어 「대리점법」이 제정되는 계기가 되기도 하였다.

거래상 지위 남용행위 중에서도 가장 빈발하고 많은 비중을 차지하는 것이 '불이익 제공'이란 유형인데, 문언 그대로 보면 구입강제, 이익제공강요, 판매목표강제도 크게 보면 이에 해당할 수 있을 정도로 다양한 사례들이 이에 해당할 수 있다. 대표적으로 거래과정에서 거래조건을 갑(甲)에게 유리하도록 일방적으로 변경하거나 을(乙)에게 불이익을 주는 행위이면 이에 해당할 수 있다. '갑질'의 전형인 것이다.

한편 거래상 지위 남용행위는 소비자와의 관계에서도 발생할 수 있는데 (예를 들어 골프장과 회원), 이 경우 대법원은 '거래질서와의 관련성'을 강조하고 있다. 회원제 골프장에서 회원 동의없이 소멸성 연회비를 신설한 행위에 대하여 서울고법은 거래상 지위를 남용한 행위로 인정하였으나, 대법원은 불특정 다수의 소비자에게 피해를 입힐 우려가 있거나, 유사한 위반행위 유형이 계속적·반복적으로 발생할 수 있는 등 거래질서와의 관련성이 인정되는 경우에 한하여 공정한 거래를 저해할 우려가 있는 것으로 해석함이 타당하다고 판시를 하였다. 이 판결은 불공정거래행위 규제가 최소한 거래질서를 유지하기 위한 법이라는 틀 속에 있어야 함을 강조한 것이다. 「약관규제법」도 제1조(목적)에서 거래상 지위의 남용을 규제하기 위한 법이라는 점을 명시하였다.

루소는 『인간불평등기원론(1755)』에서 소유권과 법률의 확립이 처음으로 불평등을 만들어 내고 위정자의 직분이 그 다음으로, 끝으로 합법적 권력으로부터 전제적 권력으로의 변화가 불평등을 조장했다고 말한다. 첫 번째 시기에 부자와 가난한 자, 두 번째 시기에 강자와 약자의 상태가 용인되었고, 세 번째 시기에는 주인과 노예의 상태가 용인되었다고 한다. 세상의 모든 거래에는 완전히 평등한 관계라는 것은 드물고 다소간의 경제력의 격차나 거래상 지위의 차이가 존재하기 마련이다. 지금 이 순간에도 서로가 유리한 방향으로 이끌기 위한 치열한 싸움이 전개되고, 대부분은 한쪽으로 유리하게 진행될 가능성이 많을 것이다. 실제로는 '을(乙)질'도 있을 수 있다. 어디부터 법으로 개입해야 하느냐의 문제가 남는다.

'갑질행위'라는 것도 모두가 계약서라는 종이쪽지에 인간의 욕심이 개입되어 벌어진 일이라고 본다면, 인간이 근본이 되는 휴머니즘 시대를 지나 인공지능과 빅데이터로 모든 거래가 이루어지는 포스트/트랜스 휴머니즘 시대가 된다면 강자의 정의가 아닌 각자에게 각자의 것이 돌아가는 공정한 시대가 될 수 있을지 모르겠다.

(뉴스퀘스트, 2022. 6. 27.)

29. 거래거절과 '콜게이트 룰(Colgate Doctrine)'

시장경제하에서 누구와 어떤 내용으로 거래할지는 기본적으로 자유,

그러나 그 예외도 존재

시장경제하에서 누구와 어떤 내용으로 거래할지는 기본적으로 자유이나. 이를 사적자치 원칙이라고 한다. 시장경제는 사적자치와 자유경쟁을 기본으로 하는 것이다. 1919년 미국 연방대법원의 〈콜게이트(Colgate) 판결〉은 이러한 기본적인 원칙을 선언한 것으로 유명하다. Colgate사는 우리가 익히 잘 알고 있는 미국의 유명한 치약회사이다. 이 회사는 1806년 창업주 윌리엄 콜게이트(William Colgate)가 뉴욕 시에서 비누와 양초 판매를 시작하면서 창립되었는데, 오늘날 잘 알려진 튜브형 치약은 1896년에 처음 출시되었다.

미국에 본사를 둔 구강케어 전문업체 '콜게이트'사의 치약

동 사건에서는 Colgate사가 제품의 재판매가격을 지정하여 도매상으로 하여금 그 가격이하로는 팔지 못하도록 한 것이 문제가 되었는데, 대법원

은 재판매가격유지행위는 당연위법이지만, 제조업자가 자신의 상품이 재판매될 수 있는 가격을 미리 공표하고 그 가격에 부합하지 않는 도매상 및 소매상과의 거래를 거절하는 것은 셔먼법 위반으로 인정하지 않았다.

이 판결에서 "독점을 형성하거나 유지할 의도가 없다면 사적 사업에 종사하는 제조업자가 자신이 거래할 당사자에 대해 재량권을 행사할 수 있으며, 지정된 재판매 가격을 유지하지 않을 제조업체에 대한 판매를 거부할 수 있다(in the absence of any purpose to create or maintain a monopoly a manufacturer engaged in private business may exercise his discretion as to parties with whom he will deal, and may refuse to sell to those who will not maintain specified resale prices)"는 이른바 '콜게이트 룰(Colgate Doctrine)'이 확립되었다.

그렇다면 거래를 거절하는 행위도 자유이고 어떤 경우에도 문제가 없는 것인가? 그렇지 않다. 우리나라 「공정거래법」에서는 부당하게 거래를 거절하는 경우 불공정거래행위로 금지하고 있다. 어떤 경우가 부당한 것인가? 첫째, 위 판결에서도 밝히고 있는 바와 같이 독점을 형성하거나 유지할 의도를 가진 경우 법 위반이 될 수 있다. 이는 시장지배적 지위의 남용행위에 해당될 수도 있다. 필수설비의 제공을 거절하는 경우 사업활동방해행위에 해당될 수도 있다. 둘째, 상대방의 사업활동을 곤란하게 하는 경우를 들 수 있다. 2001년 〈코카콜라의 거래거절행위 사건〉에서 대법원은 한국코카콜라의 보틀링(병입)사업을 하는 거래상대방에게 대한 원액공급 중단행위에 대하여 회사의 사업활동을 곤란하게 할 의도가 없고 그 회사의 거래기회가 배제되었다고 볼 수 없다고 판시한 바 있다. 셋째, 「공정거래법」이 금지하는 위법 부당한 목적을 달성하기 위한 수단으로 이용하는 경우이다. 예를 들어 거래상 지위를 이용한 불이익을 제공하기 위해 거래 거절행위를 행하는 경우이다. 상기의 〈콜게이트(Colgate) 판결〉도 현재의 우리나라에서라면 재판매가격을 유지하기 위한 목적으로 거래거절을 한 경우이므로 위법으로 선언될 가능성이 높다.

거래거절행위의 위법성을 판단할 때, 경쟁제한성 여부에 대한 판단이 필요한지에 대하여 논란이 있다. 이 문제는 「공정거래법」이 금지하는 부당한 거래거절이 단순한 사업자가 아니라 어느 정도의 시장점유율을 가진 사업자에 대하여만 적용되느냐의 문제와 관련이 있다.

이 문세에 대해서는 헌법재판소니 공정위의 실무도 기본저으로 경쟁제한성이 필요하다고 보고 있는 반면, 〈포스코 판결〉에서 대법원은 시장지배적 지위의 남용행위로서의 거래거절행위와 달리 불공정거래행위에서는 사업자가 받은 불이익을 기준으로 판단한다고 봄으로써 해석상 혼선이 빚어지고 있는 것이 현실이다. 앞으로 이러한 문제에 대한 입법적인 해결이 필요할 것이다.

거래거절행위의 유형으로 '거래를 시작할 때 거절'을 하는 경우와 '거래 중에 중단'하는 경우가 있는데, 후자는 '계속적인 거래관계에 있는 특정 사업자에 대하여 거래를 중단하거나 거래하는 상품 또는 용역의 수량이나 내용을 현저히 제한하는 행위'로 규정되어 있다. 전자의 경우는 위법성을 인정하기가 매우 어렵고 대부분의 거래거절행위와 관련된 분쟁은 후자와 같은 경우이다. 기존계약이 만료된 상태에서 이루어지는 거래거절행위는 거래개시거절에 준해서 판단해야 할 것이다.

한편 위와 같은 단독의 거래거절행위 외에도 공동의 거래거절행위라는 것이 있는데, 자기와 경쟁관계에 있는 사업자와 공동으로 특정사업자에 대하여 거래를 거절하는 경우이다. 이는 공동행위와 유사한 형태를 띠게 되는데 실무적으로 부당한 공동행위를 우선적으로 적용하고 있다.

거래처 선택의 자유는 시장경제의 기본원칙에 속하는 것이기 때문에 그 예외의 판단이 매우 어려운 행위 중의 하나이다. 자유시장경제에서 누구와 거래를 하던 않던 무슨 상관이냐는 생각이 기본에 깔려 있기 때문이다. 한마디로 요약해 보면 '사업자가 계약기간 중에 거래를 중단해서 상대방이 사업활동이 곤란해지고 불이익을 입을 우려가 있는 경우' 부당한 거래 거절로 될 가능성이 있을 것이다. 시장점유율이 높거나 불법적인 의도가 있는 경우는 그 가능성이 더 높아질 수 있다.

(뉴스퀘스트, 2022. 7. 11.)

30. 차별적 거래는 항상 나쁜 행위인가?

사회후생을 증대시키거나 시장경쟁을 촉진시키는 효과도 있어…

현대사회에서 '차별(discrimination)'은 매우 부정적이고 반사회적 용어로 읽힌다. 최근 인기 TV드라마인 '이상한 변호사 우영우'에서는 자폐성 장애를 가진 변호사가 편견과 차별을 극복하는 과정을 그려 시청자의 인기를 끌고 있고, 발달장애 골퍼인 이승민 선수는 U.S. 오픈에서 우승하여 온 국민에게 감동을 선사하였다. 헌법 제11조에서는 "모든 국민은 법 앞에 평등하다. 누구든지 성별·종교 또는 사회적 신분에 의하여 정치적·경제적·사회적·문화적 생활의 모든 영역에 있어서 차별을 받지 아니한다."고 규정함으로써 차별 금지는 헌법의 핵심적 가치이기도 하다.

그렇다면 시장에서 일상적으로 일어나는 차별적 가격이나 차별적 거래조건은 어떻게 해석해야 할까? 대부분의 경제학 교과서를 보면 주로 독점시장을 설명하면서 그 내용의 하나로 가격차별이론이 소개되어 있다. 즉 가격차별은 독점력을 가진 기업이 같은 상품에 대하여 서로 다른 가격을 책정하거나, 같은 구매자에게도 서로 다른 조건으로 판매하는 행위를 말한다. 가격차별은 왜 일어나는가? 그렇게 함으로써 독점사업자가 자신의 이윤을 더 높일 수 있기 때문이다. 즉 구매자로부터 판매자로 소득 재분배 효과가 일어나는 것이다. 산업조직론 내지 경쟁정책에서 독점사업자의 가격차별 행위를 규제하는 이유는 여기에 있다.

우리나라 「공정거래법」에서는 가격 또는 거래조건을 부당하게 차별하는 행위를 시장지배적 지위의 남용행위 중 다른 사업자의 사업활동방해행위로 규제하고 있다. 그 대표적인 사례가 〈퀄컴 사건〉이었는데, 2009년 공정위는 퀄컴사가 CDMA이동통신 핵심기술을 삼성전자, 엘지전자, 팬택 등 국내휴대폰 제조사에 라이선싱하면서 경쟁사의 모뎀칩을 사용하는 휴대폰에 대해서는 차별적으로 높은 기술로열티를 부과한 행위에 대하여 제재를 하였고, 그 후 10여 년이 지난 2019년에 대법원에서 최종 확정이 되었다. 이 사건에서 대법원은 하나의 구매자에 대하여 구체적인 조건에 따라 가격을 차별적으로 할인하는 경우도 가격차별에 해당한다고 보았는데, 위에서 설명한 가격차별의 유형 중 '같은 구매자에게도 서로 다른 조건으로 판매하는 행위'에 해당하는 것이다.

가격 등 차별적 행위는 우리나라뿐만 아니라 외국의 경우에도 대표적인 시장지배적 지위 남용행위로 규제하고 있다. 예를 들어 미국의 「클레이튼법」 제2조에서 당해 차별로 인하여 실질적으로 경쟁이 감소되거나 통상과정에서 독점이 형성되는 가격 차별행위를 위법이라고 규정하고 있고, 독일의 경우에도 「경쟁제한방지법」 제19조에서 '객관적으로 정당한 이유없이 직접 또는 간접적으로 동종의 사업자에 비하여 차별적으로 취급하는 경우'를 명시하고 있다. 미국에서 가격차별을 대표하는 사례가 1967년 〈Utah Pie 사건〉이다. Salt Lake City에서 영업을 하는 소기업인 Utah Pie사가 대규모 냉동파이 제조회사인 Continental Baking사가 동일 파이제품을 다른 지역에 비해 싸게 파는 행위에 대하여 3배 소송을 제기한 사건이었는데, 연방대법원은 '급격하게 인하되는 가격구조(a drastically declining price structure)'를 이유로 셔먼법 위반을 인정하였다. 이는 경쟁법 이론에 있어서 구조주의에 입각한 사례로 꼽히기도 한다.

우리나라의 경우 시장지배적 지위 남용행위와 별도로 불공정거래행위의 유형으로 자세한 규정을 두고 있다. 즉 우리나라 「공정거래법」에서는 독점사업자가 아닌 사업자의 가격차별이라도 불공정거래에 해당할 수 있다고 본다. 독점사업자의 가격차별이라 하더라도 항상 사회후생을 떨어뜨리는 나쁜 행위는 아니다. 독점적 경쟁이론으로 유명한 로빈슨 교수(Joan Robinson)는 탄력성이 높은 시장(가난한 사람)의 시장가격이 낮아지고 탄력성이 낮은 시장(부자)의 시장가격이 높아지는 가격차별화는 사회후생을 증가시킨다고 말한다. 차별직 행위에 대해 법위빈올 인정하려면 '부당성'을 요구하는 것은 차별적 행위라도 사회후생을 증대시키거나 시장경쟁을 촉진시키는 효과도 있기 때문이다. 부당성을 판단할 때는 보통 행위자가 속한 시장 및 경쟁사업자가 속한 시장에서의 경쟁제한성을 따져보게 된다.

차별적 취급행위로서 「공정거래법」에서 규정하는 가장 대표적인 유형은 가격차별이다. 즉 부당하게 거래지역 또는 거래상대방에 따라 현저하게 유리하거나 불리한 가격으로 거래하는 행위는 금지된다. 여기서 중요한 것은 '현저성' 여부인데, 이는 어느 정도의 차별적 행위는 시장경제에서 용인이 된다는 것을 의미한다. 한편 현저성이 인정되어도 다시 부당성이 인정되어야 한다. 2006년 〈한국외환은행 사건〉에서도 대법원은 신용카드사업자가 상호 경쟁관계에 있는 가맹점인 백화점 업종과 할인점 업종의 가맹점 수수료율에 1% 내지 1.1%의 차이를 둔 것은 현저한 차별행위이지만 여러 가지 사유를 들어 공정거래저해성을 인정하지 않았다.

가격차별에 준하는 것으로 수량·품질 등의 거래조건이나 거래내용에 관하여 현저하게 유리하거나 불리한 취급을 하는 행위는 금지된다. 이를 거래조건 차별이라고 한다. 2018년 〈골프존 사건〉에서는 차별적 취급행위가 문제가 되었다. 공정위는 골프존이 가맹점에 대해서는 신제품을 공급하면서, 비가맹점에 대해서는 공급하지 아니한 행위를 차별적 행위로 보고 제재하였으나, 법원은 위법성을 인정하지 않았다.

우리나라 「공정거래법」에는 특이하게 계열회사를 현저히 유리하게 하기 위하여 가격이나 거래조건을 현저하게 차별하는 경우를 규정하고 있다. 이는 기업집단을 규제하고 있는 우리나라의 특수성에 기인한 입법이다. 기업집단에 소속된 회사를 계열회사라고 하는데, 이를 간에 서로 도와줄 목적으로 제3의 회사를 차별적으로 취급하는 경우 이에 해당할 수 있다. 그러나 이 규정은 부당지원행위 규정과 중복될 소지가 있다.

(뉴스퀘스트, 2022. 7. 25.)

31. '폭탄세일' 가격할인행위와 공정거래
가격할인은 시장경제에서 경쟁을 상징, 소비자 속이거나 경쟁질서 해쳐서는 안 돼…

길거리를 걷다 보면 '폭탄세일', '80~90%세일', '시즌종료 할인행사', '매장정리 원가세일', '창고대개방' 등 문구가 쉽게 눈에 띈다. 불경기가 될수록 이런 장면은 더 많아진다. 시중에는 정상가격으로 판매하는 경우가 드물다 싶을 정도로 다양한 가격할인행사가 펼쳐지고 있다.

홈플러스는 최근 대규모 할인 행사를 펼치고 있다.

가격할인은 외관상으로는 싼 가격에 상품을 구매할 수 있으므로 소비자 후생을 증대시키는 행위라고 볼 수 있다. 그러나 가격할인이 소비자 후생을 증대시키려면 실질적으로 진정한 의미에서의 가격할인이어야 한다. 그리고 진정한 가격할인이라 하더라도 지나친 경우 그것이 시장질서를 어지럽히는 경우도 있다. 전자의 문제는 형법상의 문제나 소비자 보호의 문제가 될 수 있고, 후자는 「공정거래법」상 문제를 야기할 수 있다.

1989년 소위 1980년대 경제호황을 이끌었던 3저 현상이 퇴조하면서 경제가 흔들리는 상황에서, 공정거래에 관한 사회적 관심을 증폭시킨 사건이 발생하였는데, 전국 10개 대형백화점들이 세일가격을 속인 소위, '사기세일사건'이 그것이었다. 이 사건은 실제보다 과장된 할인가격을 표시하여 원심과 항소심의 무죄판결과 달리 대법원에서 유죄판결을 받았는데, 형법상의 사기죄로 처벌되기는 했지만, 공정거래에 대한 여론이 크게 일어났고, 이를 계기로 공정거래위원회의 기능이 크게 강화되는 결과로까지 이어졌다.

실제로 할인이냐의 판단이 애매한 경우도 있다. 통상 가격할인행사 하면 쉽게 떠오르는 것이 1+1 행사인데, 공정위는 마트들이 '1+1 행사'에 대해 광고하면서 종전거래가격보다 인상된 판매가격을 기재하는 행위에 대하여 「표시광고법」상 부당 표시ㆍ광고로 보고 제재한 적이 있다. 즉 마치 같은 가격으로 2개를 살 수 있는 것처럼 표시했지만 실제로는 그 할인효과가 없었다는 것이다. 예를 들어 2,000원짜리 상품을 1,000원으로 판매하다가, 다시 2,000원으로 환원한 뒤 2,000원에 두 개를 주는 경우 소비자들은 마치 1,000원에 2개를 사는 것과 같은 착각에 빠지게 되는 것이다. 실제로는 50% 할인이 1+1이름만 바뀌었을 뿐이다. 해당업체들은 이는 표시광고가 아니라 할인행사라는 이유로 항소하였지만 대법원은 2017년 공정위의 손을 들어 주었다. 1+1 행사라 하더라도 자세히 따져봐야 속지 않고 구매할 수 있는 것이다.

위와 같은 소비자보호 문제 외에 「공정거래법」상으로는 전혀 문제가 없는 것인가? 그렇지 않다. 우선 시장지배적 사업자는 부당한 약탈적 가격 책정행위를 금지하고 있다. 즉 부당하게 상품 또는 용역을 통상거래가격에 비하여 낮은 대가로 공급하는 행위를 약탈적 가격책정으로 보고 이를 금지하고 있다. 한편 시장지배적 지위 남용행위 외에도 불공정거래행위의 유형으로 부당염매가 규정되어 있다. 즉 정당한 이유 없이 그 공급에 소요되는 비용보다 현저히 낮은 대가로 계속하여 공급하거나 기타 부당하게 상품 또는 용역을 낮은 대가로 공급하는 행위이다. 여기에서의 기준은 '공급에 소요되는 비용'이다. 공급에 소요되는 비용을 어떻게 판단해야 하는가? 이에 관하여 'Areeda-Turner Test'가 활용되는데, 평균가변비용(Average Variable Cost)을 기준으로 약탈가격인지 여부를 판단하는 것이다.

문제는 이런 행위가 있다고 할 때 그것이 바로 법위반이 되느냐 이다. 답은 '아니다'이다. 이러한 행위의 공통점은 '경쟁사업자 배제'와 관련이 있다는 점에 있다. 즉 당장에 소비자에게는 득이 되지만 경쟁사업자 입장에서 시장에서 퇴출되게 되어 경쟁질서에 문제가 생기는 것이다. 경쟁사업자가 시장에서 퇴출되고 시장이 독점화되면 장기적으로 소비자에게도 손해가 올 수도 있다. 경쟁사업자가 시장에서 퇴출된다는 전제에는 가격 약탈하는 사업자가 시장지배적인 사업자여야 하고, 부당염매의 경우에도 어느 정도의 시장지배력이 있어야 한다는 것이다. 그렇지 않은 경우 아무리 싸게 판다 한들 경쟁사업자가 큰 영향을 받지도 않고 치열한 가격경쟁 과정으로 볼 수밖에 없다.

이런 측면에서 우리가 시중에서 흔히 볼 수 있는 가격할인 행사는 대부분 가격경쟁의 범위 내에 있는 것으로 보아도 큰 무리는 없을 것이다. 하자가 있는 상품, 유통기한이 임박한 물건, 계절상품 및 재고의 처리를 위하여 제한된 물량의 범위 내에서 염매를 하는 경우, 신규개점 또는 신규시장진입에 즈음하여 홍보목적으로 한정된 기간에 걸쳐 염매를 하는 경우에도 문제가 되지 않는다.

과거에 소위 '1원입찰 사건'이라는 것도 있었다. 손해를 보더라도 무조건 입찰을 따야 하는 경우 상징적으로 1원을 입찰하여 낙찰을 받는 경우가 생기는데 이를 부당염매로 보아야 할지가 문제인 것이다. 이러한 행위 역시 경쟁사업자를 배제하는 효과가 있는지 여부를 두고 판단해야 하는데, 법원에서는 위법으로 본 경우도 있고 그렇지 않은 경우도 있다.

이와 같이 일상에서 이루어지는 수많은 형태의 할인행사는 소비자와의 관계에서 소비자 보호의 문제, 그리고 경쟁사업자간에 공정거래의 관점에서 바라볼 수 있다. 양자 간에 비교형량의 문제도 있다. 가격할인은 시장경제에서 경쟁을 상징하는 말이지만 소비자를 속이거나 경쟁질서를 해치는 일은 있어서는 안 될 것이다.

(뉴스퀘스트, 2022. 8. 9.)

32. 구속조건부 거래행위는 왜 일어나는가?

구속조건부 거래행위, 경쟁제한효과와 효율성증대효과 등 종합적 판단이 필요

지난 칼럼에서 경쟁사업자를 배제할 우려가 있는 행위로 부당염매행위를 설명하였다. 그런데 지난 2주 사이에 소위 치킨논쟁이 벌어졌다. 물론이는 처음은 아니다. 롯데마트는 2010. 12월 5천 원짜리 '통큰 치킨'을 내놔 소비자들의 호응을 얻었지만 당시 경제민주화 분위기 속에서 영세 치킨 전문점 업주들의 반발이 거세지면서 일주일 만에 판매는 중단되었다. 공정위가 개입하지는 않았지만 당시에 치킨 가격원가에 대한 논쟁이 벌어지기도 하였다. 최근 대형마트인 홈플러스가 6월 말에 '당당치킨'이라는 이름으로 6,980원이라는 '파격적'인 가격을 제시하면서 다시 관심이 커지기 시작했다. 혹시 「공정거래법」상 부당염매에 해당하는 것은 아닐까?

초유의 물가상승 분위기 때문인지 소비자들은 환영하고 있고, 대형 치킨 프랜차이즈 업체들도 타격을 전혀 받지 않고 있다는 반응이라고 한다. 동네치킨집이 다소 피해를 보았는지는 모르겠다. 대형마트도 치킨을 원가 이하로 판매한다는 보도내용도 아직까지는 본 적이 없다. 그렇다면 이는 「공정거래법」상 부당염매로 문제가 될 가능성은 없어 보인다. 어쨌든 12년 전과 유사한 내용인데 그때그때의 사회분위기에 따라 전혀 다른 방향으로 전개되기도 하는 것이다.

경쟁사업자를 배제할 우려가 있는 또 다른 행위로 배타조건부 거래행위

라는 것이 있다. 최근에 검찰이 「공정거래법」 위반을 이유로 네이버를 압수수색했다는 기사를 본 적이 있다. 공정위는 지난 2021. 1. 20. 네이버가 부동산정보업체가 제공한 '부동산매물정보'를 제3자에게 제공하지 못하도록 하는 조건으로 부동산정보업체와 계약을 체결하는 행위에 대하여 시정명령과 과징금을 부과하였는데, 공정위 고발이 아니라, 중소벤처기업부가 1년 이상 지난 시점에서 의무고발권을 행사하여 검찰 수사가 이루어지게 된 것이다.

이러한 중소벤처기업부의 늑장 고발은 법적 안정성 측면에서 심각한 문제가 아닐 수 없다. 어쨌든 여기에서 '부동산매물정보'를 제3자에게 제공하지 못하도록 하는 조건으로 부동산정보업체와 계약을 체결하는 행위, 즉 '경쟁사업자와 거래하지 않는 조건으로 그 거래상대방과 거래하는 행위'를 '배타조건부 거래행위'라고 하는 것이다.

계약에 의해 이루어지는 행위를 「공정거래법」에서 규제하는 이유는 무엇일까? 이는 그러한 행위 때문에 경쟁사업자가 시장에서 쫓겨날 수 있다는 우려 때문이다. 그런 위험성은 행위자가 시장에서의 지배적 사업자일수록 커지게 된다. 그러나 시장에서의 미미한 지위를 갖고 있다면 그 위험은 줄어들게 된다. 「공정거래법」에서도 시장점유율 10% 미만인 경우를 안전지대(safety zone)로 규정하고 있다.

A사업자가 그의 지배적 지위를 이용하여 거래상대방인 B사업자로 하여금 A의 경쟁사업자와는 거래를 안 하는 조건을 제시하면 B는 울며 겨자 먹기로 그에 따를 수밖에 없게 된다. 경쟁사업자는 B사와의 거래가 불가능해지고 서서히 시장에서 도태되어 갈 것이다. 위 사건에서 공정위는 피심인의 이 사건 행위가 경쟁사업자인 카카오가 2014년 이후 수차례 부동

산정보업체와 업무제휴를 시도하자 이를 저지하기 위해 이루어졌다고 보았다. 공정위는 네이버가 시장지배적 사업자에 해당한다고 판단하고 시장지배적 지위 남용행위와 불공정거래 규정을 동시에 적용하였는데, 어쨌든 공정위의 처분에 대해서는 행정소송도 진행 중이므로 추후 검찰과 법원의 판단이 주목된다.

'구속조건부 거래행위'로 통칭되는 행위 중에는 '배타조건부 거래행위' 외에 '거래지역이나 거래상대방을 제한하는 행위'도 있다. 그 결과 시장에서의 경쟁이 제한되는 외관을 띠게 된다. 첫째, 거래지역제한으로 거래처와 계약을 함에 있어 특정지역을 지정하여 해당 지역에서만 영업을 할 수 있는 권한을 부여하며 해당 지역 외 영업활동을 금지하는 경우 문제가 되는가? 판매지역 구속에도 그 구속의 정도에 따라 책임지역제(또는 판매거점제), 개방 지역제한제(open territory), 엄격한 지역제한제(closed territory)로 구분할 수 있는데, 「공정거래법」상 문제는 엄격한 지역제한제의 경우 발생할 수 있다. 그러나 그러한 경우에도 해당 시장에서의 경쟁이 제한되는지를 면밀히 따져 보아야 한다. 특히 시장에서 비중이 적은 기업이 이러한 행위를 하였을 때는 문제가 되지 않는다.

둘째, 거래상대방 제한행위의 문제였는데, 예를 들어 대리점에게 오프라인으로 판매를 제한하여 인터넷 영업활동을 못하게 하는 경우에 문제가 되는가? 특히 플랫폼 경제시대에는 온·오프라인간의 문제가 크게 대두된다. 그 동안의 사례에서는 위법성을 인정하는 경향이 있다. 이는 크게 보면 선택적 유통시스템(A Selective Distribution System) 문제로 볼 수 있는데, 이러한 행위가 위법한지는 역시 위와 같은 기준으로 종합적인 판단이 필요할 것이다. 2017년 EU사법재판소(ECJ)는 〈Coty 사건〉에서 브랜드이미지 유지를 위한 선택적 유통시스템에 대하여 적법성을 인정한 바도 있다.

이와 같이 구속조건부 거래행위는 경쟁제한효과와 효율성증대효과 등 종합적인 판단이 필요하다. 수평적 합의인 부당 공동행위에 비해 수직적 제한행위인 구속조건부거래는 경쟁제한성이 약하다. 2020. 12. 29. 법 전부 개정 시 불공정거래행위 규정의 구속조건부 거래행위의 경우 형벌규정이 폐지되었다. 「공정거래법」의 비범죄화 차원에서 바람직한 방향이라고 생각된다.

(뉴스퀘스트, 2022. 8. 9.)

33. 끼워팔기(Tying)와 결합판매(Bundling)

MS의 윈도우 미디어프로그램, 메신저 끼워팔기가 대표적 사례

어제 모처럼 넷플릭스(Netflix)에서 '러빙 어덜트'란 네덜란드 영화를 보게 되었다. 남편의 불륜을 소재로 한 공포 스릴러 영화였지만 폭력적이거나 크게 자극석인 장면 없이 내용자체가 공포스러운 영화로 별 기대를 하지 않고 본 영화치고는 나름 여운을 주는 영화였다. 오늘 소개할 내용은 영화의 주제에 대한 것은 아니라 그 중 한 장면이다. 영화 초반부에 불륜남편 크리스티안의 아내이자 여주인공인 레오노라가 세차장에 세차쿠폰을 사러 가는데, 세차장 점원은 세차쿠폰만 단독으로 판매하지 않는다고 말하는 장면이 나온다. 세차카드를 사야 세차도 할 수 있다는 것이다.

레오노라는 이해가 가지 않는다며 세차쿠폰만 구매하려고 점원과 협상을 하지만 요지부동인 점원의 태도 때문에 결국은 비싼 가격의 세차충전카드를 사고야 만다. 세차 때문에 원치 않던 세차카드까지 사게 된 것이다. 어쨌든 영화 속의 세차카드는 그 후 남편도 사용하게 되고 이는 남편의 범죄행각을 아내에게 들키게 하는 복선(foreshadowing)으로 사용이 된다. 비유하자면 세차장은 세차쿠폰에 세차충전카드를 끼워서 판매한 것이고 이것이 정상적인 상거래였다면 레오노라가 군이 황당한 표정을 짓지는 않았을 것이다. 레오노라가 느낀 감정은 과연 무엇이었을까? 뭔가 불공정하다는 느낌 아니었을까?

「공정거래법」에서는 이러한 유사한 행위를 끼워팔기라고 규정하는데, 시장지배적 지위 남용행위로서 또한 불공정거래행위에서 거래강제행위의 한 유형으로서 규제하고 있다. 이에 대해서는 우리나라뿐만 아니라 전 세계적으로 대부분의 국가들이 공정하지 못한 행위로 규제하고 있다. 일상생활에서 끼워팔기 행위는 많이 일어나고 있다. 지금은 뜸한 얘기지만 예식장을 대여하면서 음식을 끼워서 팔거나, 장례식장에서 수의 등 장례용품을 끼워파는 행위가 사회적으로 문제되던 시절도 있었다. 은행에서 대출을 하면서 예금을 강제로 들게 하는 이른바 '꺾기'에 대해서도 제재한 사례가 있었다.

뭐니뭐니 해도 우리나라에서 끼워팔기가 문제가 된 중요한 사건은 2003년 〈마이크로소프트 사건〉이었다. 독점사업자인 마이크로소프트가 PC운영체제에 윈도우 미디어프로그램, 메신저를 끼워서 판 행위가 문제되었다. 공정위는 각각 별개의 제품임에도 불구하고, 거래상대방에 대하여 그 구입을 강제하여 결과적으로 종된 상품시장(미디어프로그램, 메신저)에서의 경쟁을 제한했다는 이유로 과징금과 함께 경쟁제품을 탑재하게 하고 분리된 버전을 공급하게 하는 등 시정조치를 한 바 있다. 마이크로소프트는 공정위의 시정조치를 수용하고 사건이 종료되었다.

끼워팔기는 특히 IT분야에서 문제가 되는 경우가 많다. 상대적으로 전통적 산업보다는 기술적 결합이 많이 이루어지기 때문이다. 2018. 7월 EU 집행위원회는 Google의 시장지배적 지위 남용행위에 대하여 역대 최고금액인 총 43억 4,000만 유로(약 5조 6,000억 원)의 과징금을 부과한 바 있는데, 법 위반 사실은 구글 앱스토어 라이선스 조건으로 자사 2개 앱의 선탑재요구(끼워팔기) 등이었다.

끼워팔기는 그 외관만으로 불법으로 볼 수 없다. 앞에서 소개한 영화의 세차장 직원의 행위도 레오노라의 기분을 언짢게 했지만 불법이라고 단정하기는 어렵다. 끼워팔기가 성립하려면 몇 가지 요건이 필요하다. 첫째로는 주된 상품과 종된 상품이 별개의 상품이어야 한다. 예를 들어 프린터와 잉크, 자동차와 타이어는 누가 봐도 별개의 상품이 아니다. 하나로 결합된 상품인 것이다. 〈골프존 거래강제행위 사건〉에서도 2017년 법원은 스크린골프의 센서, 스윙플레이트, 영상을 확대하여 보여주는 '프로젝트', '스크린', 그리고 이러한 장비를 제어·실행하는 '컴퓨터' 등은 빔프로젝트와 별개의 종된 상품에 해당한다고 볼 수 없다고 판시한 바 있다. 즉 끼워팔기가 아니라는 것이다. 위의 마이크로소프트 사례에서 윈도우와 미디어플레이어, 메신저는 별개의 상품이며, 위의 영화에서 세차쿠폰와 세차카드는 일반적으로 별개의 상품으로 볼 수는 있을 것이다.

둘째 주상품이 시장지배적 지위 남용행위의 경우 시장지배력, 불공정거래행위의 경우에도 어느 정도의 시장력은 필요하다. 시장력이 전혀 없다면 굳이 그 상품을 살 필요도 없고 종된 시장의 경쟁제한도 문제되지 않기 때문이다. 이런 측면에서 보면 영화 속의 장면이 불법이라고 단정하기는 어렵다. 그러나 (특히 광활한 국토를 가진 나라에서) 만약 다른 세차장이 지리적으로 상당히 떨어진 곳에 있어서 대체가 어려운 경우라면 문제의 소지도 있는 것이다. 말하자면 세차장의 지리적 위치를 이용하여 세차카드까지 끼워파는 것이다. 이러한 지리적 위치에 따는 독점을 '상황적 독점'이라 부르기도 한다.

그리고 불공정거래행위로서의 끼워팔기가 되려면 종된 상품에 대한 유상성이 요구된다고 보는 것이 일반적이다. 과거 예식장에서 예식장과 음식을 끼워파는 행위가 문제되자 예식장을 무료로 하고 음식값만 받는 관행이 생기기도 하였다. 끼워팔기(Tying)와 유사한 용어로 결합판매(Bundling)라는 것이 있다. 주로 통신시장에서 결합판매행위가 많이 이루어지는데, 유선전화와 초고속인터넷, 휴대전화, 방송, 보험상품 등 별도로 판매되던 복수의 상품이나 서비스를 묶어 할인 판매하는 것을 말한다.

결합판매행위는 허용되는 행위이지만 이용자의 이익 및 공정경쟁을 저해하거나 저해할 우려가 있는 결합판매는 금지되며 이에 대해 방송통신위원회의 「결합판매의 금지행위 세부 유형 및 심사기준」에서 자세히 규정하고 있다. 현재로서는 일반적인 끼워팔기는 공정위가, 방송, 통신시장에서의 결합판매에 대해서는 방송통신위원회가 관장하는 것으로 볼 수 있다.

(뉴스퀘스트, 2022. 9. 5.)

34. 리베이트(rebate)와 고객유인행위

불법적 리베이트는 다른 정상적 경쟁수단이 결여될 때 발생

쌍벌제 등 처벌 강화에도 제약, 의료기기 업계의
리베이트는 좀처럼 근절되지 않고 있다.

지금부터 10여 년 전인 2012년에 '연가시'라는 재난 바이러스 영화가
크게 흥행을 한 적이 있다. 당시 너무 새로운 소재였고 충격적으로 느낀
탓인지 최근 코로나가 발생하면서 그 영화의 장면들이 떠오르는 경험을
하였다. 큰 줄거리와 관계없이 이 영화에서 눈에 띄는 것이 주인공의 직업
이다. 즉 영화 속 주인공은 제약회사의 영업사원인데, 그가 하는 행동이
의사들에게 시종일관 시중을 드는 일이었다. 골프접대, 현금지급 등 불법
리베이트 장면도 등장한다. 심지어 '병원장 가족의 놀이공원 도우미' 역할
까지 담당을 한다. 아이러니하게도, 이 영화는 제약회사들이 제작지원을
했다고 한다. 재난영화이니만큼 제약회사들은 이런 내용은 별 염두에 두

지 않았던지, 리베이트를 업계 관행상 당연한 것으로 받아들였을 수도 있을 것이다.

저자는 공정위 서울사무소장으로 재직하던 2011년에 제약회사의 대형 병원에 대한 불법 리베이트 사건을 처리해 본 경험이 있다. 당시 불법 리베이트 문제는 공정위만의 문제가 아니라 당시 범정부적인 문제로 인식되어 관련 기관의 참여 하에 서울중앙지방검찰청 내 의약품 리베이트 전담 수사반이 가동되기도 하였다. 그간의 노력으로 제약분야의 리베이트 관행이 상당히 줄어든 것으로 생각했지만, 은밀한 방법으로 관행이 지속되고 있는 듯하다. 그런 탓인지 최근 2022. 9. 7. 국민권익위원회는 다음과 같은 제목으로 보도자료를 배포하였다.

국민권익위, "제약·의료기기 분야 불법 리베이트에 제동 걸린다"
— 불법 리베이트 처분내용 기관간 공유, 건강기능식품 리베이트 제공 금
지 규정 신설 등 제도개선 권고 —

[권익위 보도자료(2022. 9 .7.)]

권익위는 제약·의료기기 분야에서 리베이트는 고질적인 문제로 이를 근절하기 위해 2010년부터 리베이트 쌍벌제 등을 시행하고 있으나, 그 이후에도 불법 리베이트 행위가 지속되고 있다고 지적을 하고, 공정위에서 시정명령·과징금 부과처분을 할 경우 그 처분내용을 복지부·식약처에 통보하도록 하고, 복지부는 리베이트 관련 수사 결과를 공정위에 통보하도록 권고했다. 말하자면 부처 간 협력을 강화하라는 권고인 셈이다.

「공정거래법」에서는 이러한 행위를 '부당한 고객유인'이란 이름으로 규제하고 있다. 여기에는 부당한 이익을 제공해서 고객을 유인하는 경우

와 위계에 의해 고객을 유인하는 경우 등이 있다. 전자는 정상적인 거래관행에 비추어 부당하거나 과대한 이익을 제공함으로써, 후자는 자신의 상품이나 용역을 우량, 유리한 것으로, 경쟁사업자의 것을 불량, 불리한 것으로 오인시켜 경쟁사업자의 고객을 자신에게로 유인하는 것을 말한다. 전자와 관련하여 그 동안 실무에서 주로 문제되었던 것은 제약업체의 종합병원에 대한 약품채택비, 처방사례비 등 경비지원, 정유사의 주유소에 대한 영업활동지원금, 주류제조업체의 주류도매상에 대한 판매장려금, 상품권 지원, 현금제공 등 다양하다.

후자의 사례로 2019년 대법원은 출고가를 높여 놓고 각종 혜택을 통해 고객들이 마치 저렴하게 휴대폰 단말기를 구입하는 것처럼 한 행위를 위계에 의한 고객유인으로 판단한 바 있다. 이러한 행위를 규제하는 이유는 일반적인 경쟁법적 시각에서의 경쟁제한성보다는 '경쟁수단이 불공정하다'는 데 있다. 즉 가격과 품질에 의한 정상적인 경쟁이 아니라 부당한 이익을 제공하거나 고객을 속이는 방법으로 경쟁을 하는 것이다. 제약업체가 종합병원에 대해 약품채택비 등 리베이트를 제공하는 경우 결국 그러한 경비가 제약회사의 약가에 반영되어 소비자들이 비싼 가격으로 의약품을 구매를 하게 되고, 이는 건강보험 재정을 악화시키는 부작용도 낳는다.

부당 고객유인 행위 관련하여 업계 자율적으로 사업자와 사업자단체가 부당한 고객유인을 스스로 방지하기 위하여 공정위의 승인을 받아 공정경쟁규약을 제정할 수 있다. 제약협회에서도 공정경쟁규약을 운영하고 있고, 최근에는 지난 2021. 12월에 한국건강기능식품협회가 심사 요청한 「건강기능식품 거래에 관한 공정경쟁규약」을 공정위가 승인한 것 등이 그 예이다.

어쨌든 불법적 리베이트는 다른 정상적인 경쟁수단이 결여될 때 발생하기 쉽다. 시장경제는 경쟁을 기반으로 하고 있지만 수단과 방법을 가리지 않는 '은밀한 거래'는 건전한 시장경제를 뿌리부터 흔드는 일이다.

(뉴스퀘스트, 2022. 9. 5.)

35. 재판매가격유지행위와 도서정가제

재판매가격유지행위는 상표내 경쟁(intra brand competition)을 제한하는 효과와
상표간 경쟁(inter brand competition)을 촉진하는 효과가 공존

독립된 사업자라면 생산한 제품이나 용역의 가격을 스스로 결정해야 한다. 지난 칼럼에서 살펴본 것처럼 만약 다른 사업자와 공동으로 짜고 가격을 정하는 경우 부당한 공동행위, 즉 담합으로 처벌을 받게 된다. 물론 수직적으로 가격을 제한하는 경우, 예를 들어 제조업자와 유통업자가 짜고 가격담합을 하는 경우도 부당한 공동행위에 해당할 수 있다.

한편 수직적인 가격제한 중에 또 다른 형태는 재판매가격유지행위를 하는 것이다. 이는 수직적인 담합과 달리 일방이 다른 상대방에게 얼마에 팔라고 지정을 해 주는 것을 말한다. 미국의 경우에는 합의가 필요한 것으로 해석되지만, 우리나라 「공정거래법」에서는 강제성을 요구하고 있어 불공정거래행위의 한 유형으로 분류가 된다. 즉 사업자가 상품 또는 용역을 거래함에 있어 거래상대방인 사업자 또는 그 다음 거래단계별 사업자에 대하여 거래가격을 정하여 그 가격대로 판매 또는 제공할 것을 강제하거나, 이를 위하여 규약 기타 구속조건을 붙여 거래하는 행위를 말한다.

다만 위탁판매에 있어서는 위탁자는 위탁판매 시 자기 소유의 상품 또는 용역의 거래가격을 수탁자에게 당연히 지정할 수 있다는 점에서 수탁자에게 판매가격을 지정하더라도 재판매가격유지행위에 해당되지 아니

한다.

　사업자들을 왜 이런 행위를 하는 걸까? 이를 설명해 주는 이론으로 첫째, 담합가설이 있는데, 생산업자들 간의 담합이나 소매점 사이에서 이루어지는 소매점 담합을 더욱 안정화시킬 목적이라고 한다. 둘째, 판매촉진가설이다. 텔서(Lester Telser)는 판매전 특별서비스를 증대시키도록 하는 과정에서 무임승차문제(free rider problem)가 발생하기 때문에 이를 방지하기 위해서 재판매가격유지를 한다고 한다. 예를 들어 상품홍보에 많은 비용을 사용한 업체들은 무임승차하는 업체에 비해 불리하다. 셋째, 유인염매(loss leaders) 방지를 통한 제품 이미지 훼손 방지를 위한 것이다.

　재판매가격유지행위의 성립에 있어서는 강제성 여부가 그 핵심적 요소이다. 강제성이 없을 경우에는 재판매가격유지행위에 해당되지 않는다. 따라서 유통점에서 흔히 볼 수 있는 권장소비자가격은 재판매가격유지행위가 아니다. 그러나 권장소비자가격을 준수하지 아니함을 이유로 불이익 등 제재조치를 취하거나 권장소비자가격을 준수하도록 하는 규약이나 의무가 부과된 경우에는 재판매가격유지행위에 해당될 수도 있다.

　재판매가격유지행위는 상표내 경쟁(intra brand competition)을 제한하는 효과와 상표간 경쟁(inter brand competition)을 촉진하는 효과가 공존하고 있다고 말한다. 즉 같은 상표는 같은 가격을 택하므로 상표 내에서는 가격경쟁효과가 사라진다. 그러나 이를 통하여 다른 상표와의 경쟁은 다 격화되는 효과를 갖는다는 것이다. 따라서 재판매가격유지행위는 금지되지만, 효율성 증대로 인한 소비자후생 증대효과가 경쟁제한으로 인한 폐해보다 큰 경우 등 재판매가격유지행위에 정당한 이유가 있는 경우에는 허용을 하고 있다.

최저가격이나 최고가격이나 구분은 없지만, 최고가격을 설정하는 경우에 허용될 가능성이 높아진다고 볼 수 있다. 예를 들어 제조업자가 유통업자와 전속적 판매계약을 체결하면서 유통업자가 지나치게 높은 이윤을 추구하는 행위를 방지하기 위하여 가격을 일정한 수준 이상으로 올리지 못하도록 하는 경우나 제조업자가 자사상품을 판매하는 유통업체가 소수이고 유통업체간 담합 등을 통해 가격인상 가능성이 높아 경쟁사에 비해 자사상품의 경쟁력이 저하될 것을 우려하여 일정한 범위 내에서 최고가격을 설정하는 경우를 들 수 있다.

재판매가격이 허용되는 또 다른 경우는 도서정가제이다. 도서는 문화상품으로서 문화보급과 문화수준 유지를 위해 필수적이기 때문에 무제한의 경쟁을 통해서 시장에서 도태되는 것을 방지하기 위한 취지이다. 헌법재판소도 2023. 7. 20. 간행물 정가판매의무·가격할인 범위를 제한하는 '도서정가제'를 합헌으로 결정한 바 있다.

> "종이 출판물 시장에서 자본력, 협상력 등의 차이를 그대로 방임할 경우 지역 서점과 중소출판사 등이 현저히 위축되거나 도태될 개연성이 매우 높고 이는 우리 사회 전체의 문화적 다양성 축소로 이어지므로 가격 할인 등을 제한하는 입법자의 판단은 합리적일 뿐만 아니라 필요하다고 인정된다."

그러나 도서정가제는 유럽, 한국, 한국 등에서 시행되며, 대부분은 채택하지 않고 있다.

'「저작권법」 제2조 제1호에 따른 저작물 중 관계 중앙행정기관의 장과의 협의를 거쳐 공정거래위원회가 고시하는 출판된 저작물(전자출판물을 포함한다)인 경우'에는 재판매가격이 허용된다. '재판매가격유지가 허용되는 저작물의 범위' 고시에서는 출판문화산업 진흥법 적용 대상 간행물, 신문 등의 진흥에 관한 법률상 일반일간신문 및 특수일간신문로 정하고 있다.

「출판문화산업진흥법」에는 2003년부터 도서정가제를 규정하고 있다. 다만 15% 이내의 가격할인과 경제적 이익(간접할인) 제공을 자유롭게 조합해 판매하되 가격할인은 10% 이내로 제한하고 있다. 도서정가제 하에서도 신간 도서를 구입할 때 할인을 받을 수 있는 것도 이러한 제도 때문이다. 최근 정부는 웹소설 등 전자출판물에 도서정가제를 적용하지 않겠다고 발표했다.

(미발표, 2024. 2. 28.)

36. 불공정거래행위에는 국경이 없다?

국내업체들이 해외에 진출해서 공사를 했을 때 부당한 피해를 보지 않도록
보호해 주어야…

지난주 한 TV 뉴스에 다음과 같은 내용이 보도된 적이 있다. 저자는 공정위와 공정거래조정원에 근무하면서 이와 유사한 경우를 여러 번 경험해 본 터라 더욱 관심 있게 보게 되었다. 튀르키예에는 올 3월 ○○이엔씨와 ◇◇에코플랜트가 4년에 걸친 공사 끝에 올해 3월에 개통된 세계에서 가장 긴 현수교, 차나칼레 대교가 있는데, 이는 한국과 튀르키예가 함께 만들어낸 세계적인 교량이고 3월 개통식에는 김부겸 국무총리가 참석했을 정도로 큰 공사였다고 한다.

그러나 영광 속에 감춰진 그늘이라고 할까? 이 건설에 참여했던 국내 협력업체가 일하고도 돈을 못 받아 어려움을 겪고 있다는 내용이었다. 협력업체 대표는 인터뷰에서 "지난해 11월에 끝났어야 하는 공사가 연장되면서 다리가 개통한 뒤인 이달까지 작업을 계속했는데, 이때 일한 돈 160억 원가량을 못 받았다"고 주장하고 있다. 해외에서 이루어지는 공사에서 돈을 못 받거나 불공정행위를 당한 경우에는 참 답답한 상황이 발생한다. 물론 공사가 이루어진 국가의 법률에 따른 구제수단이 있을 것이다. 그러나 현실적으로 쉬운 문제는 아니다.

우리나라 「공정거래법」에는 역외적용에 대한 규정이 있다. 즉 제3조(국

외행위에 대한 적용)에서 "이 법은 국외에서 이루어진 행위라도 국내시장에 영향을 미치는 경우에는 적용한다"고 규정한다. 소위 "영향이론(effect theory)"을 입법화 한 것이다. 역외 적용은 부당 공동행위(담합)의 경우에 적용된 사례가 많이 있고, 대법원은 영향의 해석에 있어서 "직접적이고, 상당하며 합리적으로 예측가능한 범위"라고 기준을 제시한 바가 있다. 즉 이와 같은 기준에 해당하면 외국에서 이루어진 외국회사의 행위라 하더라도 우리나라 「공정거래법」을 적용할 수 있다. 그리고 기업결합이나 시장지배적 지위 남용행위 규정의 경우에는 적용사례가 있지만, 불공정거래행위에 대하여 위와 같은 역외적용을 해본 사례는 잘 기억이 나지 않는다. 이론적으로 불가능하지 않지만 국내시장에서의 영향을 입증하기가 쉽지는 않을 것이다. 특히 거래상 지위의 남용행위 같은 유형의 경우는 더욱 어려운 점이 있다.

보도 내용을 보아 튀르키에 정부가 발주한 공사를 ○○이엔씨와 ◇◇에코플랜트가 해당업체에게 하도급을 준 것으로 추측이 된다. 그렇다면 거래 형태가 하도급의 형태를 띠고 국내법 기준으로 본다면 하도급이 적용되는 것이다. 「하도급법」은 「공정거래법」의 특별법이다. 「하도급법」 규정을 한번 살펴보자. 위 사례에서 문제가 되는 것은 원사업자 요건이다. 「하도급법」은 '중소기업기본법'에 따른 중소기업자가 아닌 경우, 중소기업자 중에서는 연간매출액 또는 시공능력평가액이 수급사업자보다 많은 경우를 원사업자로 규정하고 있다. 즉 대기업과 중소기업 간, 중소기업 간에서는 매출액(시공능력평가액)이 상대적으로 큰 경우에 적용이 된다.

말하자면 대기업, 중소기업의 기준이 '중소기업기본법'에 따르게 되어 있으므로 외국사업자인 경우에는 「하도급법」을 적용하기 어렵게 되어 있다. 따라서 원사업자가 한국 회사라 하더라도 해외법인을 만들어 계약을 하는 경우에는 사실상 국내회사끼리의 하도급계약이라도 「하도급법」을 적용할 수 없게 된다. 「하도급법」이 「공정거래법」의 특별법이어서 그 적용범위를 지나치게 확대하는 것은 어렵지만 위의 보도내용이 사실이라면 그 결과는 누가 봐도 부당하다고 생각된다.

따라서 해외에서 이루어지는 공사라 하더라도 국내에 본사를 둔 회사끼리의 하도급거래에 대해서는 「하도급법」을 적용할 수 있도록 하는 조치가 필요하다고 생각된다. 구체적인 방안에 대해서는 좀 더 연구가 필요하겠지만, 법의 사각지대를 없애는 차원에서 국내업체들이 해외에 진출해서 공사를 했을 때 부당한 피해를 보지 않도록 보호해 주어야 할 것이다.

앞서 소개한 TV보도에서 협력업체 대표가 "거기 건설에 참여해 일원이 된다는 게 영광스러웠죠. 지금 상황은 전 토사구팽이라고 말하고 싶습니다."라는 말이 가슴 아프게 다가온다. 몇 년 전 '사랑의 불시착'이란 드라마에서 남북 간의 극비 로맨스가 화제가 된 것처럼 '사랑에는 국경이 없다'는 말이 있지만, 불공정거래행위에도 국경이 없는 것인가? 해외공사까지 대기업들이 이런 불공정한 행위를 해야 하는지 왠지 모르게 씁쓸해지는 주말이다.

(뉴스퀘스트, 2022. 10. 2.)

제 5 장

경쟁적 시장구조도 공정거래의 관심영역이다

공정거래 하면 우선은 불공정거래행위를 떠올리기 마련이다. 가장 피부에 와닿기 때문이다. 그러나 공정거래가 이루어지기 위해서는 시장자체가 경쟁적 구조로 되는 것도 매우 중요하다. 이를 유효경쟁이 이루어지는 시장이라고 말한다. 물론 인위적으로 시장구조를 경쟁적으로 만드는 것은 어렵고 가능하지도 않다. 독과점 구조를 정부조치로 경쟁적 구조로 만들 수 없다. 시장의 역동성을 해치는 일이기도 하다. 그래서 가능하면 시장이 독과점이 되지 않도록 예방하는 조치가 필요하다. 기업결합을 규제하고 기업집단이란 것을 지정해서 경제력이 더 이상 집중되지 않도록 하는 것이 이러한 정책적 노력의 일환이다.

37. 기업결합을 규제하는 이유는?

기업결합은 시장경제의 역동성(dynamics) 상징

시장구조의 경쟁적 상태유지와 급격한 독점화 예방을 위한 조치

지난 2020. 7월 '배달의 민족' 기업결합 심사와 관련 배달앱 시장의 독과점을
우려하며 참가자들이 반대 구호를 외치고 있다.

「공정거래법」을 학술적으로 경쟁법이라고 부른다. 입법례 중에서는
주로 EU에서 "경쟁법(competition law)"이라고 부르고 있다. 일반인들은
「공정거래법」이라고 하면 쉽게 이해가 가는데, 경쟁법 하면 무슨 뜻인지
선뜻 이해하기 어렵다. 무턱대고 경쟁하라는 법인지? 참 잔인한 법이라
고 생각하는 사람들도 있다. 그러나 우리는 싫건 좋건 시장경제라는 틀
속에서 경제활동을 하고 있다. 이는 사회주의적인 계획경제와는 명백히
구분되는 것이다. 시장경제는 "경쟁"을 기반으로 하는 경제시스템이다.
최소한 경쟁이 유지되어야 시장경제가 존속할 수 있는 것이다. 그렇다면

경쟁법은 시장경제의 근본인 경쟁을 유지하고 촉진하는 법이라고 정의해볼 수 있다. 이러한 의미에서 시장경제에서 경쟁법의 중요성은 다언을 요하지 않을 것이다.

각국이 경쟁법의 영역에서 가장 공통적이고 기본으로 생각하는 분야가 앞선 칼럼에서 설명한 시장지배적 지위의 남용행위와 이번부터 살펴볼 기업결합규제 분야이다. 우리나라도 1981년「공정거래법」시행과 함께 기업결합 심사제도가 마련되어 지금에 이르고 있다. 기업 간의 결합을 왜 국가가 심사하는가? 시장경제에서 기업이 합치든 분리하든 자유 아닌가? 하는 의문이 생길수도 있다. 그러나 기업결합을 통해 시장구조가 급격하게 독점화할 수 있다.

기업들이 열심히 영업을 해서 시장을 제패하고 독점적 사업자가 되는 행위에 대해서는 국가가 왈가왈부하지 않는다. 시장경제의 핵심인 경쟁과 혁신의 결과이기 때문이다. 다만 그러한 지위가 되고 난 후 그 힘을 남용한다면 불가피하게 국가가 개입해서 이러한 행위를 못하도록 조치를 하게 되는 것이다. 기업결합은 어떻게 보면 경쟁과 혁신노력 없이 일시에 시장을 독과점 시장으로 바꿀 수 있다. 따라서 이에 대한 국가적 개입이 불가피하게 되는 것이다. 그러나 기업결합 규제는 행태규제를 하기도 하지만 기본적으로 예방적 차원에서 시장구조를 경쟁적으로 유지하고 하는 목적에서 운영되고 있는 제도이다.

기업결합은 개별기업의 독립성이 소멸되고 사업활동에 관한 의사결정이 통합되는 기업간 자본적·인적·조직적 결합을 의미한다. 기업결합을 일반적으로 M&A라고도 하는데 이는 합병(Merger)과 인수(Acquisition)가 합성된 용어로서 대표적인 기업결합의 유형을 나타내는 말이 일반용어화

된 것이다. 「공정거래법」상 기업결합의 유형에는 주식취득·소유, 임원겸임(대규모회사의 임원·종업원이 다른 회사의 임원을 겸임), 합병, 영업양수, 회사 설립 참여의 5가지를 열거하고 있다.

기업결합은 수평적 기업결합, 수직적 기업결합, 그리고 혼합적 기업결합으로 나눈다. 이는 결합을 하는 형태에 따라 구분으로 하는 것이다. 수평적 기업결합은 경쟁관계에 있는 회사 간의 기업결합을 의미하는데 경쟁관계는 수평적 관계에서 발생하기 때문이다. 예를 들어 TV를 만드는 회사끼리, 냉장고를 만드는 회사끼리 결합을 하는 경우를 말한다.

기업결합은 원재료 의존관계에 있는 회사와 같이 수식석 관계에서도 발생한다. 예를 들어 TV를 제조하는 회사와 TV부품을 공급하는 회사 간에 결합을 하는 경우이다. 혼합적 기업결합은 위 두 가지를 제외한 형태를 통칭하여 부르는 말이다. 여기에도 지리적으로 분산된 시장에서 활동하는 기업 간의 시장확대형, 서로 다른 상품을 생산하는 기업 간의 상품확대형, 그 외 어디에도 속하지 않는 경우가 있다. 예를 들어 A지역과 B지역에서 활동하는 기업 간의 결합을 시장확대형, A지역에서 C와 D상품을 제조하는 기업 간의 결합을 상품확대형으로 볼 수 있다. 이는 시장획정 문제와 관련되는 것이다. 일반적인 기업결합 사건에서는 수평이나, 수직 어느 하나에 국한되기보다는 수평, 수직, 혼합결합이 복합적으로 나타나는 경향이 있다. 2021년 세간의 주목을 받은 배달앱 사업자 기업결합 사건에서도 수평결합과 혼합결합의 형태로 나타났다.

지금 이 순간에도 시장 어디선가 수많은 기업결합이 진행되고 있을 것이다. 공정위 보도(2022. 3. 30.)에 따르면 공정위에 신고 되어 심사를 받은 기업결합 건수만도 2021년에는 1,113건에 달하고, 금액으로는 349조 원이었다. 그러나 실제 불승인되는 경우는 그리 많지 않다.

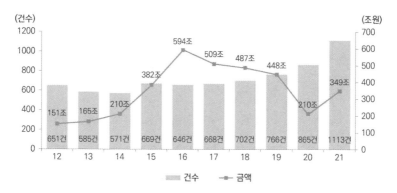

공정위에 신고 되어 심사를 받은 기업결합 건수[공정위 보도자료(2022. 3. 30)]

　　최근 외국기업에 의한 국내기업의 결합도 증가하고 있고, 전기전자, 석유화학의약, 정보통신분야, 건설업 분야 등 증가세가 두드러지게 나타나고 있다. 기업결합은 시장경제의 역동성(dynamics)을 상징하는 것이다. 신속하고도 합리적인 기업결합 심사는 시장경제를 유지하고 경쟁을 촉진하는데 매우 중요한 제도이다.

(뉴스퀘스트, 2022. 10. 17.)

38. 기업결합은 어떻게 심사하는가?

신고, 지배관계, 시장획정 그리고 실질적 경쟁제한성의 판단

이 세상에서 이루어지는 모든 기업결합이 「공정거래법」의 규제를 받는 것은 아니다. 즉 일정한 거래분야에서 경쟁을 실질적으로 제한하는 기업결합만이 규제대상이 된다. 여기에 해당하는 기업결합인지 여부를 판단하기 위해서는 실무적으로 몇 가지 단계를 거쳐야 한다.

첫째, 일정한 요건에 해당하는 기업결합에 대해서는 신고를 하도록 한다. 현실에서 이루어지는 모든 기업결합에 대하여 공정위가 실질적 경쟁제한성 여부를 판단하는 것은 불가능하므로 일정한 기준에 해당하는 기업결합에 대하여 신고하게 하여 효율적인 제도운영을 도모하고자 하는 것이다. 기업결합에 참여하는 당사회사의 직전 사업연도 자산총액 또는 매출액이 일방은 3,000억 원, 타방은 300억 원을 넘는 경우 기업결합 신고대상에 해당한다.

그리고 이에 해당하는 회사가 다른 회사 발행주식 총수의 100분의 20 (상장법인의 경우 100분의 15) 이상 소유하는 경우, 신고 후 주식을 추가로 취득하여 최다출자자가 되는 경우 등에는 신고를 하여야 한다. 예외적으로 당사회사 규모가 일정기준 미만이라 하더라도, 기업결합 금액이 6,000억 원 이상이고, 상대회사가 국내에서 상당한 수준(예: 월간 100만 명 이상을 대상으로 상품·용역 판매 등)으로 활동하는 경우에는 사전신고를 하여야 한다. 이

는 2020. 12. 29. 「공정거래법」 전부개정 시 신산업 분야에서 성장 잠재력이 큰 스타트업 인수 등을 고려하여 새롭게 도입한 것이다. 지난 2014년 舊 Facebook(現 Meta)은 잠재적 경쟁자인 Whatsapp을 24조 원에 인수하였는데, 당시 피인수기업인 Whatsapp의 기업규모가 당시 기업결합 신고기준에 미달하여 해당 기업결합이 메신저 시장 등에 초래할 수 있는 경쟁제한의 가능성을 심사하지 못한 사례가 있었다.

신고는 기업결합일로부터 30일 이내에 사후신고가 원칙이지만 예외적으로 사전신고해야 하는 경우가 있는데 임원겸임을 제외한 기업결합으로서 당사회사 중 1 이상의 회사가 대규모회사(2조 원 이상)인 경우, 인수가액을 기준으로 하는 기업결합의 경우 사전 신고를 한다. 규모가 큰 회사나 인수가액을 기준으로 하는 경우 사후에 심사를 하고 그 결과 기업결합이 금지되는 경우에는 시장에 큰 파장을 가져올 수 있기 때문이다. 정식 신고가 아니더라도 임의적 사전심사 요청 제도가 있어 미리 공정위의 판단을 받아 볼 수 있다. 그 후 본 신고가 이루어지더라도 공정위는 사실관계의 변동이 없는 경우 동일한 판단을 하게 된다. 기업결합이 「공정거래법」에 저촉되는지를 미리 알아보려면 이 제도를 이용하면 된다.

둘째, 위와 같이 신고된 기업결합에 대하여 간이신고 대상이라면 경쟁제한성이 없는 것으로 추정되고 15일 이내에 통지하고 종료를 한다. 간이신고 대상에 대해서는 몇 가지 경우를 「기업결합 심사기준」에서 정하고 있다. 그러나 그 외에 일반신고대상이라면 계속 심사가 진행이 된다.

셋째, 기업결합 심사대상이 되려면 당사회사 간에 지배관계가 형성되어야 한다. 일반적으로 합병, 영업양수의 경우 당해 행위로 지배관계가 형성된다. 주식취득 또는 소유의 경우에는 취득회사 등의 주식소유비율이

50% 이상인 경우 지배관계가 형성되지만, 50% 미만인 경우에도 일정요건에 해당하면 지배관계가 형성될 수 있다.

넷째, 시장획정이 되어야 한다. 당해 기업결합이 경쟁을 실질적으로 제한하는지 여부를 판단하려면 사전에 시장획정이 이루어져야 한다. 주로 상품시장과 지리적 시장을 획정하는 절차를 거치게 된다. 일반적인 시장획정 개념이 기업결합의 경우에도 적용되며 기본적으로 대체가능성을 기준으로 판단하게 된다. 시장획정에 관한 최근의 이슈는 양면시장(다면시장)에 관련된 것이다. 양면시장에서 각 면의 시장을 별개로 볼 것인지 양면을 포괄하여 전체적으로 하나의 시장으로 볼 것인지가 문제가 되는 것이다.[5]

다섯째, 시장획정이 끝나면 해당시장에서 기업결합이 이루어지는 경우 경쟁의 실질적 제한이 있는지 여부를 심사하게 되는 것이다. 이에 대해서는 다음 회에서 자세히 살펴보고자 한다.

(뉴스퀘스트, 2022. 10. 31.)

---

5 시장획정 관련 2024. 4월 개정된 「기업결합 심사기준」에 따르면 ① 명목상 무료서비스가 제공되는 경우 시장획정방법 명시(서비스 품질 감소에 따른 수요대체), ② 다면시장 시장획정 기준 신설(A면 이용자 수가 B면 이용자의 서비스 수요에 긍정적 영향을 주는 경우 하나의 시장), ③ 혁신시장 획정 예시 보강(반도체 제조장비 개발 경쟁사업자, 스마트 OS개발 개발경쟁사업자) 등 디지털 경제에 대응한 보완이 이루어졌다.

39. 기업결합심사는 미래 예측의 영역이다

EU, 현대중공업의 대우조선해양의 인수합병 불허 대표적 사례

유럽연합은 지난 1월 현대중공업이 대우조선해양을 인수합병할 경우
액화천연가스(LNG) 운반선 시장의 시장 독과점으로 이어질 수 있다는
이유로 두 기업의 합병에 대해 최종 불허결정을 내렸다.
사진은 현대중공업이 건조한 LNG운반선

    기업결합심사의 마지막 단계로 '경쟁의 실질적 제한'에 대한 판단이 이루어진다. 이는 기업결합 이후 시장의 모습을 미리 시뮬레이션하는 작업이라 할 수 있다. 경쟁이 실질적으로 제한되는 기업결합이라 함은 당해 기업결합으로 인해 시장지배력이 형성 또는 강화되어 유효경쟁을 기대하기 어려운 상태를 말한다.

    경쟁의 실질적 제한 여부를 판단하는 데 있어서 가장 중요한 고려요소는 시장집중 상황이다. 이를 산정하기 위하여 HHI(Herschman−Herfidahl Index)라는 방법을 사용하는데 이는 해당기업의 시장점유율을 각각의 %로

계산한 후 이들 점유율의 제곱을 모두 합산해 구한다. 그 값이 클수록 시장집중도가 높아진다. 예를 들어 4개의 기업의 시장점유율이 10%, 20%, 30%, 40%라고 가정하면, HHI지수는 3000(100 + 400 + 900 + 1600)이 된다. 한편, 한 기업이 시장을 독점할 경우 HHI는 1만이다. 이렇게 계산해서 일정 범위에 미달하면 실질적 경쟁제한성이 없는 것으로 추정하기도 한다(safe harbor). 물론 수평적 기업결합과 수직·혼합기업결합의 경우 서로 다른 기준이 적용된다.

그 외에 수평적 기업결합의 경우 단독효과, 협조효과, 해외경쟁의 도입 수준 및 국제적 경쟁상황, 신규진입의 가능성, 유사품 및 인접시장의 존재 여부 등을 기준으로 판단한다. 대표적으로 단독효과의 경우 기업결합 당사회사가 기업결합 후 단독으로 가격통제·경쟁배제능력 등을 보유·행사하는지 여부를 검토한다. 이를 판단하기 위하여 구매전환율분석, UPP분석방법 등 경제분석 방법이 활용된다.

수직적 기업결합의 경우 시장의 봉쇄효과가 가장 중요한 판단기준이다. 예를 들어 봉쇄효과는 기업결합을 통해 당사회사가 경쟁관계에 있는 사업자의 구매선 또는 판매선을 봉쇄하거나 다른 사업자의 진입을 봉쇄할 수 있는 우려를 의미하는 것이다. 즉 A가 a, B와 C가 b, C가 c와 거래하다가 A와 B가 결합하는 경우 C는 b 거래처를 잃어버릴 가능성이 있는 것이다. 혼합결합의 경우 잠재적 경쟁의 저해효과, 경쟁사업자 배제효과, 진입장벽 증대효과 등을 종합적으로 고려하여 심사한다. 그 성격상 상대적으로 수평, 수직적 기업결합에 비하여 실질적 경쟁제한성을 입증하기가 쉽지 않다.

한편 제4차 산업혁명 시대를 맞이하여 각 분야에서 빅데이터(Big data)

의 중요성이 커지고 있다. 이러한 추세를 반영하여「기업결합 심사기준」
에서는 전통적인 경쟁요소 외에도 이를 정보자산이란 개념으로 포섭하고
있다. 즉 다양한 목적으로 수집되어 통합적으로 관리, 분석, 활용되는 정
보의 집합을 정보자산이라 하고, 기업결합 후 결합당사회사가 정보자산을
활용하여 시장지배력을 형성·강화·유지하는 경우 관련시장에서의 경쟁
이 실질적으로 제한될 가능성이 있다고 보고 있다.[6] 2020. 12월 배달앱시
장의 기업결합 사건인 〈딜리버리히어로 SE의 우아한형제들 주식취득 건〉
에서 당사회사들이 배달 음식 주문과 관련한 압도적 정보자산을 이유로
시정조치한 바 있다.

　최종적으로 위와 같은 단계를 거쳐 경쟁제한성이 인정된다 하더라도 효
율성 항변과 회생불가항변이 인정되어 기업결합을 승인할 수 있다. 전자
는 생산·판매·연구개발 또는 국민경제 전체에서의 효율성 증대효과가
경쟁제한효과보다 큰 경우에 인정된다. 후자는 미국 판례법상의 '도산기
업항변(failing firm defense)'에 근거하는데, 재무구조가 극히 악화되어 기업
결합을 하지 않으면 회생이 불가능한 경우에 해당한다.

　실질적 경쟁제한성이 추정되는 경우도 있는데, 첫째, 시장점유율의 합
계가 시장지배적 사업자 추정요건에 해당하고, 당해 분야에서 1위이며,
시장점유율의 합계와 시장점유율이 제2위인 회사와의 시장점유율 차이가
그 시장점유율의 합계의 100분의 25% 이상인 경우이다. 둘째, 대규모사업
자의 중소기업기본법에 의한 중소기업의 시장점유율이 3분의 2 이상인 거

6　2024. 4월 개정된「기업결합 심사기준」에 따르면 ① 네트워크 효과 고려, ② 명목상 무료서비
　스가 제공되는 경우 경쟁제한성 평가기준 신설(서비스 이용자 수나 이용빈도 등 대체변수 활용,
　서비스질 하락 등), ③ 혼합결합의 경쟁제한성 평가방식 정비[이종(異種) 업종간 혼합결합의 경
　우 시장지배력 전이] 등 디지털 경제에 대응한 보완이 이루어졌다.

래분야에서의 기업결합은 당해 기업결합으로 100분의 5 이상의 시장점유율을 가지게 된 경우 실질적 경쟁제한성이 추정된다.

기업결합 분야는 「공정거래법」이 역외적용되는 대표적인 분야이다. 특정한 경쟁제한적 M&A에 대하여 여러 경쟁당국에서 심사를 진행한 후 각각 상이한 시정조치를 내릴 경우 어떤 결과가 되는가? 특정 경쟁당국에서 금지 조치를 부과할 경우 다른 경쟁당국이 해당 기업결합을 모두 승인하였더라도 해당 기업결합은 사실상 무산된다. 2021. 1월 현대중공업과 대우조선해양의 합병에 대하여 EU집행위원회가 LNG운반선 시장의 독과점을 이유로 불승인 결정을 내리면서 3년 동안 진행된 두 기업의 합병이 무산된 것은 대표적인 예이다.

경쟁제한성이라 하더라도 기업결합의 경쟁제한성은 미래의 시장을 예측해서 판단하는 점에서 과거 법위반을 다루는 공동행위나 시장지배적 지위 남용행위보다 더 어려운 점이 있다. 잘못 판단이 이루어지면 시장에 치명적 결과를 가져올 수도 있다.

(뉴스퀘스트, 2022. 11. 14.)

40. 경쟁회복의 묘수(妙手)를 찾아라!

구조적 조치는 주식처분, 영업양도, 주요자산 매각

행태적 조치는 영업방식 또는 영업범위를 제한

대한항공과 아시아나항공의 기업결합에 대해 미국 경쟁당국이 추가 심사를
진행하기로 했다. 이에 앞서 영국 경쟁당국이 기업결합 승인을 유예한 데 이어
미국도 추가 심사를 하기로 함에 따라 합병 절차가 지연되는 것 아니냐는
우려가 제기되고 있다.

기업결합에 대하여 심사를 한 후 경쟁제한적인 기업결합이라 판단되는
경우 시정조치를 부과하게 된다. 기업결합에 대한 규제는 경쟁회복을 위
한 국가의 불가피한 개입조치이므로 가능하면 시장상황에 맞는 맞춤형 조
치가 필요하다. 경쟁제한적인 기업결합에 대한 시정조치를 크게 구조적인
조치와 행태적인 조치로 나눌 수 있다.

우선 경쟁제한적인 기업결합에 대해서는 구조적인 조치를 하는 것이 원칙인데, 여기에는 기업결합을 아예 금지하는 조치를 비롯하여, 자산매각조치, 지식재산권조치 등 결합당사회사의 자산이나 소유구조를 변경시키는 시정조치가 포함된다. 그동안 공정위의 조치 중 구조적 조치는 주식처분, 영업양도, 주요자산(공장) 매각 등 다양하게 나타났다.

이에 반해 행태적 조치는 기업결합에 따른 경쟁제한의 폐해를 방지할 수 있는 영업방식 또는 영업범위를 제한하는 조치를 말한다. 예를 들어 가격인상이나 시장점유율 제한, 구매비율 유지 등 행태적 조건을 부과하는 것이다. 경쟁법 이론이나 관련 규정에서도 구조적 조치를 우선하지만 우리나라에서는 구조적 조치보다는 행태적 조치가 더 많이 활용되는 실정이다. 아무래도 시장친화적인 방법을 선호하는 결과가 아닌가 생각된다.

최근 구조적 조치와 행태적 조치가 결합되어 나타난 대표적인 사례가 2022. 5. 9. 〈대한항공의 아시아나 항공 기업결합 사건〉이다. 양사는 결합 이후 우리나라 국제선 전체 약 48.9%, 국내선 제주노선 전체 약 62.0%의 점유율을 차지하는 것으로 나타났고, 경제분석 등을 통한 공정위의 심도 있는 심사가 진행되었다. 심사 결과 공정위는 실질 심사국 중 가장 선제적으로 사건을 처리하였는데, 우선, 슬롯과 운수권 개방조치 등 구조적 조치를 명하였다. 슬롯은 공항의 처리용량을 관리하는 수단으로, 공항당국이 항공사에 배정하는 항공기 출발 또는 도착시각을 의미하며, 운수권은 국가에 취항하기 위해 필요한 권리로, 양국 정부 간의 항공협정에 따라 운항횟수 또는 좌석수의 상한으로 총량이 정해진다.

이러한 조치는 신규진입의 제약요인인 시장의 구조를 바꾸는 조치이기 때문에 구조적 조치라고 할 수 있다. 다만 전면적 금지가 아니라 조건부로 승인한 것이다. 한편 공정위는 구조적 조치가 실시되기 전까지는 행태적 조치를 병행하여 부과하였는데, 운임인상 제한과 공급좌석수 축소 금지, 마일리지 통합 등 조치를 명하였다. 이 사건은 우리나라에서 최초의 대형 항공사(FSC) 간 결합이면서 다양한 구조적·행태적 시정조치가 부과된 최초의 항공 결합 사례이다(공정위 보도자료 2022. 2. 22.). EU에서는 항공사간 기업결합에 대한 다수의 선례들이 존재한다.

그러나 지난 칼럼에서 현대중공업과 대우조선해양의 합병에 대하여 EU집행위원회가 불승인 결정을 내리면서 기업결합이 무산된 예를 들었다.

마찬가지로 대한항공과 아시아나 항공 합병 건에 대해서도 미국, 영국 등 14개국이 심사 중에 있어 결합이 최종성사가 될지는 두고 봐야 할 것이다. 최근 언론보도에 따르면 한국~영국을 오가는 직항 항공편은 대한항공과 아시아나항공만 운영 중이고, 미국행은 두 항공사 점유율이 최소 78%에서 100%에 달하는 등 상황이어서 깐깐한 심사가 진행 중이라고 한다.[7]

기업결합에 대한 시정방안을 우리나라에서는 경쟁당국인 공정위가 제시한다. 그러나 EU에서는 시정방안의 제출책임이 기업에 있다(김문식, 「EU 경쟁법의 이해」, 2022). 이런 방식이 더 신속하고 시장상황에 적합한 맞춤형 방식이라는 생각도 든다.[8] 어쨌든 기업결합 심사는 신속성이 그 생명이고 시장 상황에 대한 정확한 진단과 예측에 입각한 심사가 무엇보다 중요하다. 공정위에서도 이러한 방향에서 기업결합 관련 제도 개선방안이 모색 중이라고 한다. 아무쪼록 합리적 방안이 도출되기를 기대해 본다.

(뉴스퀘스트, 2022. 11. 28.)

---

7 EU 경쟁당국은 대한항공과 아시아나항공의 기업결합을 조건부로 승인하였다(이코노미스트, 2024. 3. 1.).
8 이런 방식으로 「공정거래법」이 개정되어 2024. 8. 7.부터 시행되게 되었다.

41. 행동경제학과 공정거래(1)
— 신고전주의의 틈새메우기(gap filling)

대니얼 카너먼(Daniel Kahneman)은 행동경제학의 발달에 대한 공로로 2002년 노벨경제학상을 수상하였다. 그리고 전 세계적으로 한국에서 가장 많이 팔렸다는 『넛지(Nudge)』라는 책으로 유명한 리처드 탈러(Richard Thaler)는 행동경제학을 연구하여 2017년 노벨경제학상을 수상하였다.

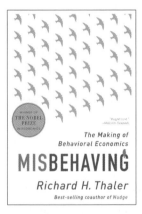

미국 시카고대학교 부스 경영대학원에서
행동과학 및 경제학 교수로 재직 중인 리처드 탈러의 『행동경제학』 표지

신고전주의 경제이론은 완벽한 의지력으로 경제적 자기 이익을 추구하는 완벽하게 합리적인 시장 참여자(Homo economics)를 전제로 하고 있는

데, 행동경제학은 지난 수십 년간 그러한 가정을 경험적으로 테스트해 왔다. 이 테스트는 제한된 합리성, 제한된 의지력과 제한된 자기 이익의 개념을 공식화하는 것으로 이어졌다.

행동경제학에서는 (i) 의사 결정 과정에 영향을 미치는 편견과 어림짐작(biases and heuristics)(즉, 대략적인 경험 규칙)이 있고, (ii) 의지력은 불완전하고, 그리고 (iii) 사람들은 그들의 경제적 자기 이익에만 신경 쓰지 않기 때문에 불공정한 행동을 처벌하기 위해 기꺼이 추가 비용을 부담한다고 한다(OECD, 2012).

공정거래제도라는 것이 신고전파 경제이론과 산업조직론을 경제학적 배경으로 하고 있으므로 행동경제학 입장에서는 이를 어떻게 평가해 볼 수 있을지 궁금해지는 지점이다. 마침 2012년 OECD(경제협력개발기구)에서 미국 테네시대학의 스턱(Maurice Stuck) 교수의 '경쟁과 행동경제학(Competition and Behavioral Economics)'에 관한 보고서를 발표하였는데, 행동경제학이 공정거래와 어떻게 관련되는지를 설명하고 있어서 그 내용을 간단히 소개해 보고자 한다.

보고서는 "행동경제학은 이제 주류(Behavioral economics is now mainstream)"라는 말로 시작을 하고 있다. 이는 그만큼 모든 분야에서 행동경제학적 사고가 크게 영향을 끼치고 있다는 것을 선언한 셈이다.

먼저 행동경제학은 신고전주의 경제이론으로 잘 설명되지 않는 내용을 보충하는 역할을 한다(gap filler). 보고서에서는 그 예로 EU 집행위원회(European Commission)의 마이크로소프트의 끼워팔기 사건을 들고 있는데, 이 사건에서 Microsoft의 주장은 신고전주의 경제이론을 전제로 한 것이고 EU집행위원회와 1심 법원의 판단은 행동경제학으로 잘 설명될 수 있다는 것이다.

이 사건은 Microsoft의 Windows Media Player가 Windows 운영체제와 함께 제공된 것이 문제가 된 것이다. EU집행위원회는 PC운영체제의 지배적인 사업자인 Microsoft가 자사의 Media Player를 끼워서 판매함으로써 독점력을 남용했다고 판단하였다. EU집행위원회는, 이러한 번들링이 "마이크로소프트가 미래에 관심을 가질 수 있는 모든 기술"에 대한 투자를 저해할 것이라고 주장하였고, 미디어 플레이어 간의 경쟁을 약화시켜 "가까운 미래에 효과적인 경쟁 구조의 유지가 보장되지 않을 것"이라고 판단하였다.

그러나 소비자는 Microsoft의 미디어 플레이어를 사용하도록 강요받지도 않고 다른 미디어 플레이어를 기본 옵션으로 설정할 수 있다. 합리적인 소비자가 인터넷에서 Apple 및 RealNetworks의 미디어 플레이어를 무료로 다운로드할 수 있는데 Microsoft는 어떻게 경쟁을 봉쇄할 수 있을까 하는 의문이 생긴다.

많은 소비자들이 경쟁 미디어 플레이어를 다운로드할 수 있을 때 다운로드하지 않았다면, 신고전주의 경제 이론에 따르면 이러한 행동은 장점에 의한 경쟁과 일치하는 것이다. 합리적인 소비자는 우수한 미디어 플레이어로 전환할 수 있고, 소비자가 전환하지 않은 경우 Windows Media Player의 품질은 경쟁 미디어 플레이어와 같거나 그 이상이라는 것을 의미하는 것이다.

그러나 EU 1심 법원은 "클라이언트 PC에 Windows Media Player가 미리 설치되어 있다고 생각하는 소비자들은 일반적으로 다른 미디어 플레이어를 사용하는 경향이 적다"고 인정하였다. 결과적으로도 마이크로소프트가 인식한 바와 같이 Windows Media Player의 성장은 우수한 품질에 기인하지 않았고 신고전주의 경제 이론이 예측한 것보다 우수한 미디어 플레이어로 전환하는 소비자가 더 적었다는 것이다.

행동경제학에서는 이를 기본 옵션(Default option)으로 설명하는데, 기본 옵션들은 경쟁자들을 봉쇄하는 데 도움이 될 수 있다. 즉 많은 소비자가 기본 옵션을 선택하는 경우 상당한 경쟁 우위를 확보할 수 있다는 것이다. 컴퓨터에 정통하지 않은 일부 소비자들은 기본 옵션이 컴퓨터 제조업체의 우수한 미디어 플레이어 선택을 나타낸다고 생각할 수 있고 이러한 편견은 많은 소비자들이 우수한 대체 미디어 브라우저를 다운로드할 것이라고 신고전주의 이론의 예측과는 달리 소비자들이 기본 옵션을 유지하는 결과로 나타난다.

이와 같이 행동경제학은 신고전주의 경제이론이 만족스럽게 설명할 수 없는 행동(예: 기본 옵션의 중요성)을 더 잘 이해하는 갭 필러(gap filler) 역할을 할 수 있다.

(뉴스퀘스트, 2022. 12. 12.)

42. 행동경제학과 공정거래(2)
─ 합병과 카르텔 규제의 가정 재검토

행동경제학은 경제학에서 심리학 등 다양한 사회과학을 폭넓게 받아들인다. 즉 '호모 이코노미쿠스(homo economicus)', 줄여서 '이콘(econ)'(Richard Thaler, 행동경제학)이라는 가상적 존재를 전제로 하는 신고전주의 경제학에 대하여 인간의 심리를 바탕으로 재검토를 하고 있는 것이다.

현대경제학의 아버지 애덤 스미스는 1776년『국부론』을 출간하기 전인 1759년에『도덕감정론』을 먼저 출간하였다.

애덤 스미스는『도덕감정론』의 첫 문장을 "인간이 아무리 이기적이라고 생각하더라도, 인간의 본성에는 분명 이와 상반되는 몇 가지 원리들이 존재한다"고 시작한다. 그는 이것은 공감(共感)으로 표현한다. 그는 부의 취득 방식이 인간 덕성의 증진과 연결되어야 한다고 하고, 허영과 자기기만에 의한 경제성장이 아니라, 인간 덕성의 증가와 경제가 동반성장하는 사회, 즉 인간 내면의 양심의 소리가 작동되는 경제를 강조하였다.

그 후 출간한『국부론』도 애덤 스미스의 이와 같은 인간 이해가 바탕이 되었다고 추측해 볼 수 있다. 그러나 애덤 스미스를 이어받은 신고전파 경제이론에서는 균형모델과 최적화(optimizing)에 초점을 맞추면서 스미스 본래의 전통을 벗어나게 되었다. 어쨌든 애덤 스미스는 인간행동의 기반에는 인간 특유의 '감정'이 존재한다는 점을 강조하였고, 이러한 전통은 결국에는 행동경제학적 사고에도 영향을 준 것으로 보여진다.

합병심사와 카르텔 규제를 예로 들어 보자. 첫째, 합병심사의 경우에 경쟁 당국은 일반적으로 실제 이성적이고 이익을 추구하는 행동을 하는 시장을 가정한다. 이 가정은 우선 반경쟁 효과는 종종 더 높은 가격으로 나타난다는 점, 고도로 집중된 경우에만 발생할 가능성이 있다는 점, 고도로 집중된 시장에서도 특정한 경제적인 조건에서 반경쟁적인 효과는 거의 없다는 점(예: 큰 구매자 또는 판매자가 합병 후 가격 인상을 규제할 수 있는 경우), 그리고 높은 진입 장벽이 없기 때문에 반경쟁적 효과는 발생할 가능성이 낮다는 점, 많은 기업이 합병하여 상당한 효율성을 창출한다는 점 등을 말한다.

행동경제학은 경쟁당국이 이러한 가정을 재검토하고 그들의 이론의 예측된 행동에서 벗어나는 행동을 설명하도록 자극할 수 있다. 예를 들어 할인제도의 폐지와 가격인상은 이성적이고 합리적인 소비자 입장에서는 동일한 효과를 가지는 것이다. 그러나 행동경제학에서는 소비자는 할인제도의 폐지보다는 가격인상에 더 민감하고 분노한다고 본다. 이를 기준점(reference point)의 편차라고 한다. 이에 대응하여 기업들은 가격 조건을 더 복잡하게 만들어 가격 인상을 은폐할 수 있다.

영국 공정거래청(OFT)이 조사한 바에 따르면 (i) "드립가격 책정(drip pricing)", 즉 처음에 소비자에게 더 낮은 가격이 공개되고 판매가 진행되면서 추가 요금이 추가, (ii) 부풀려진 정규가격(예: 과거 $2, 현재 $1)의 "할인판매(sales)", (iii) 단가계산이 약간 필요한 경우의 "복잡한 가격"(예: 2개 구매에 3개 제공), (iv) 판매자가 한정된 수의 상품만으로 할인된 가격으로 이용할 수 있는 특별 거래를 촉진하는 "미끼(bating)", 그리고 (v) 특별 가격이 짧은 기간에 대해 이용 가능한 경우, "기간 한정 오퍼(time limited offer)"등 다양한 방식을 사용할 수 있다.

합병심사에 있어서 시장획정을 하면서 일반적으로 'SSNIP(small but significant non transitory increase in prices)'를 사용하게 되는데, 말하자면 '작지만 일시적이지 않은 가격인상(5~10%)'을 가정하여 시장을 획정하는 방식이다. 그러나 행동경제학에서는 합병당사자의 가격인상 뿐만 아니라, 가격인상이 없더라도 대체품의 가격이 작지만 상당한 비일시적인 양으로 떨어진 경우 소비자의 반응에 대해서도 조사해야 한다고 한다. 소비자가 가격 상승으로 인해 구매처를 전환할 수 있지만 가격 하락에는 전환하지 않는 경우 시장이 좁게 획정될 가능성도 있다는 것이다.

둘째, 카르텔 규제에 대한 신고전주의 경제적 사고의 기초에는 다음과 같은 몇 가지 가정이 있다. 즉, 카르텔의 일반적인 억제가 경쟁당국의 목표이고, 카르텔에 참여함으로써 기대되는 이익이 카르텔 기소 가능성에 의해 무시되는 비용에 상응하는 가치가 있는지 비용편익분석을 수행하며, 카르텔을 최적으로 억제하기 위해 예상되는 순피해와 동일한 최적의 처벌(및 시행비용)을 한다는 점이다. 그러나 행동경제학에서는 기질적인 특성과 상황적인 요인이 가격고정 카르텔에 참여하고 남아있는 결정에 영향을 미친다고 한다. 기질적인 특성은 '행동으로 이어지는 내재된 개인적 자질', 상황적 요인은 '대수롭지 않은 첫 번째'와 같은 상황이 의사결정 요인이 된다는 것이다.

그리고 카르텔가격 결정자는 신뢰하고 협력적이어서 신고전주의 경제 이론이 예측하는 것보다 더 지속가능성이 높다고 한다.

행동경제학은 본질적으로 경험적이므로, 합병이나 카르텔 집행 이후 사후적인 검토도 매우 중요하다.

(뉴스퀘스트, 2022. 12. 26.)

43. 행동경제학과 공정거래(3)
― 신고전주의와의 헤어질 결심?

행동경제학에서는 공정거래와 관련된 세 가지 근본적인 문제, 즉 (i) 경쟁이란 무엇인가, (ii) 경쟁법의 목표는 무엇인가, (iii) 이러한 목표를 촉진하기 위한 법적 기준에 대하여 성찰할 수 있는 기회를 제공하고 있다.

행동경제학에서는 첫째, 효과적인 경쟁 프로세스 또는 "장점에 의한 경쟁(competition on the merits)" 이론에 대한 합의가 미국 등 전 세계에 존재하지 않는다고 한다. 어떤 사람들은 경쟁을 이상적인 목적과 상태(완전경쟁모델)에서의 정적인 가격 경쟁으로 간주하는 반면, 다른 사람들은 경쟁을 역동적인 과정으로 본다. 역동적인 경쟁이 더 중요한 것으로 인식되지만, 경쟁당국과 법원은 일반적으로 동적 효율성 분석을 피하는 대신 정적인 가격 경쟁과 효율적인 생산성에 초점을 맞추고 있다.

둘째, 경쟁법의 목표는 일반적으로 효과적인 경쟁 과정의 보장, 소비자복지 증진, 효율성 극대화, 경제적 자유 보장 등으로 설명하지만 미국이나 전 세계적으로 명확한 목표에 대한 합의가 이루어지지 않고 있다고 한다. 행동경제학에서는 경쟁정책은 궁극적으로 시민들의 복지를 향상시키는 데 두고 있다. 즉 경쟁이론이 전반적인 복지를 촉진하거나 적어도 방해하지는 않아야 한다는 것이다.

문제는 경쟁법(다른 법률 및 비공식 윤리, 도덕 및 사회 규범과 함께)이 전반적인 복지를 어떻게 촉진할 수 있는가이다. 경쟁법은 효과적인 경쟁 프로세스를 보존하고 자유롭고 공정하며 개방적인 경쟁 규범을 시행하는 데 초점을 맞출 때 가장 강력하지만 다른 규범들과 동떨어진 것은 아니라는 것이다.

먼저, 경쟁은 법적, 비공식적 규범과 독립적으로 존재하지 않는다고 본다. 경쟁은 부분적으로 지배적인 법적 및 비공식적 사회적, 윤리적, 도덕적 규범에 의해 정의된다. 법적 및 비공식적 규범은 그러한 유형의 경쟁이 효과적으로 기능하고 시장 참가자의 인센티브에 영향을 미치는 데 필요한 게임의 규칙을 제공하는 기능을 한다.

또한 특정 형태의 경쟁은 전반적인 복지를 향상시킬 수 있다. 반대로 예를 들어 어린이 노동을 이용하는 경쟁은 복지를 저해한다. "장점에 의한 경쟁(competition on the merits)"은 언제나 불공정경쟁의 규범적 고려를 포함한다는 것이다. 따라서 정책 입안자들이 해야 할 한 가지 과제는 경쟁정책이 어떻게 전반적인 복지를 촉진할 수 있는지를 평가하는 것이 되는 셈이다. 정치적, 경제적 힘을 분산시키는 경쟁은 경제적 기회와 개인적 자율성을 증가시킬 수 있으며, 생산적이고 역동적인 효율성을 촉진함에 있어 독점 금지는 지속 가능한 소비와 생산을 촉진할 수 있다.

과거에는 지속 가능성, 공정성 및 수익성의 개념이 일반적으로 상충되는 것으로 간주되었다. 그러나 공유된 가치의 세계관 아래에서는 이러한 개념들의 연관성이 강화되고 있다. 공유 가치는 "사회를 위한 경제적 가치를 창출하는 것"과 "기업의 경쟁력을 높이는 동시에 기업이 운영하는 지역사회의 경제적, 사회적 조건을 발전시키는 것"을 포함한다. 따라서 중요한 정치적, 사회적, 경제적, 도덕적 가치 역시 공정한 경쟁의 개념을 약화시키기보다는 강화할 수 있을 것이다.

행동경제학은 신고전주의 경제이론과 달리 단순한 통일원리를 제공하지는 않는다. 인간의 행동에 영향을 미치는 기질적 요인과 상황적 요인은 지역, 시간, 경험에 따라 달라질 수 있기 때문이다. 행동경제학을 채택하는 것은 약간의 위험을 수반한다. 정책 입안자들은 합리적인 선택 이론의 단순성과 조직 원칙을 희생하고, 집행자들이 다양한 상황 및 기질적 요인 하에서 시장 참여자들의 행동을 예측함에 따라 더 큰 차이를 감수해야 하기 때문이다. 행동경제학은 경쟁의 복잡성, 시장 행동과 경쟁 시스템에 대한 제한적이고 불완전한 이해, 가격 이론의 예측적 단점을 인정함으로써 정책 입안자들의 사고방식을 바꿀 것을 권유하고 있다. 효과 기반의 법적 표준은 잘 정의된 단일 목표와 잘 정의된 경쟁 이론이 있어야만 실현 가능한 것이다. 경쟁당국이 정적 가격 경쟁의 기술적 한계와 단일 경쟁 목표의 불완전성을 인정함으로써, 전반적인 소비자 복지를 증진시키기 위한 법적 표준의 투명성과 객관성을 정립하는 것이 중요하다고 본다.

저자가 최근 본 영화 중에 가장 인상 깊었던 작품은 박찬욱 감독의 '헤어질 결심'이었다. 박해일과 탕웨이가 주연을 한 영화인데, 관심과 의심, 윤리와 사랑 등 복합적 심리상태를 밀도 있게 그린 작품이었다. 마지막에 성난 파도와 뒤섞인 박해일의 절규 장면이 압권이었다. 탕웨이는 제2차 세계대전 당시의 상하이를 배경으로 한 영화 '색(Lust), 계(Caution)'에서도 욕망(Lust)과 경계(警戒: Caution)라는 제목이 말해주듯 아슬아슬하면서도 치명적인 욕망의 심리상태를 열연하여 주목을 받았다. 탕웨이는 경계인(境界人)의 심리묘사에 탁월한 배우라는 생각이 든다.

경쟁정책에 있어서 신고전주의적 접근과도 '헤어질 결심'을 해야 하는 것인가? 그러나 OECD보고서도 지적하다시피 헤어지기에는 약간의 위험이 따르는 것이다. 다만 신고전주의 비현실적인 가정을 재검토하고 이를 보충(gap filling)하는 계기가 될 수 있을 것이다.

계묘년(癸卯年) 새해가 밝았다. 지난해 부족한 글을 읽어주신 독자들께 깊은 감사를 전하면서, 지난해의 모든 어려움과는 이제 헤어질 결심을 하고 새해에는 좋은 일만 가득하기를 기대해 본다.

(뉴스퀘스트, 2023. 1. 1.)

제 6 장

기업집단 규제, 전지적(全知的) 평가 시점

우리나라에서는 통상 재벌로 부르는 기업집단에 대해서는 「공정거래법」을 통하여 각종의 사전규제를 하고 있다. 이러한 기업집단에 대한 「공정거래법」적 규제는 외국의 경쟁법제에서는 찾아보기는 어려운 독특한 규제임에 틀림이 없다. 제1차 세계대전 후 일본의 '자이바츠'에서 유래하는 재벌이란 말은 우리나라에서 온갖 부패와 정경유착, 부조리의 온상으로 여겨지고 드라마나 영화의 소재가 되곤 한다. 그러나 그동안 한국경제에서의 재벌의 공과에 대하여 냉정한 성찰이 필요한 시점이라고 생각된다. 「공정거래법」상 기업집단제도에 대해서도 그간의 규제에 대한 객관적 평가를 통하여 합리적인 개선을 도모해 나갈 필요가 있다.

44. 재벌, 혹은 기업집단이란 무엇인가?

재벌은 한국경제의 구조적 특성으로 그 공과(功過)가 공존

옥스포드 영어사전(영어: Oxford English Dictionary: OED)은 영국 옥스포드 대학교 출판부에서 출간하는 영어사전이다. 인쇄 제본형 표준판은 1884년부디 부분적으로 나오기 시작하여 44년 민인 1928년에 40만 딘어로 초판이 완성됐다(위키백과). 옥스포드 영어사전은 가장 권위 있는 세계 최고의 영어사전으로 꼽힌다. 단어수집에 71년이 걸렸고, 영국총리 스탠리 볼드윈은 1928년 책 완성 기념회에서 "사막의 섬으로 딱 한 작품만 가져갈 수 있다면 이 책을 선택하겠습니다"라고 했다고 한다. 1989년에는 20만 단어가 늘어난 60만 자가 되는데 한글(Hangul), 김치(Kimchi), 태권도(Tae kwon do)가 국제적으로 인정된 고유명사로 등재되었다. 그때 국제적으로 인정되어 등재된 또 다른 단어가 '재벌(chaebol)'이었다. 사전에서는 '재벌(chaebol)'의 뜻을 "In the Republic of Korea: a large business conglomerate."라고 풀이하고 있다. 즉 옥스포드 영어사전의 권위가 인정한 재벌의 조건은 커다란(large), 기업(business), 집단(conglomerate)이다. 그러나 다른 세계적 대기업에는 없는 재벌만의 특별한 조건을 붙였는데, '특히 가족소유의 것(esp. family owned one)'이라는 것이다(이상 내용은 EBS '지식채널' 방송 참조).

얼마 전 '재벌집 막내아들'이란 판타지 TV 드라마가 선풍적 인기를 끌

었다. S그룹을 모티브로 한 것이라는 시중의 추측이 많은데, 어쨌든 한국 경제에서의 '재벌문제'라는 화두를 던지면서 가족에서 가족으로 이어지는 승계과정에서 권력투쟁과정을 생생하게 그려서 큰 인기몰이를 하였다. 물론 현실과는 거리가 있는 판타지적 요소가 가미된 것이었다. 주인공인 진도준(송중기 분)을 통해 노조활동, 고용승계 등 노사문제에 대한 재벌들의 잘못된 행태를 비판하기도 하고, 승계문제에 대해서도 자력으로 후계자가 되는 과정을 그려내고 있지만 과거와 현재를 오가는 과정에서 이해가 잘 안가는 내용이며, 전문경영인이 그룹을 경영하는 모습으로 끝이 난 마지막회에서 작가의 의도가 뭔지 모르게 모호하게 끝난 것은 다소 아쉬움으로 남았다.

그런데 옥스포드 영어사전에까지 등재된 '재벌'이란 말은 「공정거래법」을 비롯한 다른 법률 규정에는 전혀 등장하지 않는 시중에서 쓰는 말이다. 뭔가 가족중심의 폐쇄적 경영, 세습 등 부정적인 의미와 결부되어 많이 사용되는 용어이다. '재벌(財閥)'이란 말의 어원은 일본에서 제1차 세계대전 전 출현한 대규모기업집단, 특히 三井(미츠이), 三菱(미츠비시), 安田(여스다), 住友(스미토모) 등을 '財閥(자이바츠)'이라고 한 데서 유래한다. 가족·은행 지배모형의 자이바츠는 2차 세계대전 후 해체가 되었고, 그 후 지배가족이 없는 게이레츠(系列)라는 형태로 재조직화 되는 과정을 겪게 되었다.

'재벌'과 법적으로 가장 가까운 말은 「공정거래법」상의 '기업집단'이란 개념이다. 그런데 양자가 동일한 의미는 아니다. '재벌'은 옥스포드 사전에서도 풀이하다시피 가족중심의 경영을 의미하는 것이고, 기업집단은 동일인(총수)이 지배하는 기업군을 나타내는 말이기 때문이다. 동일인이 자연인인 경우가 대부분이지만 회사인 경우도 있다. 기업집단은 독일의 콘

체른(Konzern)과 같이 '단일한 지배'의 특성을 나타내는 말이다. 물론 총수의 지배수단으로 친인척이나 계열사가 동원되기 때문에 재벌의 성격을 가지게 되는 것이다.

「공정거래법」에서 기업집단이란 '동일인이 사실상 사업내용을 지배하는 회사'로 정의하고 있는데, 말하자면 재벌 총수를 법적으로는 '동일인'이라고 한다. 그리고 기업집단에 대해서는 경제력 집중을 방지하기 위한 차원에서 여러 가지 사전·사후적 규제를 하고 있다. 어쨌든 우리나라와 같이 재벌, 즉 기업집단에 대한 규제가 「공정거래법」에 들어와 있는 것은 전 세계적으로 거의 유례가 없다. 이는 1986년 「공정거래법」 제2차 개정 시 경제력집중을 억제하기 위한 목적으로 「공정거래법」에 전격 도입되게 되는데, 당시 지주회사 설립금지, 대규모기업집단지정제도, 상호출자금지, 출자총액제한제도 등 제도가 도입되었다.

재벌, 즉 대규모 기업집단은 한국경제의 구조적 특성이기도 하고, 그 장점과 단점이 모두 지적되고 있다. 경제, 사회에 미치는 영향력이 워낙 커다보니 선거철만 되면 개혁의 타깃이 되기도 하였다. 앞으로 정치적 접근보다는 냉정하게 제도를 평가하고 방향을 설정하는 작업이 중요하리라 생각한다. 앞으로 현재 시행되고 있는 「공정거래법」상 경제력 집중 억제제도에 대하여 하나하나, 개괄적으로 소개해 보고자 한다.

(뉴스퀘스트, 2023. 2. 6.)

45. 기업집단은 어떻게 정해지나?

2022년 기준 국내 1위 삼성 자산총액은 약 483조, 47위가 약 10조, 76위는 약 5조원

기업집단이나 재벌이라고 말하면 삼성, 현대, SK 등이 머리에 떠오르지만 구체적으로 어느 범위까지를 기업집단 또는 재벌기업이라고 하는지는 일반인들이 정확히 알기는 어렵다.

「공정거래법」에서는 기업집단을 "동일인이 사실상 지배하는 회사의 집단을 의미하는데, 동일인이 회사인 경우 그 동일인과 그 동일인이 지배하는 하나 이상의 회사의 집단, 동일인이 회사가 아닌 경우 그 동일인이 지배하는 2 이상의 회사의 집단을 말한다."라고 규정하고 있다. '동일인'은 단순히 생각하면 '같은 사람'이라는 뜻이 되는데, 실제 법률에서는 약간 다른 의미로 사용되고 있다. 「공정거래법」은 동일인을 정의하고 있지 않지만, 기업집단을 지배하는 자(자연인 또는 회사)로 해석된다.[9] 은행법에서는 "동일인이란 본인 및 그와 대통령령으로 정하는 특수관계인을 말한다"고 규정한다. 즉 본인과 특수관계인이 동일인 개념에 속한다. 「공정거래법」에서 특수관계인은 '동일인 관련자' 등을 말하며 동일인은 아니지만 지배력을 판단할 때는 동일인과 동일인 관련자를 합해서 판단한다. 이와

---

9 2024. 1월 제정된 「동일인 판단기준 및 확인절차에 관한 지침」에 따르면 ① 기업집단 최상단 회사의 최다출자자, ② 기업집단의 최고직위자 , ③ 기업집단의 경영에 지배적인 영향력을 행사하고 있는 자, ④ 기업집단 내·외부적으로 기업집단을 대표하는 자로 인식되는 자, ⑤ 동일인 승계방침에 따라 기업집단의 동일인으로 결정된 자의 기준을 사용하고 있다.

같이 법마다 동일인의 개념을 약간씩 다르게 사용하고 있다.

기업집단의 핵심적 징표가 동일인이 지배하는 회사군인데, 여기에서 '지배'한다는 것을 어떤 기준으로 정할지는 「공정거래법」 시행령에서 자세히 규정하고 있다. 첫째의 기준은 지분율을 기준으로 하는 것이다. 즉, 동일인 또는 동일인 관련자와 합하여 당해회사 발행주식 총수의 30% 이상 소유하는 경우로서 최다출자자가 되는 경우를 말한다. 여기에서 동일인 관련자란 친족(배우자, 4촌 이내 혈족, 3촌 이내 인척, 동일인이 지배하는 국내회사 발행주식 총수의 100분의 1 이상을 소유하고 있는 5촌·6촌인 혈족이나 4촌 인척, 동일인이 민법에 따라 인지한 혼인 외 출생자의 생부나 생모), 비영리법인 노는 단체 등을 의미한다. 2022. 12. 27. 시행령 개정 시 6촌 이내 혈족, 4촌 이내 인척이 4촌 이내 혈족, 3촌 이내 인척으로 축소되고, 동일인이 인지한 혼인 외 출생자의 생부나 생모를 친족 범위에 포함시키는 등 개정이 이루어졌다. 둘째, 지배력 요건은 동일인이 주주와의 계약(합의)에 의해 대표이사 임면, 임원의 50% 이상 선임이 가능한지 등을 기준으로 판단한다.

이러한 범위 내에 포함되는 회사를 통칭하여 기업집단이라 부르는데, 2 이상 회사가 동일한 기업집단에 속하는 경우 서로 상대방의 계열회사가 된다. 말하자면 지분관계가 전혀 없는 경우에도 동일인의 지배하에 있는 경우 서로 계열회사가 된다.

그러나 위와 같은 기준에 해당한다고 하여 모두 「공정거래법」에 규제를 받는 것은 아니다. 그렇게 되면 범위가 지나치게 넓게 되기 때문이다. 「공정거래법」으로 규제를 받는 기업집단은 2가지 종류가 있는데, '공시대상기업집단'과 '상호출자제한 기업집단'이라는 것이 그것이다. 전자는 자산총액 5조 원 이상, 후자는 국내총생산액의 1천분의 5에 해당하는 금액

이상인 기업집단을 의미한다. 후자는 종래 10조 원에서 2020. 12. 29. 법 개정 시 기준이 변경된 것이다. 두 기업집단은 규제의 범위에서 차이가 있다. 5조 원 이상이 되면 공시규정, 행태규제의 대상이 되다가 국내총생산액의 1천분의 5 이상이 되면 각종 출자규제까지 받게 된다.

기업집단은 매년 5. 1.까지 지정하게 되어 있는데, 실무적으로는 공정위는 기존에 기업집단에 포함된 기업 외에도 매년 KISLINE 등을 통하여 자산 5조 원에 근접한 기업을 파악하여 자료요청을 한 후, 5조 원이 넘는지를 판단한다. 그 결과 신규로 지정되기도 하고 지정에서 빠지기도 한다. 2022년 지정결과를 보면 76개 기업집단(소속회사 2,886개)을 공시대상기업집단으로, 자산총액 10조 원 이상인 47개 집단(소속회사 2,108개)을 상호출자제한 기업집단으로 지정하였다(공정위 보도자료, 2022. 4. 27.). 기업집단의 수는 해가 갈수록 증가하고 있다.

2022년에 빅히트를 한 밀러(Lulu Miller)가 쓴 「물고기는 존재하지 않는다(Why Fish Don't Exist)」라는 책을 읽고 몇 가지 생각이 스쳤다. 작자는 스탠퍼드 대학의 초대 학장을 지낸 저명한 과학자 데이비드 스타 조던의 어류 분류와 우생학을 비판하면서 책제목이 암시하는 바와 같이 어류는 과학적으로 존재하지 않는다고 한다. 무슨 의미일까? 기업집단도 원래 존재하는 개념은 아니라 지정을 통하여 탄생한 개념이 아닌가? 작자의 의도는 다음에서 나타난다.

"그 '질서'라는 단어도 생각해 보자. 그것은 오르디넴(ordinem)이라는 라틴어에서 왔는데, 이 단어는 베틀을 단정하게 줄지어 선 실의 가닥들을 묘사하는 말이다. 시간이 지나면서 그 단어는 사람들이 왕이나 장군 혹은 대통령의 지배 아래 얌전히 앉아 있는 모습을 묘사하는 은유로 확장되었다.

1700년대 와서야 이 단어가 자연에 적용되었는데, 그것은 자연에 질서정
연한 계급구조가 존재한다는 추정 — 인간이 지어낸 것, 겹쳐놓기, 추측 —
에 따른 것이었다.…… 모든 자(rule) 뒤에는 지배자(ruler)가 있음을 기
억하고, 하나의 범주란 잘 봐주면 하나의 대용물이고, 최악일 때는 족쇄임
을 기억해야 한다."

위의 내용은 현실경제에 그대로 적용하기에는 지나친 과장일 수는 있을
것이다. 기업집단 지정제도는 경제력 집중을 예방하기 위한 기초작업에
해당하므로 매우 중요하다. 다만「공정거래법」제1조가 규정하는 '과도
한' 경제력집중을 예방하는 제도인지, 후발 기업들에게 상대적으로 지나
친 족쇄가 아닌지 점검해 볼 필요가 있다. 참고로 2022년 1위 삼성의 자산
총액은 약 483조 원이고, 47위가 약 10조 원, 76위는 약 5조 원이다.

(뉴스퀘스트, 2023. 2. 6.)

46. 자산5조 '기업집단', 영광의 월계관(月桂冠)인가?

재벌회사 반열에 들어가는 영광은 잠시…「공정거래법」상 각종 규제 뒤따라…

공정거래위원회는 기업집단포털을 통해
기업집단 지정현황을 공개하고 있다(출처: 기업집단포털 홈페이지)

　기업집단 소속 회사들의 자산을 합산하여 5조 원이 되면 '공시대상기업
집단'이라는 이름이 붙게 되고 「공정거래법」상 각종 규제 대상이 된다. 드
디어 이른바 '재벌회사' 반열에 들어서는 월계관을 받게 되는 것이다. 자
산 5조 원 이상은 2022년 기준으로 76개의 기업집단에 2,886개 회사가 소
속되어 있다. 공정위는 기업집단 현황에 대하여 기업집단포털(https://www.
egroup. go.kr)을 통하여 상세히 공개하고 있다.

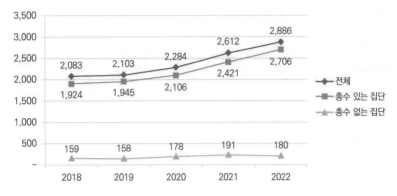

출처: 공정위 보도자료(2022. 4. 27.)

기업이 규모가 커져서 대규모 기업집단에 들어가는 것은 그만큼 경제적 비중이 커졌다는 것이고 국가경제에서의 역할도 커졌다는 것을 의미하므로, 자랑스럽고도 축하할 만한 일이다. 그러나 그 영광도 잠시이고 이때부터 「공정거래법」상 각종 규제가 따라오기 시작한다. 심지어 「공정거래법」상의 기업집단은 중소기업기본법 등 약 40여 개에 달하는 법령에서 준용하면서 각종 규제의 대상으로 삼고 있다.

우선 공시대상 기업집단이 되면 그 명칭이 말해주듯 각종 공시의무가 발생하게 된다. 먼저, 대규모 내부거래 이사회 의결제도이다. 부당 내부거래를 사전에 예방할 목적으로 2000. 4. 1.에 도입된 제도이다. 특수관계인을 상대방으로 하거나 특수관계인을 위한 거래금액이 그 회사 자본총계 또는 자본금 중 큰 금액의 100분의 5 이상이거나 50억 원 이상인 자금, 자산, 부동산, 상품·용역거래의 경우 공시를 하도록 하고 있다.

둘째, 비상장회사 등의 중요사항 공시제도이다. 비상장회사의 경우 상대적으로 내부 경영상태가 불투명할 가능성이 있어서 비상장회사의 중요한 정보를 공시하도록 하는 제도를 2005. 4월에 도입하였다. 자산총액 100억 원 이상인 회사 등이 적용 대상이다. 셋째, 기업집단 현황공시제도이다. 2009년 이전에는 현재는 폐지된 출자총액제한이라는 제도가 있었다. 즉 기업집단 소속회사는 순자산액의 40% 초과한 투자를 할 수 없도록 규제를 둔 것이다. 그런데 이명박 대통령 취임 이후 규제완화 분위기 속에서 폐지가 되었고, 대신 2009. 7월 시장 감시기능을 강화하기 위해 기업집단 현황을 공시하게 하는 제도를 도입하게 된 것이다. 그룹의 일반현황, 주식 소유현황 등을 공시하도록 한다. 특히 동일인에 대해서는 특별히 국외 계열회사의 주식 소유현황에 대하여 공시하도록 한다. 2016년 롯데그룹의 형제간 경영권 다툼에서 롯데 해외계열사의 불투명한 소유구조가 논란이 되면서 공시의무가 강화된 것이다.

넷째, 주식 소유현황 신고제도이다. 매년 5월까지 당해 회사 주주의 주식 소유현황·재무현황 및 다른 국내회사 주식 소유현황 등을 신고하여야 한다.

공시제도는 공시자체의 목적보다는 정보를 투명하게 공개하여 경제력이 집중되는 것을 방지하고자 하는 데 목적이 있으므로, 그 목적을 충분히 달성하면서도 기업 입장에서 지나친 부담을 주지 않는 방향으로 제도가 개선될 필요가 있다. 공정위도 그간 거시경제 및 기업집단의 규모 확대 등을 충분히 반영하지 못해 기업부담은 과도하게 커진 반면, 시장에 의미 있는 정보를 제공하는 데 한계가 있었다고 판단하고 있다.

이에 지난 2023. 1. 16. 공정위는 시장의 자율 감시라는 공시제도 본연의 기능을 확보하면서도, 공시정보의 효용성을 높이기 위해 ① 변화된 경제 여건을 반영하여 기업의 공시 부담을 합리적으로 개선하고, ② 공시제도 간의 상호보완을 통해서 시장감시 기능을 유지하며, ③ 신속한 정정 유도를 통해 공시정보의 적시성 및 정확성을 높이는 방향으로 3개 공시제도에 대한 종합적인 개선방안을 마련하기로 했다고 밝혔다(공정위 보도자료 2023. 1. 16.).[10]

그리고 공시대상 기업집단에 대해서는 위와 같은 공시, 신고의무 뿐만 아니라, 특수관계 등에 대한 부당한 이익제공 금지(일명 "사익편취 금지") 제도가 적용된다. 이에 대해서는 별도로 설명하기로 한다.

(뉴스퀘스트, 2023. 3. 6.)

---

10 이에 따라 대규모내부거래공시기준 금액이 상향(50억 원→100억 원)되었고('23. 5.), 경미한 공시위반에 대한 과태료면제 근거가 마련되었다('24. 8. 7.). 그리고 비상장사 등 중요사항 공시항목 중 '임원현황 및 그 변동상황'이 제외되었다('24. 8. 7.).

47. 이른바 '터널링(tunneling)'을 방지하는 제도

'사익편취 규정'은 총수일가에 대한 부당한 이익제공, 터널링을 금지하는 제도

요즘 시중의 화제가 되고 있는 ChatGPT에 "what is tunneling effect?" 라는 질문을 던지니 "Tunneling effect is a quantum mechanical phenomenon where a particle can pass through a potential energy barrier even if it does not have enough energy to overcome the barrier classically(입자가 고전적으로 장벽을 극복하기에 충분한 에너지가 없어도 잠재적 에너지 장벽을 통과할 수 있는 양자 역학적 현상)"이라고 답을 해 주었다.

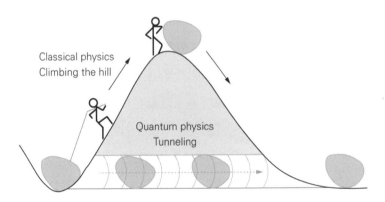

Tunneling effect(출처: www.google.com)

터널링(tunneling)이란 의미가 과학적으로 정상보다는 뭔가가 쉽게 이동

하는 현상이라는 것을 짐작해 볼 수 있다. 「공정거래법」에는 이러한 '터널 링(tunneling)' 방지와 관련된 제도가 있다. 공시대상기업집단 소속회사의 특수관계인(동일인 및 친족) 등에 대한 부당한 이익제공 금지(일명 "사익편취 금지") 규정이 바로 그것이다. 즉 부가 기업집단의 동일인 일가에게 부당하게 이전되는 현상을 규제하기 위한 제도이다.

2012년 대통령 선거과정에서부터 경제민주화의 돌풍이 불기 시작하였고, 2013. 2월 박근혜 정부가 출범하면서 경제민주화 입법으로 구체화되기 시작하였다. 그 과정에서 핵심적인 내용 중의 하나로 중 일감 몰아주기 등 부당지원행위에 내한 제재 강화가 추진되었는데, 이때 기존의 부당지원행위와는 별도로 총수일가에 대한 부당한 이익제공금지를 규정하게 된 것이다.

이 규정은 2014. 2. 14. 시행(2013. 8. 13. 개정)된 개정 독점규제법에 규정되었는데, 직접적 배경이 된 사건이 2004년〈(주)삼성SDS의 부당지원행위 등 사건〉이었다. 위 사건에서는 (주)삼성SDS가 1999년 신주인수권부사채(BW)를 대량으로 발행한 뒤, 비계열증권회사와 계열증권회사를 순차적으로 거치는 은밀한 거래를 통하여 당해 기업집단의 총수의 자녀를 포함한 6인의 특수관계인에게 정상가격보다 현저히 낮은 가격으로 매각한 행위가 문제되었다. 그러나 대법원은 경제력이 집중될 기반이나 여건이 조성될 여지가 있다는 것만으로는 공정한 거래를 저해할 우려가 있다고 단정하기 어렵고, 시장에서의 공정한 거래를 저해할 우려가 있다는 점이 입증되어야 한다며 무혐의 결정을 한 것이다.

위 대법원판결 이후 2012년부터 기존의 부당지원행위의 규정과는 다른 총수일가의 사익편취행위를 근절하기 위한 많은 법안들이 국회에 제출되었다. 결국 2013. 8. 13. 기존의 부당지원행위에 대한 규제처럼 공정한 거래를 저해하는지 여부가 기준이 아닌 특수관계인에 대한 부당한 이익을 제공하였는지 여부를 기준으로 위법성을 판단하는 규정을 신설하게 된 것이다.

그 주요 내용은 동일인이 자연인인 공시대상기업집단에 속하는 국내 회사는 특수관계인(동일인 및 그 친족), 동일인이 단독으로 또는 다른 특수관계인과 합하여 발행주식총수의 100분의 20 이상의 주식을 소유한 국내 계열회사와 특정 행위를 통하여 특수관계인에게 부당한 이익을 귀속시키는 행위를 하여서는 아니 된다는 것이다. 그리고 그 계열회사가 단독으로 발행주식총수의 100분의 50을 초과하는 주식을 소유한 국내 계열회사와 특정 행위를 통하여 특수관계인에게 부당한 이익을 귀속시키는 행위도 마찬가지로 금지된다. 그리고 그러한 행위 유형으로 상당히 유리한 조건의 거래, 사업기회의 제공행위, 현금 기타 금융상품의 상당히 유리한 조건 거래 행위, 합리적 고려나 다른 사업자와의 비교없는 상당한 규모의 거래 행위를 규정하고 있다.

2022년 〈기업집단 한진 사건〉은 이와 관련된 최초의 대법원 판결이었다. 사이버스카이의 기내면세품 온라인 광고수입 전액 귀속행위, 사이버스카이에 대한 통신수수료 면제행위, 사이버스카이의 판촉물 고가매입행위, 유니컨버스에 대한 콜센터 시설이용료·지급행위 등이 문제가 된 것이다. 동 사건에서는 '부당한 이익을 귀속한 행위'의 해석이 문제되었다. 종래 공정위는 동 규정을 해석할 때 공정거래저해성을 입증하지 않아도 총수일가가 과도한 지분을 가진 회사로 이익이 집중되는 것을 바로 부당하다고 보는 것이 입법취지라고 주장하였다. 그러나 대법원은 귀속된 이익이 '부당'한지에 대한 규범적 평가가 아울러 이루어져야 한다. 즉 변칙적인 부의 이전 등을 통하여 대기업집단의 특수관계인을 중심으로 경제력 집중이 유지·심화될 우려가 있는지 여부에 따라 판단하여야 한다고 판시하였다. 결과적으로 공정위 패소로 결정이 났다.

한편 사업기회의 제공이라는 유형과 관련해서는 최근 2022년에 〈에스케이 실트론 사건〉이 있었다. 이 사건에서는 그룹 총수가 직접 공정위 심판정에 출석을 하여 언론의 화제가 되기도 하였다. 이 사건에서 공정위는 자신이 직접 또는 자신이 지배하고 있는 회사를 통하여 수행할 경우 회사에 상당한 이익이 될 수 있는 계열회사의 잔여주식을 취득할 수 있는 사업기회를 피심인 △△△에게 제공함으로써 특수관계인 △△△에게 부당한 이익을 귀속시킨 것과 같은 행위를 하였다고 판단하였다.

그러나 일반적으로 상당한 이익이 될 사업기회라는 것은 매우 모호한 개념이고, 통상 법위반여부의 판단은 행위보다 한참 뒤에 이루어지므로 실제 법 적용 시에는 사후적으로 판단하여 기업의 정상적인 경영활동을 불법으로 판단할 우려가 있다. 따라서 법위반을 판단할 때는 행위 당시를 기준으로 해야지 사후적·회고적 판단이 개입되어서는 아니 되며, 과연 경제력 집중 효과가 있는지를 꼼꼼히 따져보아야 할 것이다.

(뉴스퀘스트, 2023. 3. 20.)

48. 부당지원행위 금지 제도의 출발점

부당지원행위 금지 제도의 출발점은 기업집단

지난 칼럼에서 소개했던 특수관계인 등에 대한 부당한 이익제공 금지(일명 "사익편취 금지")와 유사하면서도 구별되는 제도가 부당지원행위 금지 제도이다.

현행 「공정거래법」상 부당지원행위는 첫째, 특수관계인 또는 다른 회사에 가지급금·대여금·인력·부동산·유가증권·상품·용역·무체재산권 등을 제공하거나 상당히 유리한 조건으로 거래하는 행위이다. 상당히 유리한 거래인지 여부는 가격기준으로 하는 경우와 규모기준으로 판단하는 경우가 있다. 통상 언론 등에서 '일감 몰아주기'라고 하는 경우는 정확히 얘기하면 후자를 의미하는 것이다. 둘째, 다른 사업자와 직접 상품·용역을 거래하면 상당히 유리함에도 불구하고 거래상 실질적인 역할이 없는 특수관계인이나 다른 회사를 매개로 거래하는 행위이다. 이른바 '통행세'를 규제하는 규정이다.

"사익편취행위 금지"는 특수관계인에 대한 부당한 이익을 제공하였는지 여부를 기준으로 위법성을 판단하는 반면, 부당지원행위의 금지는 관련시장에서 공정한 거래를 저해하는지 여부를 기준으로 하는 점에서 차이점을 발견할 수 있다. 다시 말해 부당지원행위 금지는 지원 객체 시장에서의 공정한 거래 저해 또는 경제력집중 심화 방지를 위한 제도이고, "사익편취행위 금지"는 특수관계인에게 부당한 이익을 제공하여 이루어지는 편법적인 부의 이전을 차단하기 위한 제도로 요약할 수 있다.

부당지원행위 금지와 "사익편취행위 금지"제도의 또 다른 중요한 차이는 "사익편취행위 금지"제도가 공시대상기업집단 소속 회사를 대상으로 하고 있는 데 반해, 부당지원행위 금지는 일반 불공정거래행위의 유형의 하나로 규정되어 있다는 점이다. 즉 "사익편취행위 금지"제도는 기업집단에 대한 규제의 하나로 볼 수 있지만, 부당지원행위 금지는 모든 사업자를 대상으로 하는 불공정거래행위의 하나이다.

부당지원행위의 금지는 1996년 「공정거래법」 개정 시 도입이 되었는데, 1997년부터 시작된 외환위기 과정에서 그 위력을 발휘하였다. 당시 공정위는 정부의 대기업 구조조정의 일환으로 기업집단 계열사 간 신규채무보증의 전면금지, 지주회사의 제한적 허용 등의 제도 개선을 추진하였다.

〈1998년 초의 신문칼럼들〉

▶ 급류타는 재벌개혁, 구조조정 대수술 시작되나 IMF − DJ 업고 공정거래위원회 "본격 메스" − 1998. 1. 7, 동아일보
▶ 대기업정책 뼈대는 '팽창경영' 억제 − 1998. 1. 20, 매일경제신문
▶ 출자총액제한 전면폐지 − 1998. 2. 4, 한국경제신문
▶ 쉬쉬하다 한꺼번에 무너졌다 − 1998. 2. 5, 동아일보
▶ 「재벌 50년사 종말」 − 1998. 2. 8, 서울경제신문

출처: 공정거래위원회 40년사

이와 함께 대규모기업집단의 부당내부거래를 근절시키기 위한 대대적인 조사가 이루어졌는데, 이 시기에 부당지원행위에 대한 수많은 공정위 의결과 법원 판결이 나오게 되고 부당지원행위에 관련된 구체적인 법리가 형성되었다고 볼 수 있다.

그 후 2012년 대통령 선거과정에서 경제민주화가 논의되었고, 2013. 2월 박근혜 정부가 출범하면서 부당지원행위에 대한 제재가 강화되어 현재에 이르고 있다. 첫째, 종전에는 지원행위가 '현저히' 유리한 정도에 미치지 못하면 규제할 수 없었으나, '상당히' 유리한 경우도 규제할 수 있도록 하였고, 둘째, 거래단계의 중간에서 실질적 역할 없이 수수료만 챙기는 일명 '통행세' 관행에 대한 규제를 신설하였으며, 셋째, 부당이득을 통해 실제 이득을 본 지원객체에 대해서도 과징금을 부과하도록 한 것이 그 주요 내용이었다.

부당지원행위는 1996년 도입 당시 재벌에 의한 경제력집중의 억제수단으로 규정하려 하였으나, 재계의 반대에 부딪혀 불공정거래행위로 규정하게 되었다. 결국 부당지원행위 금지 제도의 출발점은 기업집단 문제였음을 알 수 있다.

한편 불공정거래행위는 그 외관상 착취, 배제, 방해, 구속 등 불법의 소지가 있는 행위를 유형화해 놓은 것이다. 그러나 지원행위는 그런 행위들과는 차이가 있어 과연 이를 불공정거래행위로 의율하는 것이 타당한가 하는 의문이 든다. 부당지원행위는 개념상으로는 독립된 기업 간에도 발생할 수 있으나, 주로 동일 기업집단내의 계열회사간의 내부거래를 통해 이루어지므로 통상 '부당내부거래'라고도 한다. 지금까지의 대부분의 사례도 기업집단 계열사 간에 발생한 것이다.

부당지원행위 사건은 행정소송에서 공정위가 패소하는 경우가 많다. 우선 지원행위가 위법하려면 지원성 거래규모 및 급부와 반대급부의 차이를 입증해야 한다. 즉 정상거래보다는 상당히 유리한 거래여야 한다. 또한 부당한 행위여야 하므로, 경쟁이 저해되거나 경제력 집중이 야기되는 등 공정거래를 저해한다는 점을 입증해야 하는데 그 입증이 쉽지 않기 때문이다. 지원행위는 시장경제에서 정상적인 거래행위라고 볼 수 있다. 이러한 행위를 불공정거래행위로 판단하기 위해서는 정상거래와의 차이는 물론이고 시장에서의 공정거래 저해성에 대한 엄밀한 판단이 필요하다.

(뉴스퀘스트, 2023. 3. 20.)

49. 지주회사 규제, 강화와 완화의 시소타기

지주회사제도는 허용하기에는 경제력 집중이 우려되고, 금지하자니
그 나름 장점이 있는 회색지대(grey zone)에…

「공정거래법」상 경제력집중 억제제도는 기본적으로 자산 5조 원의 공시대상기업집단, GDP 일천분의 5의 상호출자제한 기업집단을 지정하는 데서 출발을 한다. 공사대상기업집단 소속기업에 대해서는 각종 공시 및 신고의무, 사익편취 규정 적용대상이 되며, 상호출자제한 기업집단에 대해서는 상호출자금지 등 규제가 가해진다. 같은 경제력집중 억제 제도의 범주에 있지만, 기업집단 지정과 관련 없이 별도의 기준으로 규제하고 있는 제도가 바로 지주회사 제도이다. 말 뜻 그대로 지주회사는 타 회사의 주식을 주된 자산으로 소유하면서 그 회사를 지배하는 것을 주된 사업내용으로 하는 회사를 말한다.

지주회사의 구조

말하자면 지주회사가 수직적 출자를 통해 나머지 계열사 전반을 자·손자·증손회사로 지배하는 일사불란한 조직체계를 갖추게 되는 것이다. 이와 같은 지주회사는 통상 기업의 경영효율성을 높일 수 있는 유용한 기업조직의 형태로서 실제 사업을 영위하는 자회사가 수행하기 어려운 장기적이고 전략적인 의사결정을 담당할 수 있고 유사계열사를 통합관리 함으로써 시너지효과를 제고할 수 있다. 반면 지주회사는 소액자본으로 다수 기업을 용이하게 지배할 수 있어 경제력집중을 급속히 심화시킬 수 있는 우려도 있다. 이에 1986년 「공정거래법」에 경제력집중 억제제도를 도입할 당시 지주회사 제도를 엄격하게 금지하였다.

그러나 상황이 급변한 것은 1997년 시작된 외환위기 때였다. 외환위기를 극복하는 과정에서 기업 구조조정이 추진되었고, 그 과정에서 1999년 「공정거래법」 개정 시 일정한 제한 하에 지주회사제도를 허용하게 되었다. 말하자면 단순하고 투명한 지배구조를 장려한다는 의미였다. 2003년 국내 재벌그룹 중에서 LG그룹이 최초로 지주회사 체제로 전환하였다.

출처: 동아일보(2003. 2. 28)

1999년 지주회사 제도가 허용되고 난 이후에도 그때그때의 정부 정책에 따라서 규제 강화와 완화가 반복적으로 이루어졌다. 이는 지주회사의 장점과 단점 사이에서 균형을 찾으려는 노력의 일환으로 이해할 수 있다. 그러나 이러한 정치적 분위기에 편승한 시소게임식 변화 속에서 어려움을 겪는 것은 기업들이다. 2020년 「공정거래법」 전부개정시 "자회사주식보유기준"을 강화하자 그동안 지주회사를 권장해 온 정부방침과 배치된다며 기업들의 불만이 터져 나오기도 하였다.

현행법상 지주회사는 자산총액 5천억 원 이상, 자회사 주식가액 합계액이 자산총액의 50% 이상을 요건으로 하고 있다. 자산 총액 기준은 1999년 100억 원 이상인 회사로 하였다가, 다시 2001년 300억 원 이상, 2002년에 1,000억 원, 2016년에는 5,000억 원(2017. 7. 1. 시행)으로 상향되었다. 지주회사가 지배하는 회사를 자회사, 자회사가 지배하는 회사를 손자회사, 손자회사가 지배하는 회사를 증손회사라 한다. 현행법상 증손회사 이하로는 허용되지 않는다. 자회사는 지주회사의 계열회사여야 하고, 지주회사 지분이 최다출자자 지분과 같거나 많아야 한다.

앞에서 언급한 바와 같이 지주회사제도는 무제한 허용되는 제도가 아니라 경제력집중을 방지하기 위한 장치를 두고 있다. 지주회사에게 다음과 같은 제한을 부과하고 있다. 첫째, 차입에 의한 계열기업의 확장을 방지하기 위해 자본총액(대차대조표상의 자산총액에서 부채액을 뺀 금액)의 2배를 초과하는 부채액을 보유하는 행위를 금지하고 있다.

둘째, "자회사주식보유기준"을 두고 있는데, 자회사의 주식을 그 자회사 발행주식총수의 100분의 50(자회사가 상장법인인 경우 100분의 30, 벤처지주회사의 자회사인 경우에는 100분의 20) 미만으로 소유하는 행위를 금지한다. 이는 적은 지분으로 자회사를 지배하는 행위를 방지하기 위한 조치이다. 2020년 「공정거래법」 전부개정 전에는 40%~20%를 기준으로 하였다가 전부개정시 대기업 규제강화 과정에서 그 요건이 강화된 것이다. 미국 지주회사의 자회사에 대한 지분율은 대부분 100%이다.

셋째, 계열회사가 아닌 국내회사는 당해 회사주식총수의 5%를 넘길 수 없고, 계열회사는 모두 자회사이어야 한다. 넷째, 금융지주회사인 경우 금융업 또는 보험업을 영위하는 회사외의 국내회사의 주식을 소유하는 행위를 하여서는 아니 된다. 금융자본과 산업자본을 분리하여 금융기관이 산업자본에 종속되는 것을 방지하기 위한 규정이다. 다섯째, "일반지주회사"인 경우 금융업 또는 보험업을 영위하는 국내회사의 주식을 소유하는 행위를 하여서는 아니 된다.

한편 자회사의 경우에도 손자회사와의 관계에서 위와 유사한 제한을 부과하고 있다. 지주회사제도는 허용하기에는 경제력 집중이 우려되고, 금지하자니 그 나름 장점이 있는 회색지대(grey zone)에 있어서, 제한적 허용으로 타협하고 있는 제도라고 할 수 있다.

(뉴스퀘스트, 2023. 4. 3.)

50. 자산 10조원 고지의 이정표(1), 출자 및 재무보증 규제

재벌이라는 이름이 붙는 순간 출자 및 채무보증 규제가 기다려…

　기업집단 소속 회사들의 자산을 합산하여 5조 원이 되면 '공시대상기업집단'이라는 이름이 붙게 되고 「공정거래법」상 각종 규제 대상이 된다. 기업집단이 천신만고 끝에 자산 GDP 일천분의 5[11]의 고지에 올라서면 실질적인 재벌그룹으로 각인되지만, 5조 원 기업집단이 받는 규제 외에 새로운 규제가 그를 기다리고 있다.

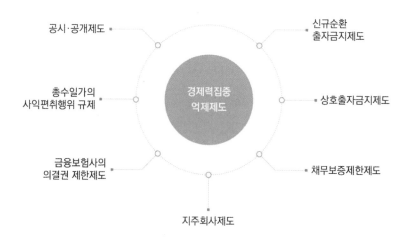

출처: 공정거래위원회 홈페이지

---

11 2024년 기업집단 지정시 자산총액 10.4조원으로 산정되었다.

첫째, 상호출자의 금지다. 즉 자기주식을 가진 계열사 주식은 1주도 취득, 소유할 수가 없게 된다. 자산 GDP 일천분의 5 이상 기업집단을 상호출자제한 기업집단이라 부르듯이 상호출자의 금지는 상호출자제한 기업집단의 대표적인 규제에 속한다. 다만 회사의 합병 또는 영업전부의 양수, 담보권의 실행 또는 대물변제의 수령의 경우 예외적으로 가능하다. 상호출자는 직접상호출자와 간접상호출자로 나뉘는데, 직접상호출자는 말 그대로 A → B, B → A 형태의 상호출자를 의미한다. 간접적 상호출자는 다시 환상형과 복합형으로 나눌 수 있는데, 환상형은 A → B → C → D → A로 출자하는 형태를 말하고 복합형은 A → B, C, D B → A, C, D로 출자하는 것을 말한다. 이러한 여러 가지 형태의 상호출자 중 「공정거래법」은 상호출자금지제도를 통하여 직접적 상호출자만 규제하고, 환상형 출자에 대해서는 순환출자금지를 통하여 규제하고 있다.

둘째, 순환출자의 금지이다. 즉 직접적 상호출자 외에도 환상형 출자를 금지하고 있다. 순환출자란 3개 이상의 계열사 간 출자가 고리와 같이 상호연결된 환상형 출자구조를 의미하는데, 상호출자제한 기업집단 소속 계열회사 간 신규순환출자를 금지하는 내용을 골자로 하는 법률안이 2013. 12. 31. 국회 본회의에서 의결되었다. 그 동안 순환출자를 통한 지배력의 확장은 재벌개혁의 핵심으로 거론되어 왔다. 이에 2012년 당시의 경제민주화 열기 속에서 재벌에 대한 규제강화의 일환으로 순환출자 금지제도가 도입되었는데, 다만 신규 순환출자만 금지되어, 기존 순환출자에 대해서는 순환출자를 강화하는 경우에만 금지되었다. 기존 순환출자에 대해서는 규제가 되지 않았지만, 해당 기업들을 자발적으로 순환출자 고리를 해소하기 시작하여 2014년 말 순환출자를 보유한 집단은 14개로 총 483개의 순환출자를 보유하고 있었으나, 2021년 말 기준으로 2개 집단이 6개의 순환출자만을 보유하고 있다.

한편 기존 「공정거래법」이 상호출자제한 기업집단에 지정된 회사가 새롭게 순환출자를 만드는 행위만을 금지하고 있기 때문에 상호출자제한 기업집단으로 지정되기 직전에 가공 자본을 활용하기 위한 순환출자를 형성하는 것을 규율할 수 없다는 지적이 있었다. 이에 2020. 12. 29. 법 전부개정시 지정일 당시 취득 또는 소유하고 있는 순환출자회사집단 내의 계열출자대상회사 주식에 대하여 의결권을 행사할 수 없다는 규정을 신설한 바 있다.

셋째, 계열회사에 대한 채무보증의 금지다. 「공정거래법」에서 이를 금지하는 취지는 계열회사 간 채무보증을 통하여 무리한 차입경영이 가능하도록 함으로써 대규모기업집단 전체의 재무구조를 취약하게 한다는 점이다. 또한 대규모기업집단으로의 편중여신을 유발시켜 금융자원의 수급불균형을 야기하고 이를 통한 선단식경영 및 개별시장에서의 독점적 지위를 유지·확장함으로써 관련시장에서의 공정하고 자유로운 경쟁을 해친다는데 있다. 이에 1992. 12. 8. 제3차 법개정 시 자기자본의 200%를 한도로 하는 채무보증제한제도를 도입하였으며, 자산순위 30위까지의 기업집단을 채무보증제한기업집단으로 지정하였다.

1996. 12. 30. 제5차 법개정 시 한도액을 자기자본의 100%로 인하하고, 금융업 또는 보험업을 영위하는 회사는 채무보증제한제도의 적용을 받지 않도록 하였다. 1998년에는 신규채무보증을 금지하고 기존 채무보증도 2000. 3. 31.까지 해소하도록 하는 규제를 강화하였다. 이는 계열회사 간 채무보증이 IMF 경제위기를 초래한 주요원인으로 지목되었기 때문이었

다. 2017. 4. 18. 법 개정 시 상호출자제한 기업집단으로 통일적으로 규정되었다. 대규모기업집단 시책 중에서도 채무보증제한제도는 상대적으로 기업들의 정책 순응도가 높은 것으로 평가된다. 1998년부터 2019년까지 채무보증 현황을 보면, 제한대상인 채무보증뿐만 아니라 규제에서 제외되는 채무보증도 뚜렷한 감소추세를 보여주고 있다.

(뉴스퀘스트, 2023. 4. 17.)

51. 자산 10조원 고지의 이정표(2), 의결권 규제

순환출자기업, 금융·보험회사의 의결권 제한 그리고 공익법인의 의결권제한

의결권은 주주가 주주총회에서 회사의 의사결정에 참가할 수 있는 권리를 의미한다. 이는 주주의 고유한 권한이고 주주 자본주의의 상징으로 인식되고 있다. 회사의 경영권 문제와도 직결된다. 최근 카카오가 지분 39.87%를 확보하여 SM 최대 주주로 등극했다는 기사를 본 적이 있다. 지분경쟁을 하던 하이브는 쩐(錢)의 전쟁을 포기하고 카카오와 협력관계로 돌아섰다. 이러한 싸움 역시 의결권확보를 통한 경영권 차지에 있는 것이다.

「상법」에서는 "의결권은 1주마다 1개로 한다."라고 1주 1의결권 원칙을 규정하고 있다. 우리나라에서는 1주 1의결권의 예외로서 미국이나 유럽에서 인정되는 차등의결권은 인정하지 않고 있다. 그러나 1주 1의결권의 예외로서 의결권 없는 주식이나 의결권이 제한되는 경우가 있다. 예를 들어 의결권이 제한되는 주식으로 자기주식상호주식 기타 은행법 등 개별법상의 제한 규정도 있다. 의결권 없는 주식으로 상법상 의결권 없는 종류주식 등이 있다. 주식 의결권이 제한되는 경우는 「공정거래법」에도 규정이 있다. 「공정거래법」상 경제력 집중 억제제도 중 자산 GDP 일천분의 5이상의 상호출자제한 기업집단에게 마지막으로 가해지는 규제는 의결권제한이다.

첫째, 기업집단 지정일 당시 취득 또는 소유하고 있는 순환출자회사집

단 내의 계열출자대상회사 주식에 대하여 의결권을 행사할 수 없다는 규정을 신설했다는 점은 지난 칼럼에서 소개한 바 있다.

둘째, 금융·보험회사의 의결권 제한 제도이다. 이는 상호출자제한 기업집단에 속하는 회사로서 금융업 또는 보험업을 영위하는 회사는 취득 또는 소유하고 있는 국내계열회사 주식에 대하여 의결권을 행사할 수 없도록 규제하는 것이다. 예를 들어 기업집단 삼성에 속해 있는 삼성생명은 원칙적으로 소유하고 있는 집단내 다른 계열사 주식의 의결권을 행사할 수 없다.

이 제도는 1986년 경제력집중억제 시책 도입 당시부터 존재하였는데, 예외없이 금지되다가 1992년에 와서 금융·보험업을 영위하기 위한 경우나 보험자산의 효율적인 운용·관리를 위하여 관계법령에 의한 승인을 얻어 주식을 취득 또는 소유하는 경우에는 예외적으로 의결권을 행사할 수 있도록 하였다. 2002년에는 외국인으로부터의 적대적 M&A로부터 경영권 방어를 위해 금융·보험회사가 보유하고 있는 상장계열사의 주식에 대하여 경영권과 관련된 임원의 선임 또는 해임, 정관변경, 합병 및 영업양도 등의 안건에 한하여 특수관계인과 합하여 당해 계열회사의 주식의 30%를 초과하지 않는 범위에서 의결권을 행사할 수 있도록 예외조항을 신설하였다. 2004년에는 예외적 의결권 행사한도를 30%에서 15%로 축소하였다. 이는 적대적 M&A로부터 경영권방어라는 본래의 취지보다 산업자본의 금융지배에 대한 우려가 크기 때문이었다.

2020. 12. 29. 「공정거래법」 전부개정 시에는 규제가 더욱 강화되었는데, 예외 사유중 "그 계열회사의 다른 회사로의 합병, 영업의 전부 또는 주요 부분의 다른 회사로의 양도"에서 단서조항을 추가하였다. 즉 "다만, 그

다른 회사가 계열회사인 경우는 제외한다."고 규정하여 적대적 인수합병과 무관한 계열사 간 합병 및 영업 양도에 대한 금융보험사의 의결권 행사를 금지하여, 금융보험사가 편법적인 지배력 확대에 악용될 수 있는 여지를 없앴다.

셋째, 공익법인의 의결권 제한 제도이다. 이 제도는 2020. 12. 29. 「공정거래법」 전부개정 시 도입된 제도인데, 상호출자제한 기업집단 소속 공익법인이 보유한 계열사 주식에 대한 의결권 행사를 원칙적으로 금지하여, 공익법인이 총수 일가의 지배력 확대 수단으로 이용되는 것을 방지하였다. 그 동안 각 기업집단이 공익법인(예를 들어 문화재단)을 만들어 이를 통해 지배력을 유지 · 확장한다는 비판이 존재하였다. 그러나 금융 · 보험회사의 의결권 제한 제도와 마찬가지로 상장 계열사에 대해서는 적대적 인수합병에 대응할 수 있도록 특수관계인과 합산하여 15% 한도 내에서 의결권을 행사할 수 있도록 예외규정을 두었다.

(뉴스퀘스트, 2023. 4. 24.)

제 7 장

최적 집행을 향한 여정

어느 분야를 막론하고 모든 법집행에 있어서 가장 중요한 것은 정확한 진실을 발견하는 것이다. 「공정거래법」에서는 다른 법에 비해 불확정 개념을 많이 사용하는 편이다. 부당성, 불공정성, 경쟁제한성, 실질적 경쟁제한성 등 이해하기 어려운 개념을 사용하고 그것들이 위법성을 판단하는 데 있어서 핵심적인 역할을 하는 것이다. 민사나 형사사건은 증거를 확보하는 일이 가장 중요한 일일 것이다. 공정거래사건에서도 역시 증거를 확보하는 것이 중요하다. 보통 '행위사실'이라는 말로 통용된다. 그러나 위법성을 판단하려면 행위사실에 기초하여 부당성, 불공정성, 경쟁제한성을 판단해야 하는 절차를 거쳐야 한다. 예를 들어 기업결합을 했을 때 미래에 시장이 어떻게 될지에 대한 판단까지 해야 금지냐 허용이냐 하는 결론이 나는 것이다. 이는 공정위의 거버넌스와도 관련이 있다. 즉 독임제가 아닌 각 분야 전문가로 구성된 독립규제위원회에서 합의에 의해 위법 여부를 판단하게 하는 것이다. 진실을 발견하기 위한 여정은 멀고도 어려운 것이다.

52. 공정거래와 실체적 진실

「공정거래법」은 불확정 개념을 많이 사용하고 있고, 따라서 특정한 행위의 위법성을
판단하기 매우 어려워…

영화 배트맨 시리즈로 유명한 크리스토퍼 놀란 감독의 명작영화 중에 '인셉션(Inception)'이란 영화가 있다. 2010년에 개봉된 영화인데 크리스토퍼 놀란 감독의 영화 중에서도 최고의 명작이라는 찬사를 받았고 국내에서도 크게 흥행을 하였다. 최근 이 영화가 극장에서 3D로 재개봉되어 상영되었다는 뉴스를 우연히 보고 IPTV로나마 영화를 다시 보게 되었다. 주연인 레오나르도 디카프리오의 탁월한 연기와 함께 현실과 꿈을 넘나드는 구성이 다소 이해하기 어려운 면도 있지만 인간의 심리 깊숙한 곳에서 벌어지는 내용들을 소재로 하여 신선한 감동을 주는 영화였다.

영화는 거대 에너지 기업 간의 경쟁상황을 모티브로 하고 있다. 프로클로스 글로벌(Proclus Global)이라는 거대 에너지 기업을 소유한 사이토(와타나베 켄 분)가 타인의 꿈에 들어가 생각을 훔치는 특수 보안요원 코브(레오나르도 디카프리오 분)에게 모종의 거래를 제안하는 데서 시작한다. 즉 프로클로스 글로벌의 경쟁회사인 피셔 모로우(Fischer Morrow)는 모리스 피셔에 의해 설립된 호주의 에너지 기업인데, 모리스 피셔가 사망하면서 기업을 해체하도록 하는 유언장을 금고에 남긴다.

그 상속자인 아들 로버트 피셔는 무능하지만 야망에 불타는 성격이어서

기업해체에 반대한다는 것을 안 사이토는 로버트 피셔의 생각을 바꿀 계획으로 금고 속 아버지의 유언장처럼 회사를 해체하도록 하는 생각을 주입하려고 한다. 이를 통해 기업 간 경쟁에서 우위에 서겠다는 전략인 것이다. 이를 위해 사이토는 코브에게 생각을 훔치는 것이 아닌, 생각을 심는 '인셉션(Inception)' 작전을 제안한다. 성공 조건으로 국제적인 수배자가 되어 있는 코브의 신분을 바꿔주겠다는 거부할 수 없는 제안을 하고, 사랑하는 아이들에게 돌아가기 위해 그 제안을 받아들인다.

영화는 임무를 의뢰받은 코브팀이 무의식의 가장 깊은 영역이라고 불리는 곳, 림보(Limbo)로 내려가는 과정에서 발생하는 여러 가지 우여곡절을 다루고 있다. 흔히 꿈속에서만 보는 비현실적인 장면들을 영상으로 적나라하게 보여주고 있다. 결국 코브는 다시 현실로 돌아오고 아이들을 만나는 것으로 영화는 끝이 난다.

마침 이 영화가 모티브로 한 것이 기업 간의 경쟁이다 보니 이러한 행위가 불공정한 행위가 아닐까 하는 생각과 함께, 생각을 훔치는 기술, 생각을 심는 기술이 가능하다면 공정거래 사건에서 진실을 밝히는 데 도움이 될 거란 다소 엉뚱한 생각이 들기도 하였다. 「공정거래법」은 특히나 다른 일반적인 민·형법과 달리 불확정 개념을 많이 사용하고 있고, 따라서 특정한 행위의 위법성을 판단하기 매우 어렵다. 비슷한 내용이 나라마다 결론이 다르게 나는 경우도 종종 있다.

예를 들어 우리나라 경우 2009년 공정위와 2013년 서울고등법원에서 인텔의 조건부 리베이트 제공행위에 대하여 시장지배적 지위 남용행위로 위법하다고 보았지만, 반대로 EU에서는 2023년 초 유럽연합(EU)이 부과한 10억6천만 유로(약 1조4천300억 원) 규모의 벌금에 대한 소송에서 인텔이 최종 승소하였다.

또한 2017년 공정위가 퀄컴의 이동통신 표준필수특허(SEP: Standard Essential Patents) 제공거절행위, 자신의 칩셋을 쓰는 휴대폰 제조사에 대해서만 라이선스를 주는 등 행위에 대하여 시장지배적 지위 남용행위로 보아 시정명령과 1조 원이 넘는 과징금을 부과하였는데, 지난 4월 대법원에서 일부 시정명령을 제외하고는 공정위 승소로 확정되었다. 그러나 이와 유사한 사건이었지만 미국에서는 2020년 연방항소법원에서 위법성을 인정하지 않았다.

최근 인터넷에서 "미국 텍사스 오스틴대 컴퓨터과학과, 신경과학과 공동연구팀이 어떤 문장을 머릿속에 떠올리면 바로 글로 옮겨 주는 '시맨틱 디코더'라는 기술을 개발했다"는 기사를 본 적이 있다. 의식의 영역에 까지 과학기술이 발달한다면 행위자의 생각을 훔쳐보는 것은 물론 생각을 심는 기술도 불가능한 것만은 아니라는 생각이 들었다. 행위자의 마음을 엿볼 수 있다면 기업 간 분쟁에서 진실을 밝히는 데도 도움이 되지 않을까 한 생각까지 미치게 되었다.

그러나 이러한 기술이 가능해진다면 그 부작용도 만만치 않을 것 같다. 남의 생각을 훔치고, 심지어 생각을 심을 수 있는 기술이 존재한다면 세상은 어떻게 변할까? 영화 포스터의 문구처럼 '상상의 경계가 무너지는' 하루였다.

(뉴스퀘스트, 2023. 5. 8.)

53. 성숙된 사건절차는 제도 성공의 열쇠

앞으로 공정거래절차법에 대한 논의가 활발해졌으면…

그동안 칼럼을 통하여 공정거래제도의 주요 내용에 대하여 간략하게나마 설명을 하였다. 공정거래제도는 그 실체법적 내용 못지 않게 절차법적 내용도 매우 중요하다. 양자가 결합된 형태를 공정거래제도라고 할 수 있을 것이다. 따라서 절차적 측면에서 공정거래제도를 완비하는 것이 매우 중요하다.

개인이나 기업이 국가기관으로부터 받는 조사에는 여러 가지가 있다. 범죄혐의가 있어 검찰이나 경찰로부터 받는 강제수사가 가장 대표적이다. 강제수사를 당했을 때 느끼는 압박감은 상상을 초월할 것이다. 수사 중에 극단적 선택을 하는 안타까운 뉴스도 종종 듣는다. 그러나 조사는 이러한 강제수사만 있는 것이 아니다. 행정기관으로부터 받게 되는 여러 가지의 조사가 있고, 우선 행정기관으로부터 조사하면 세무조사가 제일 먼저 머리에 떠오른다. 개인이나 기업이나 세무조사는 매우 부담스런 일이 아닐 수 없다.

공정위부터 받게 되는 조사 역시 기업 입장에서는 매우 부담스러운 조사이다. 검찰 수사보다 더 부담스러워 한다는 얘기도 종종 듣는다. 조사결과에 따라 거액의 과징금을 부과 받을 수 있을 뿐만 아니라 검찰 고발까지 당할 수 있고, 임의조사 형식이므로 더 광범위한 조사가 이루어진다는 불만들이 있다. 공정거래위원회로부터 받는 조사는 법적으로 행정조사에 해당한다. 그러나 조사거부 등 절차 위반 시 제재규정이 있기 때문에 권력적 강제조사라고 한다. 세무조사나 금융당국의 조사도 이러한 유형에 해당한다.

행정조사에 관해서는 「행정조사기본법」에서 자세한 규정을 하고 있다. 그러나 공정위 조사는 특별한 취급을 받는다. 즉, 「공정거래법」, 「표시·광고법」, 「하도급법」, 「가맹사업법」, 「방문판매법」, 「전자상거래법」, 「약관규제법」 및 「할부거래법」에 따른 공정위의 법률위반행위 조사에 관해서는 행정조사기본법 적용에서 제외한다고 규정하고 있다.

행정절차 관련해서도 공정위 처분 절차는 행정절차에 관한 기본법인 「행정절차법」의 적용을 받지 아니한다. 즉, 「공정거래법」, 「하도급법」, 「약관규제법」에 따라 공정위의 의결·결정을 거쳐 행하는 사항은 동법의 적용에서 제외되어 있다. 물론 이러한 규정들은 「공정거래법」 등 집행을 행정조사나 행정절차 자체에서 제외한다는 취지가 아니라 「공정거래법」에 그에 준하는 절차가 규정되어 있기 때문일 것이다.

지난 2023. 5. 12. 한국행정법학회 등 공동학술대회로 행정조사에 대한 사법적 통제라는 주제로 세미나가 열렸다. 저자도 공정거래절차법에 관심이 있어 경청을 하게 되었다. 여러 가지 쟁점들이 논의되었지만, 행정조사에 대한 영장주의 도입 여부, 행정조사에 대한 변호인참여권 보장 문제, 행정조사 결과를 형사절차에서 증거로 사용하는 문제, 행정조사에 대한 불복절차도입 등 다양한 쟁점들이 논의되었다. 공정위의 조사절차에 대한 비판도 제기되었다.

어떤 제도가 성숙하게 되면 절차적 정당성 문제가 반드시 제기되게 된다. 공정거래제도도 지난 40년간 눈부신 발전을 해 왔고, 방대한 내용의 심결·판결들이 축적되어 학문적으로도 크게 발전을 하였다. 그러나 저자 생각에는 제도에 대한 실체적인 내용에 치중되어 절차법적 측면에서의 학술적 논의나 연구결과는 상대적으로 부족하다는 느낌이 든다. 어떤 제도이건 절차적 합법성과 정당성을 확보하지 못하면 제도로서 기능을 하기 어렵다. 공정거래제도도 절차가 완비되고 실제 실무에서도 제대로 적용될 때 진정한 의미에서 성공적인 제도가 될 것이다.

최근 공정위는「조사절차규칙」·「사건절차규칙」개정,「이의제기 업무지침」제정 등을 통해 공정위 조사권의 내용과 한계를 명확화하고, 조사·심의 과정에서 피조사인과 피심인의 의견 개진 기회 확대하는 등 노력을 하고 있다. 그런 면에서 앞으로 공정거래절차법에 대한 논의가 활발해졌으면 하는 심정이다.

(뉴스퀘스트, 2023. 5. 29.)

54. 경쟁정책의 집행시스템,
제재와 함께 조정 예방이 균형 이뤄야

경쟁정책 집행에 있어 제재만이 능사는 아냐…

경쟁정책 집행에 있어 제재와 함께 조정,
예방의 삼각관계가 조화를 이뤄야 소기의 목적을 달성할 수 있다.

경쟁정책은 시장경제를 채택하고 있는 대부분의 국가에서 정책적으로 매우 중요한 위치를 차지하고 있다. 경쟁정책의 집행이라고 하면 경쟁법 위반 사건들을 조사하고 제재하여 시장을 정상적 기능으로 회복하는 것이 첫 번째로 중요한 일이다.

그러나 경쟁정책의 집행을 반드시 이러한 제재수단에만 의존하는 것은 아니다. 제재 이전에 시정권고나 동의의결 제도를 통해 자발적으로 시정할 기회를 주는 경우도 있고, 사인의 금지청구나 손해배상을 통하여 사법적으로 해결하는 제도도 있다. 그리고 당사자 간 조정을 통하여 피해구제를 하는 경우도 있고, CP(Compliance Program), ESG(Environment, Social, Governance), 공정거래협약제도 도입 등을 권장하여 자발적으로 법위반을 예방하고, 바람직한 기업문화를 조성해 나가는 것도 광의의 경쟁정책에 속한다고 볼 수 있다.

경쟁정책을 집행하는 데 있어서 제재만이 능사는 아니다. 물론 법 위반에 대해 엄정한 제재가 필요한 것은 법치국가에서 당연한 일이지만, 그 외에도 조정, 예방과의 삼각관계가 조화를 이루어야 소기의 목적을 달성할수 있다. 경쟁정책의 집행에 있어서 이와 같은 종합적인 접근이 필요한 이유가 무엇일까? 저자 소견으로는 경쟁법의 특수성에 기인하는 바가 크다. 경쟁법에서는 행위사실 이외에 경쟁제한성, 부당성, 불공정성 같은 불확정개념이 위법성 판단의 핵심을 이루고 있다.

물론 모든 법이 다양한 상황을 포괄하기 위해 어느 정도 추상적 개념을 사용하고 있지만 경쟁법 같이 불확정개념을 많이 사용하는 경우는 많지 않을 것이다. 따라서 제재를 하는 경우에도 신중한 판단이 필요하지만, 제재에만 의존했을 경우 과대집행 내지는 과소집행의 함정에 빠질 수 있다. 이러한 경쟁법의 특수성은 대부분의 국가에서 일반 사법기관과는 다른 경쟁정책을 집행하는 별도의 기관을 두고 있는 점과도 일맥상통하는 것이다.

경쟁정책을 집행하는 독립적인 기관을 설치하는 이유에 대하여 맥밀런(John McMilan)은 다음과 같이 설명한다. 즉, "일상적인 기업활동에 대해 직접 규제하는 것이 아니라 시장으로 하여금 제 기능을 발휘할 수 있도록 감독하는 것이다. 전문가들을 고용한 특별기관이 법원보다 더 나을지 모른다. 법원은 해당산업에 대한 심오한 지식이 필요한 결정을 내리는 데 너무 일반적이기 때문이다"(John McMilan, 『시장의 탄생』, 2007). 이는 법원의 개입을 배제하는 것이 아니라, 1차적인 판단권을 별도의 경쟁당국에 준다는 취지로 이해할 수 있다. 물론 현재의 경쟁당국들이 그러한 취지에 충실하게 부합하게 운영되는지는 별개의 문제이다.

그리고 경쟁정책을 집행하는 기관은 경쟁당국이라고 칭하는데, 대부분의 행정형 집행 시스템에서 경쟁당국은 위원회, 합의제 기구 형태를 취하고 있다. 우리나라의 공정위 뿐만 아니라 EU집행위원회(EU commission), 일본의 공정거래위원회(公正取人委員會)가 대표적인 예이다.

미국의 경우 1890년 「셔먼법」 제정으로 법무부가 경쟁당국의 역할을 담당했으나. 1914년 연방거래위원회(FTC)가 창설되어, 양 기관이 같이 경쟁당국의 역할을 하고 있다. 독일의 경우 연방카르텔청(Bundeskartellamt)은 독임제 관청이지만, 분야별로 3인으로 구성된 심결부에서 결정을 하고 있다. 이와는 별도로 독점위원회(Monopol Kommission)가 구성되어 2년마다 경쟁정책보고서를 작성하여 연방정부에 제출하는 기능을 담당하고 있다.

최근 공정위는 「공정거래법」 개정을 통하여 CP제도를 입법화하고, 조정의 기능을 확대하는 등 정책을 추진하고 있는바 바람직한 방향으로 생각된다. 앞으로 경쟁정책이 종합적인 시각에서 추진되기를 기대해 본다.

(뉴스퀘스트, 2023. 6. 12.)

55. 공정위 조사의 시작과 끝

직권조사 또는 신고에 의한 조사로 개시, 위원회에서 최종 결정

최근 정부차원에서 사교육 분야에 대한 대대적인 개혁작업이 진행되고 있다. 최근 언론보도에 따르면 공정위도 이에 발맞추어 대형 입시학원 등의 부당광고행위와 끼워팔기 등 불공정행위에 대한 조사를 시작하였다. 또한 그 외에도 주요 은행과 증권사의 국고채 금리 입찰 담합 혐의, 대출금리·수수료 담합 혐의, 이동통신사의 단말기 지원금 담합 혐의 등을 조사 중이라고 밝혔다.

공정위의 조사와 사건처리는 어떻게 진행되는 것일까? 공정위 사건처리절차는 직접 사건에 연루되어 조사를 받거나 신고를 한 경험이 있는 업체 외에는 거의 대부분이 잘 모르거나 오해를 하는 경우가 많다. 이에 공정위의 사건 조사부터 처리 과정을 간단히 소개해 보고자 한다. 공정위 사건처리는 크게 인지, 조사·심사 및 심의의 3단계로 구분해 볼 수 있다.

공정위 조사는 직권조사 또는 신고에 의한 조사로 개시된다. 위 사례에서 대형 입시학원 등의 부당광고행위와 끼워팔기 등 불공정행위에 대한 조사는 신고가 아니라면 직권조사에 해당한다. 직권조사는 제보나 첩보 등에 의거 조사 필요성이 있을 때 진행된다. 신고는 문서신고, 인터넷신고 등 형식을 불문한다. 이를 '인지단계'라 부른다.

신고를 시중에서는 제소(提訴)라고 부르는 경우가 있으나, 법적으로 신

고는 조사의 직권발동을 촉구하는 단서에 불과하고 구체적인 청구권을 인정하는 것은 아니어서(대법원 입장) 법원에의 제소와는 법적 성질이 다르다. 그래서 공정위에서 조사를 하지 않더라도 법적으로 하자는 없다. 그러나 실제 실무에서는 연간 수만 건에 달하는 모든 신고사건을 사안별로 처리하고 있다. 이것이 공정위의 과중한 업무부담의 원인이 되기도 한다.

신고내용에 대하여는 심사절차의 개시하기 전에 사실에 대한 조사와 사전심사를 한다. 사전심사 후 법 적용요건이 안 되는 경우, 무기명, 가명 또는 내용이 분명하지 아니한 신고, 신고인이 신고를 취하한 경우 등 경우에는 '심사불개시결정'이란 것을 해서 더 이상 진행하지 않는다.

위 사전심사절차를 통과한 사건에 대해서는 '사건착수보고(사건명, 사건번호 부여)'를 하고 정식 조사 · 심사절차가 시작되는데, 심사관(통상 담당국·과장)에 의해 진행되며, 이 단계에서 피조사업체에 대한 여러 가지 형태의 조사가 진행된다. 서면조사, 현장조사 및 진술조사 등 방법이 동원된다. 이를 '조사 · 심사단계'라고 부른다. 한편 최근 피조사인의 권익보호를 위해 사건 담당 국 · 과장에게 직접 의견을 제출할 수 있는 예비의견청취절차가 신설되었다. 조사과정에서 변호인의 조력을 받을 수도 있다.

조사 결과 법위반 혐의가 있다고 인정되는 경우 심의절차로 들어간다. 심사관은 '심사보고서'라는 것을 작성하게 되는데, 사건의 개요, 사실의 인정, 위법성 판단 및 법령의 적용, 심사관의 조치의견 등이 포함된다. 피조사업체도 피심인으로 호칭이 변경된다. 「사건처리절차규칙」에 따르면 심사관은 조사개시일부터 6개월(시장지배적 지위 남용행위 및 부당한 지원행위 사건의 경우 9개월, 부당한 공동행위 사건의 경우 13개월) 이내에 해당 사건에 대하여 심사보고서를 작성하도록 하고 있으나 실제는 이보다 더 지연되는 경우가 많다.

심사관은 심사보고서를 공정거래위원회에 상정하며, 안건의 중요도에 따라 전원회의 또는 소회의로 구분하여 심의가 진행된다. 이는 '심의단계'에 해당한다. 「공정거래법」에서는 심의단계에서 의견진술기회 보장 등 피심인의 권익을 보장할 수 있는 장치를 두고 있다.

심의는 위원회가 피심인과 심사관을 회의에 출석하도록 하여 대심 구조 하에 사실관계 등을 확인하는 과정으로 진행된다. 심판정에서는 법원의 재판절차와 유사한 절차가 진행된다. 심의 후에 조치내용에 대한 합의가 진행되는데 이는 비공개로 한다.

위원회가 최종 결정할 수 있는 유형에는 재심사명령, 심의절차종료, 무혐의, 종결처리, 심의중지, 경고, 시정권고, 시정명령, 과징금, 고발결정 등이 있다. 이 중 가장 중요한 것은 시정명령, 과징금, 고발결정이라고 볼 수 있다. 한편 심의절차종료와 무혐의는 같은 것으로 오해가 되기도 하는데, 심의절차종료는 주로 사실관계 판단이 곤란한 경우 등의 경우 내리는 조치로 법위반행위로 인정되지 아니하는 무혐의와는 내용이 다르다. 공정위의 시정조치에 대해서는 30일 이내에 공정위에 이의신청을 하거나, 서울고등법원에 행정소송을 제기할 수 있다.

한편 위와 같은 사건처리과정에서 '동의의결절차'라는 것이 개입되는 경우도 있다. 이 제도는 한·미 FTA의 이행법률 중 하나로 2011년 도입되었는데, 2014년에는 「표시광고법」, 최근 2022년에는 갑을관계4법(「하도급법」·「대규모유통업법」·「가맹사업법」·「대리점법」)뿐만 아니라 「방문판매법」에도 도입이 되었다.

이는 담합이나 고발 사건 외 법 위반 혐의를 받고 있는 사업자가 스스로 소비자 피해구제, 원상회복 등 자진시정 방안을 제안하면 공정위는 예상조치와의 균형이나 시정방안의 내용 등을 검토하여 동의의결 여부를 결정한다. 동의의결 결정이 되면 법 위반으로 되지 않으며, 다만 공정위로부터 이행관리를 받게 된다. 최근에는 2021년에 〈애플코리아(유)의 거래상지위남용행위 등 사건〉 관련 동의의결이 이루어진 바 있다.

　아직 동의의결제도가 크게 활성화되어 있지는 않다. 따라서 「공정거래법」 집행에 있어서 획일적이고 강제적인 시정조치 외에도 당사자의 자발적 시정노력을 존중하고 신속하게 시장이 복원되도록 하는 의미에서 동의의결제도가 더욱 활성화될 필요가 있다.

(뉴스퀘스트, 2023. 7. 17.)

56. 불공정거래피해의 사법적 구제:
공정거래와 손해배상

「공정거래법」 위반 시 손해배상책임이 활성화되면 불법행위 억제효과도 기대

지난 2012. 2월 대전시 중구 선화동 충남도청 앞에서 열린 비료값 담합
규탄대회에서 전국농민연합회 충남도연맹 회원들이 '비료값 담합하고 방치한
비료업체와 농협중앙회를 규탄한다'며 구호를 외치고 있다.

"비료회사들의 가격담합으로 16년 동안 비싸게 비료를 구입했던 농민들
이 8년간의 법정 다툼 끝에 비료회사들로부터 손해배상을 받을 수 있게
됐다. 서울중앙지법 민사22부는 30일 남해화학 등 13개 비료회사들이 담
합으로 손해를 본 농민 1만7,000명에게 총 58억8,000만 원을 지급하라고
판결했다. 농민들이 전국농민회총연맹(전농)을 통해 손해배상 청구 소송
을 제기한 지 8년 만의 판결이다. 배상액은 손해로 인정된 원금 39억
4,000만 원과 지연손해금(이자) 19억4,000만 원을 합한 것으로 환산하면
1인당 33만 원에 해당한다. 소송에 참여한 이들에게는 피해 정도에 따라 각

각 다른 액수의 배상금이 지급된다."(2020. 10. 30. 경향신문)

지금으로부터 약 10여 년 전인 2012. 1월 공정위는 13개 비료회사의 담합 조사결과를 발표하였다. 저자는 당시 사건을 담당한 카르텔조사국장이었는데, 2014년 대법원도 약 830억 원의 과징금이 정당하다고 공정위 손을 들어주었다. 그리고 그 이전인 2012. 9월에 농민 18,000명이 법원에 손해배상 소송을 제기하였고, 8년 뒤인 2020년에 위와 같이 법원 판결이 난 것이다.

「공정거래법」 위반 행위에 대하여 시정명령을 하고, 과징금을 부과하는 것은 이른바 공적집행에 해당하는 것이다. 그런데 「공정거래법」 집행은 이와 같은 공적집행에만 한정되지 않는다. 이른바 사법적 구제수단도 마련되어 있다. 우선 '금지청구제도'가 있다. 즉 불공정거래행위 규정에 위반한 행위로 피해를 입거나 피해를 입을 우려가 있는 자는 그 위반행위를 하거나 할 우려가 있는 사업자 또는 사업자단체에 자신에 대한 침해행위의 금지 또는 예방을 청구할 수 있다. 거래상지위남용 등 불공정 행위로 인해 피해를 입거나 피해를 당할 우려가 있는 경우, 지금까지 피해자들은 공정위 신고 후 조치를 기다려야 하였으나, 이제는 피해자들이 공정위를 거치지 않고 직접 법원에 해당 침해 행위의 금지 또는 예방을 법원에 청구할 수 있게 되었다.

이 제도는 미국의 「클레이튼법」이나 독일의 「경쟁제한방지법」에 규정이 있으나 우리나라에는 없었던 제도로서, 그간 여러 차례 도입이 논의되다가, 2020. 12. 29. 「공정거래법」 전부개정시 도입이 되었다. 이는 불공정거래행위로 인한 피해를 사전에 예방하는 차원에서 도입되기는 하였으나,

미국, 독일 등 경우에도 크게 활성화되고 있지는 않다. 우리나라의 경우 아직 시행이 일천하지만, 외국의 예로 볼 때 크게 활성화 될지는 의문이다.

사법적 구제수단으로 가장 중요한 것은 뭐니뭐니 해도 '손해배상제도'이다. 즉 사업자 또는 사업자단체는 「공정거래법」 규정을 위반함으로써 피해를 입은 자가 있는 경우에 당해 피해자에 대하여 손해배상 책임을 진다. 다만 사업자 및 사업자단체가 고의 또는 과실이 없음을 입증하는 경우에는 그러하지 아니하다. 과거에는 「공정거래법」 위반에 따른 시정조치가 이루어지고 난 후에야 손해배상을 청구할 수 있었으나, 2004년 「공정거래법」 개정 시 시정조치 전치주의가 폐지되고, 무과실책임에서 위반사업자에게 입증책임을 전환하는 방식으로 제도개선이 이루어졌다.

손해배상소송에서 가장 어려운 문제는 손해배상액의 산정이다. 상기의 〈비료 담합사건〉에서도 업체들이 담합으로 거둔 부당이득에 비해 손해배상액이 지나치게 적다는 비판이 쏟아졌다. 물론 그런 주장에 정확한 근거가 제시된 것은 아니다. 손해배상 범위 관련한 대법원의 기본적인 태도는 차액설이다. 즉, "위법행위가 없었더라면 존재하였을 재산상태와 그 위법행위가 가해진 현재의 재산상태의 차이"를 말한다. 그러나 실제 (예를 들어 담합사건의 경우) 담합이 없었을 경우의 가격을 추정하기는 매우 어렵고, 그러다 보니 여러 가지 방식의 경제분석 방법이 동원된다.

우리나라에서 가장 대표적인 손해배상사건으로 2011년 〈군납유류 담합사건〉을 들 수 있는데, 원심은 이른바 '중회귀분석을 통한 이중차분법'을 채택하였다. 그러나 항소심인 서울고등법원에서는 싱가포르 현물시장 가격＋부가비용을 기준으로 하는 이른바 '표준시장비교방법'을 채택하였다. 그러나 2011년 대법원은 '표준시장비교방법'을 인정하되, 구체적인 서울고등법원의 손해액 산정방식에는 문제가 있었다고 최종 판단을 하였다. 이외에도 더미변수접근법, 예측접근법, 비용기반접근법과 같은 경제학자들만이 이해할 수 있는 전문적인 경제분석방법이 있다.

직접 손해를 입은 자는 당연히 소송적격이 있지만 다시 그 상품 또는 그 상품을 원재료로 한 상품을 구입한 간접적 구매자의 경우 손해배상 청구적격이 있을까? 우리나라 대법원에서는 이를 인정하고 있다. 관련하여 이른바 '손해배상 전가의 항변(passing-on defense)'이 인정되는지도 논란이 있다. 예를 들어 밀가루 제조업체가 가격을 담합한 경우 밀가루로 제품을 만든 제조업자가 제품 가격을 인상한 경우 밀가루 제조업체는 손해배상 책임이 전가되었다고 주장할 수 있는가 하는 문제이다. 그러나 대법원은 이를 인정하지 않고 있고 있다. 다만 "손해배상액을 정할 때에 참작하는 것이 공평의 원칙상 타당할 것이다."라고 절충을 하고 있는 입장이다.

우리나라 법 체계에서는 실손해배상이 원칙이다. 그러나 부당공동행위, 보복행위, 사업자단체 금지행위 위반의 경우 3배 이내에서 배상책임을 지도록 징벌적 손해배상제도가 예외적으로 허용되고 있다. 이러한 징벌적 배상제도는 「공정거래법」 뿐만 아니라 「하도급법」 등 갑을관계법에도 확대 규정되었다.[12] 3배배상제도는 미국의 「클레이튼법(Clayton Act)」에서 유래하는데, 동 법에서는 실손해의 3배 및 합리적인 변호사 비용을 포함한 소송비용을 배상하도록 한다. 우리나라와 다른 점은 '3배 이내'가 아니라 '3배'로 특정되어 있다는 점이다.

한편 예를 들어 담합의 경우 광범위한 소비자에게 피해를 줄 수 있지만

---

12 2024. 1. 9. 「상생협력법」에 기술유용행위에 대한 5배배상제도가 도입되었고, 2024. 8. 28.부터 「하도급법」에도 기술유용행위에 대한 5배배상제도가 시행되게 되었다.

「공정거래법」에 아직 증권집단소송제도 같은 집단소송제도는 인정되고 있지 않다. 위 비료담합 사례에서 18,000명이 집단으로 소송을 제기했지만 법적인 의미에서의 집단소송은 아니다. 집단소송이라면 18,000명 외에 소송에 참가하지 않은 농민들도 동일한 배상을 받을 수 있었을 것이다. 그러나 위 사건에서 소송참가자 외에는 배상받을 수가 없는 것이다.

「공정거래법」을 위반했을 때, 과징금 등 행정적인 제재 외에 손해배상 책임까지 부담하여야 한다면 이는 불법행위에 대한 억제효과로 작용할 수 있다. 공정위가 사건을 조사할 때부터 추후 손해배상이 이루어질 것을 염두에 두고 심사보고서를 작성한다면 손해배상 활성화에 도움이 될 수 있을 것이다.

(뉴스퀘스트, 2023. 8. 11.)

57. 형사적 제재는 필요한가: 공정거래와 형벌

'전속고발제'는 무분별한 형벌 적용 견제 장치

형벌이 최선은 아냐 … 축소 방향으로 진행 중

우리나라 공정거래 위반행위에 대한 형벌조항이 유난히 많다. 아마 세계적으로 형벌조항이 가장 많은 입법례에 속한다고 생각된다. 그나마 지난 2020. 12. 29. 「공정거래법」 전부개정시 형벌과 적합하지 않은 일부 규정에 대하여 형벌을 폐지하여 다소 완화가 되었다. 그러나 입법 당시부터 무분별한 형벌 적용을 다소나마 견제하기 위하여 이른바 '전속고발제'라는 제도를 도입하였고, 그 기본 골격은 지금까지도 유지가 되고 있다.

「공정거래법」 제129조에서 '공정위의 고발이 있어야 공소를 제기할 수 있다'고 규정하고 있는 것이 전속고발제의 근거조항이다. 즉 검찰이 「공정거래법」 위반으로 공소를 제기하려면 공정위의 고발이 필요하다는 것이 그 핵심적 내용이다. 다만 「공정거래법」상 모든 형벌규정은 아니고 제124조와 제125조의 죄라고 명시하고 있다. 대부분 행위가 전속고발제의 대상이 되지만, 예를 들어 지주회사 신고 관련, 주식소유 현황 또는 채무보증 현황의 신고 관련, 허위 감정의 경우에는 공정위 고발 없이도 공소를 제기할 수 있다. 전속고발제는 「하도급법」, 「가맹사업법」, 「대규모유통업법」, 「표시광고법」, 「대리점법」에서도 도입되어 있다.

이 제도는 일본의 「사적독점금지법」에서 유래하는 것으로 동법은 「셔먼법」을 모방한 제3조(부당거래제한/독점화) 위반은 형사처벌 대상으로 하되 전속고발제를 도입한 것이었다. 당연히 경쟁법에 형벌규정이 없는 경우는 전속고발제라는 제도가 애초에 필요가 없는데, EU, 독일 등 형벌규정이 아예 없는 경우가 다수이지만, 일부규정에만 두고 있는 경우 등 다양한 입법례가 존재한다.

우리나라나 일본 외에 형벌규정을 두고 있는 대표적인 국가가 미국이다. 미국에서는 1890년에 세계최초의 반독점법인 「셔먼법」을 제정하였는데, 당시에는 '경쟁법(Competition Law)'이란 관념자체가 매우 희박하여 반독점행위에 대하여 형사처벌이 불가피하였고, 그 집행도 법무부(DOJ)가 담당하게 되었다. 그 후 경쟁이란 관념이 연방대법원 판결을 통하여 형성되었고, 1914년에는 「연방거래위원회법(FTC Act)」과 「클레이튼법(Clayton Act)」이 제정되어 불공정거래행위를 규제하기 시작하였고, 경쟁당국으로서 '연방거래위원회(FTC)'가 설립되었다. 이러한 이원적 체제는 지금까지도 그 골격이 유지되고 있다.

전속고발제도는 공정거래위반 행위에 대하여 형벌을 적용한다 하더라도 경쟁당국의 1차적인 판단을 존중한다는 취지의 제도로 볼 수 있다. 그러나 이와 같이 경쟁당국에 1차적 판단을 맡기는 제도는 그 제도의 취지와 달리 많은 불신과 비판을 받아왔다.

1995년 〈에이스 침대 고발권불행사 위헌확인 사건〉에서 헌법재판소는 공정위가 고발을 하지 않은 것은 기업활동 위축방지의 필요성, 형벌의 보충성 원칙에 비춰 합헌이라고 결정한 바 있다. 그러나 "행위의 위법성과 가벌성이 중대하고 피해의 정도가 현저하여 형벌을 적용하지 아니하면 법목적의 실현이 불가능하다고 봄이 객관적으로 상당한 사안에 있어서는 공정위로서는 그에 대하여 당연히 고발해야 할 의무가 있다"고 판시하였다. 이에 1996년 「공정거래법」 개정 시 공정위가 "위반의 정도가 객관적으로 명백하고 중대하여 경쟁질서를 현저히 저해한다고 인정하는" 경우에는 필요적으로 고발을 하도록 하고, 검찰총장도 고발을 요청할 수 있는 것으로 하였다.

그리고 2013. 7. 26. 법 개정시 '의무고발제'를 도입하였는바, 검찰총장 이외에도 감사원장, 중소벤처기업부 장관, 조달청장은 사회적 파급효과, 국가재정이 미친 영향, 중소기업에 미친 피해정도 등 다른 사정을 이유로 고발요청을 할 수 있고, 이 경우에는 반드시 고발하도록 하였다. 이러한 의무고발제도는 전속고발제 폐지주장에 대한 대안으로, 임시 봉합된 제도 인데, 의무고발제도에서 고발 사유로 하고 있는 사회적 파급효과, 국가재 정에 미친 영향, 중소기업에 미친 피해 정도는 '경쟁질서의 현저한 저해'라는 기준과는 다른 것으로 제도의 정합성이 떨어지는 문제를 가지고 있다.

의무고발제가 도입된 데는 소위 2012년 〈4대강 담합사건〉에서 고발을 하지 아니한 공정위의 결정을 둘러싼 논란이 그 직접적인 배경이 되었다.

저자의 4대강 담합 조사결과 발표(2012)

2012년 〈4대강 담합사건〉을 처리할 당시 담당 카르텔조사국장이었던 저자는 공정위의 결정에 대하여 쏟아진 비판의 십자포화 한가운데 있었다. 물론 위원회의 결정이었지만 심사관인 저자까지도 비판을 온몸으로 받을 수밖에 없었다. 물론 당시 '4대강'이라는 정치적 휘발성이 강한 사건을 다루는 데서 오는 혼란이었지만, 당시 언론과 국회의 비판의 핵심은 공정위에게 고발권 행사의 재량을 주어서는 아니 된다, 즉 전속고발제를 폐지해야 한다는 주장이 그것이었다. 논란 끝에 '의무고발제'로 절충적인 제도가 만들어지게 된 것이다.

그러나 그 후에도 대통령 선거 때마다 전속고발제 폐지가 공약에 등장하는 등 정치적 단골 이슈가 되기도 하였다. 그러나 예상과 달리 현 대통령 선거 과정에서는 전속고발제 폐지가 직접적으로 논의되지는 않았다. 대신 검찰이 직접 수사를 하는 사례들이 나타나고 있다. 즉 검찰에서도 지난 2020. 12월 형사리니언시제도를 도입하여 직접 자진신고도 받고 수사에 나서고 있는 것이다. 최근의 〈가구입찰 담합사건〉이 형사리니언시를 통해 수사에 착수한 최초의 사건이다(김윤후, "공정거래 형사집행의 최근현황 및 쟁점", 2023. 9. 경쟁포럼).

전속고발제는 공소제기의 전제조건이 공정위 고발이라는 것이지, 검찰의 직접 수사도 이론적으로는 가능한 것이다. 다만 전속고발제 취지와는 상충되는 측면이 있다. 그리고 검찰이 먼저 수사를 하고 기소를 하는 경우, 추후 공정위의 행정제재와 관련한 업무협조체계가 미비된 점도 향후 보완해야 할 과제이다. 어쨌든 공정거래와 형벌의 문제는 일의적으로 판단할 문제는 아니다. 형벌이 필요없다고 하기도 어렵고, 반대로 공정거래 제도의 특수성도 고려하여야 한다.

어쨌든 우리나라도 형벌규정을 축소하는 방향으로 나가고 있는 것 같고 바람직한 정책 방향이라고 생각된다. 경쟁법의 특수성을 감안할 때 형벌이 최선은 아니다. 행정제재와 예방, 사적 구제 등 같은 다양한 방식이 동원되어야 한다. 노자(老子)는 말한다: "하늘의 그물은 한없이 크고 또 너르다. 성글성글한데도 놓치는 법이 없다(天網恢恢 疏而不失: 천망회회 소이불실)". 전속고발제 문제도 형벌규정의 축소문제, 의무고발제의 정합성 문제 등과 연계하여 존폐 또는 완화 문제를 논의하는 것이 바람직하다고 본다.

(뉴스퀘스트, 2023. 9. 9.)

제 8 장

대안적 제도의 모색

시장에서 공정거래가 이루어지려면 각종 불공정거래행위나 경쟁제한행위에 대한 조사와 위반행위에 대한 제재가 무엇보다 중요하다. 그러나 항상 제재만하는 것이 한상 능사는 아니며, 시장친화적 방법으로 경쟁질서가 확보되고, 피해구제가 이루어지는 방법이 있다면 그 대안을 모색하는 것이 바람직하다. 동의의결제도를 통하여 당사자의 의사를 존중한 해결방법을 모색한다든지, 조정을 통해 조기에 피해를 구제하고 거래관계를 복원하는 등이 이에 해당한다. 그러나 더 원초적으로는 컴플라이언스(Compliance) 프로그램 등을 통하여 법위반행위가 발생하지 않도록 예방하고 공정거래문화를 조성해 나가는 것이 더 근본적인 방법이 될 것이다.

58. 동의의결 제도는 왜 필요한가?

인간의 이기심을 법 집행에 적용한 독특한 제도

경쟁당국의 정책목표와 업체의 이해관계 조정

요건 완화해 활성화시키는 것이 바람직

동의의결 제도는 한·미 FTA의 이행법률 중 하나로 「공정거래법」에 2011년 도입되었는데, 2014년에는 「표시광고법」, 최근 2022년에는 갑을 관계 4법(「하도급법」·「대규모유통업법」·「가맹사업법」·「대리점법」) 뿐만 아니라 「방문판매법」에도 도입이 되었다. 최근 언론 보도에 따르면 지난 달 23일 가맹분야 최초로 H도시락 제조업체가 「가맹사업법」 위반 혐의와 관련하여 신청한 동의의결에 대하여 해당 절차를 개시하기로 결정하였다고 한다. 그간 「공정거래법」이나 「표시광고법」 위반 혐의와 관련하여 동의의결이 진행된 적이 있는데, 이제 다른 법 분야에서도 동의의결제도가 확대되는 신호탄으로 볼 수도 있다.

모든 사회제도나 법제도에서 엄정한 제재만이 능사는 아니다. 중국 춘추전국시대에 법가(法家)사상을 대표하는 한비자(韓非子)는 법치(法治)와 함께 술치(術治), 세치(勢治)같은 다양한 통치원칙의 결합을 강조하고 있다. 술치(術治)는 신하들을 대상으로 하는 은밀한 통치술이며, 세치(勢治)는 상대를 제압하는 능력을 의미한다.

한비자(B.C. 280?~B.C. 223)

그는 일체의 사회관계를 이해와 계약의 관점에서 바라보고, 인간의 본성에 대하여 편안하고 이익이 되는 것을 취하고 위태롭고 해가 되는 것을 멀리하는 '이익 추구'에 있다고 본다. 그리고 계약 곧 법은 인간의 이기적인 본성을 도덕적으로 발현하는 제도라고 한다(김예호 역주,「한비자 정독」, 2018). 어찌 보면 인간의 이기심을 국부의 원천으로 보는 애덤 스미스의 사상과도 일맥상통하는 것이다.

동의의결 제도 역시 인간의 이기심을 법 집행에 적용한 독특한 제도로 볼 수 있다. 법에 의해 상호간의 이익, 즉 경쟁당국의 정책목표와 업체의 이해관계를 조정하는 것이다.

춘추시대 손무(孫武)가 지은 손자병법에서는 최상의 병법으로 "싸우지 않고 이기는 것, 싸울 수밖에 없다면 미리 이기고 싸우는 것"이라고 한다. 여기에서 여러 가지 함의가 있지만, 법적 분쟁으로 계속 가지 않고 실리를 챙기는 것, 싸우게 되더라도 최대한 피해가 적게 마무리 하라는 말로 들린다.

동의의결 절차는 우리나라가 자발적으로 도입한 제도는 아니다. 2011

년 한미 FTA협정 과정에서 미국 측의 요청으로 협정문에 아래 내용이 포함되게 되었고 그 이행을 위해 「공정거래법」에 도입된 것이다.

> "(한미 FTA 협정문 제16.1.5) 각 당사국은 자국의 국가 경쟁법의 집행을 담당하는 자국의 당국에게 그 집행 조치의 대상자와 상호합의에 의하여 자신의 행정적 또는 민사적 집행조치를 해결할 수 있는 권한을 제공한다 (Each Party shall provide its authorities responsible for the enforcement of its national competition laws with the authority to resolve an administrative or civil enforcement action by mutual agreement with the subject of such an enforcement action)."

미국에서는 소송제기 이후 90% 이상의 사건이 최종 심리를 거치지 않고 종국적으로 조정·중재 등 대안적 분쟁해결방법(ADR)을 통해 소송상 또는 소송 외 합의(In court or out of court settlement)에 의하여 해결되고 있다고 한다(김건식, "공정거래분쟁의 ADR활성화 방안", 2017). 이러한 법문화에서 동의의결 제도의 도입을 주장한 데는 이해가 가는 측면이 있다.

우리나라는 협상과 협의로 문제를 해결하기보다는 법적인 수단을 통하여 분쟁을 해결하려는 경향이 강하다. 고소, 고발이 남발되고, 대화와 타협으로 문제를 해결해야 할 정치권에서도 고소, 고발이 일상적인 뉴스가 되고 있다. 오죽하면 동의의결제도를 도입하면서 전 세계 어느 나라도 없는 검찰총장과의 협의라는 절차를 두고 있는데, 할 수 없이 제도를 도입하지만 형사처벌에 대한 미련을 버리지 못하고 마는 모양새가 되었다. 물론 이는 형벌조항이 많은 입법적 특성 때문일 수도 있다.

어떤 제도이건 그 제도의 본질에 충실할 필요가 있다. 예를 들어 공동행위 자진신고제도의 경우 1996년에 도입되었지만 이도저도 아닌 어정쩡하게 만들어진 결과 거의 활용이 되지 않다가 2005년 제도를 투명하고 단순하게 정비하면서 크게 활용이 되기 시작하였다. 기업들의 자발적 법 준수 문화를 장려하기 위한 CP제도도 과징금 감경 등 혜택을 없어지자 활용도가 뚝 떨어졌다. 최근 「공정거래법」에 CP제도의 근거가 마련되어 활용도가 높아질지 주목된다.

동의의결제도는 그 제도의 취지와 달리 활용도가 저조하다. 그 이유에는 여러 가지가 있을 수 있지만 학자들의 견해를 종합해 보면, 동의의결 인정요건이 지나치게 엄격하다고 분석한다. 법상 인정요건은 "첫째, 해당 행위가 이 법을 위반한 것으로 판단될 경우 예상되는 시정조치, 그밖의 제재와 균형을 이룰 것, 둘째, 자유로운 경쟁질서나 거래질서를 회복시키거나 소비자, 다른 사업자 등의 보호에 적절하다고 인정될 것"이다. 한눈에 봐도 제재를 받는 것 이상으로 요건이 엄격해 보인다. 법위반업체라는 주홍글씨가 붙는지 아닌지의 차이밖에는 없는 것이다. 그렇다면 이 제도에 대한 유인은 떨어질 수밖에 없다.

동의의결 제도를 경쟁법상의 중요한 제도로 인정한다면 그 요건을 다소 완화하더라도 제도를 활성화시키는 것이 바람직하다. 최근 대상 법률을 확대한 것도 제도를 활성화하겠다는 정책적 의지이다. 그렇다면 실제 잘 활용이 되도록 운영을 개선할 필요가 있다. 사안의 성격을 잘 판단해서 아무리 좋은 동의의결안이라도 제재가 불가피하거나 시장질서에 큰 영향을 끼치는 사안은 제재를 통해 경쟁질서의 기준을 확립해야 할 것이다.

그러나 그렇지 않다면 경쟁제한사건은 경쟁제한상태가 제거되었는지, 소비자나 다른 사업자의 피해에 중심이 있는 사건은 그 피해가 회복되는

지에 중점을 두고 심사를 하여야 할 것이다. 추후 이행관리도 매우 중요하다. 상생기금 출연 같은 것은 나쁠 것은 없지만 제도의 본질과는 거리가 있다.

최근 언론보도에 따르면 B사가 일종의 자진 시정 방안인 동의의결안을 제출했지만 공정위는 S전자에 대한 피해 구제가 부족하다는 이유로 기각했다고 한다. 그리고 공정위가 동의의결 절차를 개시한 뒤 전원회의에서 기각 결정을 내린 것은 2011년 제도가 도입된 후 처음이라고 한다.

저자가 언론보도 이상의 내용을 알 수 없지만, 피해구제에 중점이 있는 사건이었다면 피해기업과 피해금액에 대해 사전에 충분한 교감이 있었으면 좋았을 것이라는 생각이 든다. 동의의결 결정권한은 위원회에 있지만, 동의의결 절차는 일방적 조사와는 달리 일련의 협의과정이라는 점도 고려되어야 할 것이다.

중요한 법제도가 '버리기는 아깝지만 먹으려면 별로 먹을 것이 없는' 조조의 계륵(鷄肋)과 같은 존재에 그쳐서는 안 될 것이다.

(뉴스퀘스트, 2023. 7. 17.)

59. 당사자 합의를 통한 문제의 해결: 공정거래와 조정

「공정거래법」상의 분쟁조정제도 운영은 한국의 독특한 제도

시간과 비용 절약, 사회적 비용도 줄일 수 있어…

우리나라 공정거래제도에서는 분쟁조정제도라는 독특한 제도가 있다. 물론 조정제도는 법원, 행정형, 민간형 등 일반적인 제도로서 많이 존재하지만 공정거래제도의 틀 속에서 분쟁조정제도를 운영하는 것은 우리나라가 거의 유일하다고 생각된다.

공정거래제도가 경쟁질서를 확립함으로써 시장경제의 파수꾼 역할을 하는 중요한 제도이지만, 불공거래행위로 피해를 본 사업자들에게 직접적인 구제수단이 되지 못한다는 현실적인 문제가 있다. 이에 2007년 「공정거래법」 개정 시 불공정거래행위에 대한 행정제재(과징금, 시정조치) 만으로 달성하기 어려운 신속한 피해구제의 목적으로 분쟁조정제도가 도입되었다.

이 제도는 매우 성공적인 제도로 평가되어 왔고, 그후 2011년에는 하도급거래, 2012년에는 대규모유통거래, 약관거래, 2013년에는 가맹거래,

2017년에는 대리점거래로 분야가 확대되었다. 대표적인 분쟁해결 수단은 여전히 소송이다. 그러나 사회가 복잡해지고, 경제활동도 다양화됨에 따라 소송으로만 분쟁을 효과적으로 해결하기에는 한계가 있다. 미국의 경우 분쟁의 95%가 중재 등 등 대체적 수단으로 해결된다고 한다.

2000년 개봉한 '에린브로코비치'란 영화는 미국 서부 해안의 에너지 회사인 PG&E와 벌인 법적 분쟁을 영화화한 실화 영화였는데, 주인공인 줄리아 로버츠가 아카데미 여우주연상을 수상하는 등 크게 흥행에 성공하였다.

이 영화에서도 변호사인 테드가 "중재를 택한다고 배신하는 건 아닙니다. 모두가 배상받을 수 있는 최선책이에요"라며 고소인들에게 중재를 설득하는 방면이 나온다. 결국 주민들은 거액의 배상을 받는 걸로 영화는 끝이 난다. 셰익스피어의 「베니스의 상인」에 나오는 재판관 포셔의 중재 제안도 유명한 얘기이다. 재판관 포셔는 살을 자르되 피를 흘리지 말라는 판결 대신 채무액의 세 배를 받도록 조정안을 제시하지만 샤일록은 이를 거부한다.

이와 같이 소송외의 분쟁해결 수단을 통칭하여 대체적 분쟁해결수단 (ADR: Alternative Dispute Resolution)이라고 한다. 강제성이 가장 낮은 형태로 협상(Negotiation)/화해(Compromise)부터 알선(Conciliation)이 있다. 다음으로는 조정(Mediation)과 중재(Arbitration)가 있는바, 조정에는 강제성이 없는 반면 중재에는 강제성이 존재한다. 실제로는 조정(Med)/중재(Arb), 옴부즈만제도, 간이심리 같은 절충적 방식(Hybrid Dispute Resolution)이 있다. 저자가 공정거래조정원장을 맡고 있었을 때 방문한 미국의 연방조정 알선국(FMCS)에서도 1차적으로는 조정, 2차적으로 중재를 하는 하이브리드 방식으로 운영되고 있다고 설명을 들은 기억이 난다.

조정의 실효성이 떨어지는 가장 중요한 이유는 강제성이 없다는 데 있다. 이에 대하여 국제적으로도 효율성을 담보할 수 있는 노력이 전개되고 있는데, 2018. 1. 18. 채택된「싱가포르 협약(Singapore Convention on Mediation)」이 바로 그것이다. 동 협약에는 53개국이 서명하였고 현재 8개국이 비준을 하였다, 우리나라는 서명을 하였지만 아직 비준을 거치지는 않았다. 이는 조정절차에서 합의한 내용을 체약국에서 실질적으로 집행가능성을 보장한다는 것으로서 조정의 효력을 한 단계 높이는 결과가 된다.

한편 우리나라의 불공정거래행위 분쟁조정제도도 원칙적으로 강제성이 없는 것은 마찬가지이다. 그러나 이를 보완해 줄 수 있는 제도가 있다. 우선 합의가 성립되면 공정위의 시정조치에서 해방이 된다. 이는 합의 하고자 하는 강력한 동기로 작용할 수 있다. 실제 공정거래조정원의 합의 성립률이 70~80%에 달하는 것도 이에 기인하는 바가 크다고 생각된다. 이와 같이 공정거래 분쟁조정제도는 공정위의 시정조치와 연계되어 있는 것이 그 특징이다. 종래에는 사건처리의 순서상 공정위의 시정조치가 이루어지면 조정이 불가하였으나, 최근 법개정으로 공정위 시정조치 이후에도 조정을 통해 피해구제를 받을 수 있는 길이 열리게 되었다.

또한 약관 거래를 제외하면 합의에 재판상 효력이 있어서 불이행시 법원에 강제집행을 청구할 수 있다는 점도 특징이다. 약관거래는 민사적 효력만 가진다. 그 외에도 무료로 처리가 되고 2~3개월의 기간 내에 신속하게 처리가 될 수 있다는 점도 제도의 장점에 속한다. 거래관계가 파탄에 이르지 않고 합의에 의하여 종결됨으로써 장래 지속가능성을 담보한다는 측면에서도 매우 유용한 제도이다. 저자가 공정거래조정원장 재임 시 방문했던 뉴욕시 민사법원에는 조정을 권장하는 다음과 같은 안내문이 적혀 있었다: "조정은 자발적이다(Voluntary). 조정은 철저하게 보안이 유지된다 (Confidential). 비용이 들지 않는다(Free). 형식에 얽매이지 않는다(Informal). 자율적이다(Empowering)."

이런 장점이 있다면 조정을 하지 않을 이유는 없을 것이다. 우리나라 국민들은 조정에 취약하다고 생각된다. 조정제도는 개인적으로도 시간과 비용을 절약할 수 있고 사회적 비용도 줄이는 방식이라고 생각된다. 아직 공정거래제도에서 분쟁조정제도를 잘 모르는 기업인이 많은 것 같다. 공정거래 관련하여 우선 분쟁이 발생하지 않도록 리스크 관리가 중요하지만, 만약 분쟁이 발생하더라도 조정제도를 활용해서 조기에 분쟁을 해결하는 것이 상호간에 윈(Win) - 윈(Win)하는 방법이다.

(뉴스퀘스트, 2023. 8. 27.)

갑을문제와 공정거래조정원의 역할

공정거래위원회에서 오래 근무를 한 저자의 경험으로는 작년 한 해 만큼 공정거래위원회가 인구에 회자되고 그 존재감이 부각된 시기가 또 있었던가 하는 생각이 든다. 공정거래위원회가 일반인들에게 그리 알려진 기관이 아니었고 10여 년 전만 해도 알 만한 사람임에도 불구하고 저자가 명함을 건네면 '공정거래위원회가 정부기관이냐?'고 묻는 사람까지 있었다. 그러나 작년, 올해 들어 이러한 분위기가 많이 바뀌었고 중소기업, 소상공인 등 사회적 약자를 위한 대책을 지속적으로 발표하고, 소위 불공정 '갑질' 근절이라는 시대적 화두와 맞물리면서 언론 등의 집중적인 스포트라이트를 받게 되었다. 공정거래위원회는 매우 중요한 시대적 사명을 가진 기관으로 인식되고 있다. 한국소비자원과 함께 공정거래위원회의 산하기관의 하나인 한국공정거래조정원은 사정이 어떠한가? 2007년에 설립된 이래 발전을 거듭하여 왔고 최근 들어 조정신청 건수가 작년대비 약 50%

이상 급증하는 등 분쟁조정에 대한 사회적 관심이 점차 높아지고 있다. 그러나 아직 공정거래조정원이 무엇을 하는 기관인지 정확히 아는 사람은 많지 않은 것이 현실이다. 자세한 설명을 하면 '참 중요한 기관이네'하는 반응이 돌아오는 것을 보면 앞으로 많은 홍보가 필요하다는 생각이 든다.

원래 공정거래위원회는 소위 '경쟁정책'이라고 하는 일반인들에게는 다소 이해하기 어려운 정책을 수행하는 곳이다. 즉 기업들이 자유롭고 공정하게 경쟁하도록 촉진하는 제도적 장치들을 두고 있고, 시장경제하에서는 필수불가결한 기능으로 인식되고 있다. 그런데 요즘 화두가 되고 있는 갑을 문제의 본질은 그런 전통적인 의미의 경쟁정책과는 약간의 차이가 있는 것이다. 을의 위치에서 피해를 본 기업이 갑의 위치에 있는 우월적 대기업에 대하여 피해에 대한 정당한 보상을 요구하고 있는 것이 그 핵심이라고 볼 수 있다. 그렇다면 어떻게 이를 해결하는 것이 가장 효율적인가? 그 대안은 조정 등 대체적 분쟁해결제도(ADR)가 아닐까 싶다. 불필요한 행정비용이나 사회적 낭비를 줄이고 불공정한 상황을 신속하게 정상화 시키는 가장 효율적인 수단이기 때문이다. 이런 측면에서 공정거래조정원의 역할과 위상을 크게 강화하는 것이 갑을 문제를 해결하는 효율적인 수단이 될 수 있다고 본다. 공정거래위원회는 경쟁질서 확립 그 본연의 업무에 좀더 집중할 수 있고, 결국 그 혜택은 국민들이 보는 것이다. 이는 불공정거래행위에 대처하기 위한 새로운 모델이 될 수 있다.

한편 공정거래위원회에 크게 부족한 기능이 하나가 있다. 즉 연구기능이다. 경제환경은 갈수록 복잡해지고 있고, IT, 인공지능, 알고리즘, 플랫폼 등으로 상징되는 디지털 경제가 가속화되면서 시장과 산업에 분석이 매우 중요해지고 있다. 과거와는 경제의 판이 달라지고 있는 것이다. 공정거래는 정부부처 업무 중 연구와 리서치 기능이 가장 절실히 요구되는 분야라고 해도 과언이 아니다. 법집행을 통해서 국민들에게 직접 영향을 주기 때문이다. 신뢰가 그만큼 중요하다. 그러나 현재 공정거래위원회 산하에는 연구기관이 부재하고 공정거래조정원이 열악한 환경에서나마 일부 연구기능을 수행하고 있지만 이런 일을 종합적이고 체계적으로 추진하기에는 턱없이 부족한 실정이다. 현실적으로 독립된 연구기관을 설립하는 것이 쉽지 않다고 본다면 우선 그 대안으로 현재의 공정거래조정원

연구기능을 대폭 보강하여 경제분석, 시장분석 등 공정거래위원회의 법집행을 신속하고 적시에 지원함으로써 공정거래관련 연구허브로서의 역할을 갖추는 것이 절실하다. 공정거래 관련 업무는 양적으로 크게 팽창하여 왔고 국민들의 관심 대상이 되고 있다. 이제 법 집행수준을 획기적으로 높이고 정교화 할 시기가 되었다. 연구기능을 획기적으로 강화하지 않고 이를 달성하기는 매우 어렵다고 본다. 공정거래 법집행이 국민들로부터 신뢰를 받기 위해서는 그 기초작업을 튼튼히 하는 것이 매우 중요하다.

(전자신문, 2018. 5. 14.)

분쟁조정의 컨트롤 타워를 꿈꾸며

공정거래분야에 오래 일해 온 저자 입장에서는 우리나라의 거래문화가 아직도 선진적이지 못한 점에 대하여 안타까움과 자괴감을 느끼는 경우가 많다. 상당한 규모의 거래임에도 계약서 한 장 없는 경우도 허다하고, 대금 안 주고 깎는 일에 대해 죄의식을 느끼지 못하는 기업들도 아직은 많다. 그러다보니 수많은 분쟁이 발생하게 되고 그러한 분쟁해결에 많은 사회적 비용을 치르는 것이 현실이다.

이에 한국공정거래조정원(이하 '조정원')은 불공정거래행위로 발생한 분쟁을 당사자간 자율적인 합의를 통하여 해결하는 분쟁조정 업무를 수행하고 있다. 최근 소송보다 조정을 통해 분쟁을 해결하려는 시도가 늘고 있다. 이는 조정절차가 원칙적으로 당사자의 자율적인 의사를 전제로 진행되어 거래관계를 우호적으로 유지하는데 유리하기 때문이다. 조정을 통한 분쟁해결은 당사자간 거래관계의 지속성을 높이고 분쟁의 후유증을 최소화한다. 또한 소송에 비해 시간과 비용이 절약된다는 장점도 있다.

특히, 조정원에서 당사자가 합의한 내용을 조정조서로 작성한 경우 약관 분야를 제외한 분쟁조정 사건의 조정조서는 재판상 화해와 동일한 효력을 갖는다. 즉, 한쪽 당사자가 조정조서의 내용을 이행하지 않으면 상대방은 별도의 소송 없이 조정조서를 근거로 법원에 강제집행을 신청할 수 있다.

조정원은 불공정거래행위로 인한 피해를 사후에 구제할 뿐 아니라 사업자들의 법 위반을 사전에 예방하는 업무 또한 수행하고 있다. 대표적으로 매년 CP등급평가 업무를 수행하여 기업들이 자율준수프로그램에 따라 불공정거래행위를 근절할 수 있도록 돕고 있다. 또한 가맹본부의 허위·과장 정보로부터 창업자를 보호하기 위한 가맹정보공개서 등록 업무를 맡고 있다.

나아가 올해 조정원은 창업·벤처기업의 혁신성장을 지원하는 전담부서를 설치하였다. 이를 통해 공정거래 관련 법·제도를 충분히 알지 못하여 어려움을 겪는 창업·벤처기업의 고충을 해소시켜 줄 것으로 기대된다. 또한, 유관기관과의 MOU 체결 및 대중매체를 통한 지속적인 홍보를 통해 중소사업자들이 분쟁조정제도를 쉽게 이용할 수 있도록 돕고 있다.

불공정거래행위로 인하여 피해를 입은 중소기업과 소상공인들이 조정원의 분쟁조정제도를 통해 신속하고 효과적으로 피해를 구제받길 바란다. 물론 '갑'의 횡포를 경제·사회적 약자인 '을'이 이겨내기는 쉽지 않다. 따라서 '을들'도 목소리를 내는 분위기가 조성되어야 한다. 더불어 제도적인 뒷받침이 있을 때 공정한 시장질서가 정착될 수 있을 것이다.

결국 공정한 거래질서가 정착되려면 삼박자가 모두 맞아야 한다. '갑'의 공정거래의식, '을'의 깨어있는 자세 그리고 타협과 조정을 통한 문제해결이 그 요체이다.

(중소기업뉴스, 2019. 9. 2.)

샤일록의 후회

얼마 전 우연히 셰익스피어의 '베니스의 상인'에 관한 소개글을 읽은 적이 있다. 반사회적인 계약을 응징하는 재판관의 절묘한 판결로 익히 알려진 문학작품이다. 재판관 포셔는 살을 자르되 피를 흘리지 말고, 정확히 1파운드를 넘는 경우 죽을 것이고 재산은 다 몰수된다고 판결한다. 명판결의 예로 널리 회자되는 이야기이다.

그런데 판결 전 재판관은 채무액의 세 배를 받도록 조정안을 제시했다. 그러나 주인공 샤일록은 거부한다. 할 수 없이 재판관 포셔는 위와 같은 판결을 내리게 되고, 다급해진 샤일록은 원금만이라도 받아 가게 해달라고 간청한다.

재판관 포셔의 제안도 일종의 조정으로 볼 수 있다. 조정에 응하지 아니하고 극단적 선택으로 갔을 경우 있을 수 있는 위험을 드라마틱하게 보여준다. 끝까지 소송으로 갔을 경우 웃을 수 있는 상황이 될 수도 있지만 반대로 울어야만 하는 상황도 나올 수 있다.

실제로 공정거래조정원에서 처리하는 조정 사건만 보더라도 소송까지 갔을 때 원하는 바를 얻을 수 있을지 의구심이 드는 경우가 종종 있다. 분쟁해결수단으로서 조정제도는 금전적 득실 말고도 시간적, 정신적으로도 한몫을 하는 제도라고 생각된다. 수개월에서 수년이 걸리는 소송을 통하여 몸과 마음은 피폐해 질 수밖에 없기 때문이다. 다만 조정제도의 취약점으로 강제성이 없다는 점이 지적된다. 제3자가 조정안을 제시해도 분쟁당사자가 이를 받아들이지 않으면 소용이 없어지기 때문이다.

지난 8월 싱가포르협약이 체결되었다는 기사를 본 적이 있다. 국제적 상사분쟁에 대한 조정 합의를 체약국에서 집행하는 것을 목적으로 하는 유엔 국제상거래법위원회 협약으로 한국, 미국, 중국 등 46개국이 서명하였다고 한다. 앞으로 비준절차를 거쳐 시행된다면 국제적 조정사건에 강제성을 부여하는 효과가 되어 조정제도의 실효성이 더욱 높아질 것으로 예상된다. 이와 같이 전 세계적으로 대체적 분쟁해결(ADR)수단으로서의 조정의 가치는 점차 증대되고 있고, 우리나라에서도 조정제도가 각 분야에서 활발하게 활용되고 있다.

조정원에서 하고 있는 공정거래, 하도급, 가맹 등 분쟁조정제도도 다른 일반적인 조정제도와 마찬가지로 역시 강제성이 없다. 당사자가 거부하면 조정이 무산된다. 그럼 소송을 통해 피해를 구제받을 수밖에 없다.

그러나 분쟁조정제도는 다른 점이 있다. 바로 공정거래위원회의 시정조치와 직접 연결되어 있다는 점이다. 조정을 통해 합의를 하면 공정위에서 별도의 시정조치를 하지 않도록 제도가 설계되어 있다. 물론 조정사건이라고 해서 추후 법위반으로 100% 인정되는 것은 아니지만, 원칙적으로 법 위반의 소지가 있어야 조정이 가능하므로 조정이 되지 않는 경우 공정거래위원회의 조사를 통한 제재 가능성이 상존하는 것이다. 그렇다면 조정제도를 통해 신속히 분쟁을 해결하는 것이 당국의 입장에서나 당사자의 입장에서도 매우 유리한 결과를 가져온다는 생각이 들 수밖에 없다. 재판상 화해의 효력을 갖는 점도 분쟁의 1회적 해결을 위해 매우 중요한 장치이다.

탄력적이고 유연한 결과를 도출할 수 있는 점도 큰 장점이다. 조정에 임하는 당사자가 열린 마음으로 백지상태에서 상대방에게로 출발하다보면 어느 지점에선가 타협점에 이를 수 있게 된다. 조정과정은 법적, 경제적 논리와 도덕적 감정까지도 혼합된 독특한 장면이 될 수밖에 없다.

이러한 과정을 관리하고 합의점을 도출해 나가는 조정관의 노고에도 존경을 표하고 싶다. 조정과정에서 '베니스의 상인'에서 재판관 포서의 혜안을 한번 상기해 보는 것도 의미가 있을 것 같다.

(헤럴드경제, 2019. 12. 6.)

법과 현실사이

그야말로 다사다난했던 한 해를 지나고 새해가 밝았다. 지난 한 해를 멍들게 했던 극단적 사회분위기를 반추해 보면서 "만인의 만인에 대한 투쟁(bellum omnium contra omnes)"이라는 말이 생각나는 것은 왜일까? 영국의 철학자인 토마스 홉스(Thomas Hobbes)의 유명한 이 말은 인간은 자기보존을 하기 위해 '만인의 만인에 대한 투쟁'이라는 비극적 상태를 초래할 수밖에 없고 이를 극복하기 위해 계약에 의해 리바이어던이라고 하는 국가를 구축한다는 내용이다. 이는 홉스(T. Hobbes)·로크(J. Locke)·루소(J.J. Rousseau) 같은 이른바 자연법 학자들이 가졌던 기본적인 생각이었고 오늘날의 국가나 법제도를 설명하는 유용한 틀로 인식되고 있다. 위와 같은 사회계약론에 있어서의 자연상태(state of nature)를 존 롤스(J. Rawls)는 공정으로서의 정의를 판단하는 원초적 입장으로 해석하기도 한다.

이러한 관점을 요즈음 거래관계에서 크게 문제가 되고 있는 공정성 문제에 대입시켜 보면, 우선 거래당사자간 계약내용은 자연상태에서 즉, 존 롤스(J. Rawls)가 말한 '무지의 베일(veil of ignorance)' 속에서 선택된 정의의 원칙대로 체결되어야 한다는 기본원칙이 도출될 수 있다. 이러한 원칙에 어긋나는 계약은 불공정하고 정의의 원칙에 어긋나는 것이다. 그러나 정의의 원칙대로 계약이 체결되었다 하더라도 이를 이행하는 과정에서 다소간 수정은 불가피할 수가 있는데, 그런 경우에도 자연적 상태에서의 원초적 상황에 부합하게 조정이 이루어져야 하는 것이다. 이를 존 롤스(J. Rawls)는 반성적 평형이라 부르고 있다. 크게 보아 이러한 틀을 벗어나면 이를 불공정이라 말할 수 있지 않을까 생각된다. 그리고 이러한 행위에 대하여 사후적으로 교정하고 정의의 원칙대로 되돌려야 할 책임이 국가에 있는 것이다.

　지난해 모 육가공업체 대표의 호소라는 제목의 기사를 언론에서 접한 적이 있다. 그 업체는 대형마트를 상대로 한국공정거래조정원에 분쟁조정을 신청하였고, 조정원은 조정안을 제시하였지만, 피신청인의 거부로 조정이 무산되자, 공정위에서 다시 조사하여 거액의 과징금을 부과한 사건이었다. 과징금 규모 때문에 언론에서도 크게 다룬 적이 있다. 그러나 피해를 본 육가공업체입장에서는 피해를 회복하기까지 행정소송의 결과를 지켜봐야하고, 실제 구제를 받으려면 손해배상소송을 제기해야 하는 험난한 과정이 기다리고 있는 것이다. 육가공업체 대표의 호소는 현재의 불공정거래행위 규제제도에서 조정제도의 중요성을 다시 한번 일깨워 주고 있다. 만약 소송에서 공정위 처분대로 확정된다고 가정했을 때, 그야말로 '조정이 되었더라면' 결과적으로 쌍방이 윈(win)－윈(win)할 수 있는 경우였기 때문이다. 그러나 이런 교훈도 당장에 앞이 낭떠러지인 업체의 어려움을 해결할 수 없는 언어적 사치일 뿐이라는 데서 답답함을 느낀다. 이는 비단 이 업체만 겪은 문제는 아닐 것이다.

　어쨌든 피해구제보다는 공정거래질서 확립에 무게중심을 두고 있는 현재의 불공정거래행위 규제 제도가 거래 당사자 입장에서 '자연적 상태에서의 원초적 상황'에 부합하거나, 최소한 근접하는 제도인가에 대한 근본적인 고민이 생기는 것이 사실이다. 새해에는 어려운 일들이 해결되고 국민 모두가 편안한 한해가 되기를 소망해 본다.

(헤럴드경제, 2021. 1. 5.)

4차 산업혁명과 분쟁조정제도

2016. 3월 구글의 딥마인드가 개발한 인공지능 바둑 프로그램 알파고와 이세돌 9단의 바둑대결에서 알파고가 4승 1패로 이세돌에게 승리하면서 전 세계인들에게 충격을 안겼다. AI와 인간의 대결이 인간의 패배로 끝난 것이다. 제4차 산업혁명의 5대 기술 중 하나인 AI는 진화를 거듭하면서 이제 인간의 능력을 뛰어넘고 있다. 앞으로 수많은 직업군에서 AI가 인간을 대체하는 날이 올 것이다.

최근 사법행정권 남용 의혹이 불거지면서 사법부에 대한 국민들의 불신이 커지고 있다. 일각에서는 AI 판사가 인간 판사보다 공정한 판결을 할 것이므로 AI 판사를 도입해야 한다는 목소리를 내고 있다. 이미 2017년 미국 위스콘신주 대법원은 AI 알고리즘 자료에 근거해 형사재판 피고인에게 중형을 선고한 하급법원 판결을 타당하다고 하였다. 우리나라 대법원 또한 2021년을 목표로 차세대 전자소송 시스템 구축사업을 추진하고 있다. 이후 AI 소송 도우미도 개발할 계획이라고 한다.

현대사회에서 분쟁이 발생하였을 때 이를 해결하는 가장 보편적인 방법은 소송이었다. 하지만 최근 미국 등 선진국에서는 소송보다 조정을 통한 분쟁해결을 선호하는 경향이 나타나고 있다. 당사자 간의 양보와 타협을 통한 조정이 소송보다 낫다는 인식이 확산되었기 때문이다. 법원이 판단하여 결론을 내리는 소송과는 달리 조정은 그 과정에서 당사자의 의견을 적극 반영하여 유연한 결론 도출이 가능하다. 상대방과 서로 조금씩 양보해서 얼마든지 좋은 합의안을 만들어 분쟁을 해결할 수 있다. 이와 같이 조정은 과거 데이터에 의존하지 않고, 각 사건마다 다른 당사자 간의 타협과 양보의 산물이므로 AI가 대체할 수 없는 영역이다.

조정제도 중에서도 특히 공정거래 관련 분쟁조정제도는 해외에서는 유사사례가 잘 없고 우리나라가 발전시킨 독특한 제도이다. 공정거래 관련 조정사건은 기울어진 운동장에서 발생한 분쟁으로 인한 피해를 어떻게 하면 정상으로 회복시킬 수 있느냐는 관점에서 접근하여야 한다. 조정원의 조사관은 기울어진 운동장을 평평하게 해주기 위해 여러 가지 의견을 조율하고 당사자 모두가 만족하는 합의를 이끌어내야 하는데, 이는 일종의 감정노동이고, 인간만이 할 수 있는 일일 것이다.

플랫폼, 빅데이터, 알고리즘, 블록체인, 5G 등으로 대변되는 4차 산업혁명시대에는 그 화려함의 이면에 새로운 형태의 불공정거래행위가 출현할 가능성이 있고, 이에 대한 적절한 대응이 필요할 것이다. 물론 조사와 제재를 통한 공정한 거래질서의 확립이 중요하고, 이미 세계 각국의 경쟁당국은 이에 촉각을 곤두세우고 있다. 그러나 이러한 불규칙한 시장에서의 문제야말로 획일적 제재와 조치보다는 유연하고 탄력적인 해결책이 요구될 수 있다. 대기업과 중소기업 간의 상생이 플랫폼을 중심으로 하는 디지털경제에서는 더욱 중요해질 것이다. 이런 측면에서 보면 조정제도는 제4차 산업혁명에서의 분쟁해결 방식으로 그 가치가 발휘될 수 있다. 이를 위해서는 시장에 대한 이해와 변화에 적극 대응해 나가려는 노력이 필요하다.

(헤럴드경제, 2019. 9. 2.)

60. 처벌보다 예방: CP(Compliance Program), ESG(Eivironment: Social: Governance)와 공정거래

CP, ESG도 광의의 공정거래 제도로 시야를 넓혀야…

CP(Compliance Program)는 기업들이 공정거래 관련 법규를 준수하기 위하여 제정·운영하는 교육, 감독 등 내부준법시시템을 말한다. CP는 미국에서 1900년대 들어서 기업에 대한 규제가 강화되면서 기업 스스로 리스크 관리를 위해 시작되었다고 한다. 1959년 중전기설비업계 독점금지법 위반 사례에서 GE(General Electric)사가 자율준수프로그램 운영을 이유로 감경을 주장하였으나 인정되지 않았다. 1991년 연방 양형지침(Federal Sentencing Guideline) 개정 시 기업의 자율적인 프로그램이 형량 감경사유로 명시되면서 획기적 전기를 마련하였다(이준길, "공정거래 리스크관리", 2018).

2019년 미국 연방법무부 반독점국 CP 심사지침에서도 기업이 실효성 있는 CP를 운영하는 경우 양형 권고 단계 뿐 아니라 기소 단계에서도 이를 고려할 수 있도록 하였고, 이는 세계 각국의 CP 인센티브 정책에 커다란 영향을 미쳤다(이기종, "각국의 CP 인센티브와 국내 유사제도 현황", 2023. 6). 어쨌든 오늘날 기업의 자율적 준법노력을 상징하는 말로 쓰여지고 있다. 그러나 이 제도는 민간기업이 자율적으로 시행하는 것이기는 하지만 국가가 어느 정도 권장하고 관여하는 부분도 분명히 있다.

예를 들어 미연방 양형지침에서 감형사유로 인정한 것과 같은 것이다. 우리나라도 자율 준수프로그램을 운영하는 경우 「공정거래법」 위반 행위에 대한 과징금 부과 시 감경 혜택을 부여하는 경우가 과거에 있었다. 그리고 법 위반행위 혐의에 대한 조사결과를 담은 심사보고서를 작성할 때도 자율준수프로그램 또는 소비자불만 자율관리프로그램 운용상황을 적게 되어 있는데 이 역시 법 위반여부를 판단할 때 평소에 자발적 법 위반 노력이 있는지도 감안한다는 취지이다.

우리나라에서는 2023년 기준 약 742개 기업에서 CP제도를 운영하고 있는 것으로 파악되고 있다. 공정위에서는 CP제도를 더욱 활성화하기 위해 CP등급평가제도라는 것을 운영하고 있다. 실제 실무는 공정거래조정원에서 담당한다. 즉 CP제도를 도입한 기업 중 평가를 신청한 기업을 대상으로 매년 1회 이상 CP운영실적 등을 기준으로 등급을 매기고 우수 기업에 대하여 인센티브를 제공하는 제도이다.

그러나 이러한 제도를 통해서 CP가 더욱 활성화 된 것 같지는 않다. 평가를 신청하는 기업 수가 과거에 비해 현저히 줄어들었기 때문이다. 이유는 무엇인가? 법 위반 시 과징금 감경 등 혜택이 없어졌기 때문으로 밖에 볼 수 없다. 기업은 불필요한 일은 하지 않는 조직이다. 최근 공정위는 「공정거래법」 개정을 통하여 CP제도를 입법화하였는데, 아무래도 실질적인 인센티브 제도 등 정비가 이루어지지 않을까 주목이 된다. OECD 보고서에 따르면 각국이 CP를 근거로 한 다양한 제재 감경제도를 운영하고 있다 (OECD, Competition Compliance Programmes, 2021).

ESG(Eivironment: Social: Governance) 역시 최근에 매우 뜨거운 주제의 하나이다. ESG는 기업의 비재무적 요소인 환경(E), 사회(S), 지배구조(G)

를 통칭하는 말이다. 이는 CRS(Corporate Social Responsibility)에서 파생되었는데, CRS는 지속가능경영의 초점이 내부에 있었다면, ESG는 외부로 확장된다는 점에서 차이가 있다.

ESG(출처: 한국거래소 홈페이지)

ESG는 1987년 UNEP(유엔환경계획)·WCED(세계환경개발위원회)이 브룬트란트 보고서를 발간한 데서 시작되었다고 하는데, 2006년 UN은 ESG를 투자결정, 자산 운영에 고려한다는 PRI(책임투자원칙)로 발표하였다. 국내에서는 ESG 관련 책임투자 논의가 스튜어드쉽 코드제정(2016. 12월)을 계기로 본격화되고, 국민연금은 2018. 7월 스튜어드쉽 코드 "기관투자가의 수탁자책임에 관한 원칙"을 도입하였다. 현재 ESG 논의는 "연기금 중심의 책임투자 논의"에서 "기업들의 지배구조 및 지속가능경영 사항 공시 논의"로 확대되고 있고, ESG 관련 각종 공시제도가 시행되거나 확대될 계획으로 있다.

산업부에서 산업발전법에 근거해서 2021년 K-ESG 지표를 정립하였고, 사회(S) 관련해서는 노동, 다양성 및 양성평등, 산업안전, 인권, 동반성장, 지역사회, 정보보호, 법/규제위반이, 지배구조(G) 관련해서는 이사회

구성, 이사회활동, 주주권리, 윤리경영, 감사기구, 지배구조법/규제위반이 포함되어 있다.

ESG는 「공정거래법」과도 깊은 연관성이 있다. 사회(S)지표에 포함된 동반성장이나 법/규제위반이 「공정거래법」이나 「하도급법」 집행 등과 연관성을 가지고 있다. 기업지배구조(G) 관련해서도 「공정거래법」에서는 기업집단에 대한 규제를 통하여 회사의 지배구조에 대하여 다양한 방식으로 개입하고 있다.

우선 대규모 내부거래에 대한 이사회 의결 및 공시제도, 비상장회사 등의 중요사항 공시제도, 기업집단현황 공시제도 등 공시대상기업집단(자산총액 5조 원 이상) 소속회사를 대상으로 한 각종의 공시제도를 운영하고 있다. 그리고 경제력 집중을 방지하기 위한 각종 제도도 ESG와 관련성이 있다. 일반집중을 방지하기 위한 출자규제, 채무보증제한, 의결권제한, 지주회사제도나 소유집중을 방지하기 위한 사익편취 금지제도는 기업 지배구조와 밀접한 관련성을 가지는 것이다.

향후 ESG 법제화 등 제도화의 물결이 거세질 것으로 예상된다. ESG가 선택이 아닌 필수가 되는 시대에 기업입장에서는 이러한 추세에 대해 선제적으로 대응해 나갈 수밖에 없다. 공시 등 「공정거래법」상 대규모기업집단에 대한 규제는 경제력 집중을 방지하기 위한 제도로서 ESG에서의 개별기업차원에서의 지배구조 개선, 이해관계자 보호 등과는 제도의 목적이 다르다. 그러나 유사한 내용끼리 정합성을 도모하고 기업들로 하여금 불필요한 부담을 줄이기 위한 차원에서도 제도간의 관계를 잘 연구해 볼 필요가 있다.

(법무법인 원 ESG세미나, 2021. 5. 24.)

공정거래의 시작, CP

저자가 속한 한국공정거래조정원(이하 '조정원')에서는 불공정거래행위로 발생한 분쟁을 조정을 통해 해결하는 업무를 수행한다. 조정업무를 하다 보면 다양한 분쟁상황을 접하게 되는데, 공정거래 관련 법령을 제대로 알지 못해 분쟁이 발생하는 기업들을 볼 때마다 아쉬움이 남는 것도 사실이다. 사후적 피해구제도 중요하지만 아무리 좋은 피해구제라 해도 법위반 자체가 발생하지 않는 것이 최선이기 때문이다.

공정거래위원회는 2001년 기업 내 '작은 공정위'라는 개념으로 공정거래 자율준수 프로그램(Compliance Program, 이하'CP')을 도입하였다. 이를 통해 기업 스스로 공정거래 관련 법령을 준수하는 분위기를 조성하고자 한 것이다.

조정원은 2010년부터 CP등급을 평가하는 기관으로 지정되어 업무를 수행하고 있다. CP등급평가란 기업들이 자체적으로 운영하는 공정거래 자율준수 프로그램의 수준을 매년 평가하고 등급을 부여하는 것을 말한다. CP는 자율적인 성격을 띠고 있기 때문에 기업 스스로 채택해서 추진하는 것이 원칙이지만, 기업들의 법 준수 문화를 확산시키기 위해서 평가 제도를 운영하는 것이다. 그 과정에서 기업들이 법 준수 노력을 강화해나가는 장점이 있고 대외적으로도 기업 이미지 제고에 도움을 줄 수 있다.

앞으로 공정거래 문화 확산을 위해 공공기관의 CP도입 및 평가도 추진될 예정이다. 이를 통해 자율적인 법 준수 문화가 사기업뿐만 아니라 공공기관에서도 활성화 될 것을 기대하고 있다. 이에 조정원은 CP 제도 도입 지원과 제도 개선을 위하여 간담회를 개최하는 등 적극적으로 대응하고 있다.

한편 조정원은 올해 상반기부터 CP등급평가 업무 외에 CP포럼을 주관하는 업무도 수행하고 있다. CP포럼을 통해 CP에 대한 이해도를 높이고 기업들의 참여 확대를 도모하고자 함이다.

공정성에 대한 가치가 점차 중시되는 사회 분위기 속에서 기업들이 CP의 중요성을 인식하고 이를 도입하기를 권장한다. 자율적으로 임직원들로 하여금 공정거래 관련 법령을 체화하고 법 준수를 할 수 있도록 명확한 기준을 제시하길 기대해본다. 조정원은 기업들의 자율적인 노력을 돕는 동반자로서 CP등급평가 제도를 더욱 발전시키고 기업 경영활동 속에 녹아들 수 있도록 노력해 나갈 계획이다. 정부차원에서 이러한 기업의 노력을 지원하고 인센티브를 줄 수 있는 방안도 필요하다고 본다.

(중소기업뉴스, 2019. 12. 16.)

제 9 장

이른바, 갑을관계법

「공정거래법」상 불공정거래행위 금지, 특히 거래상지위 남용행위는 모든 기업들에게 적용되는 일반법적 성격을 가진다. 이러한 일반조항으로도 기업들의 불공정거래행위에 대하여 대응할 수 있다. 그러나 특별히 문제가 많이 발생하는 행위에 대해서는 별도의 특별법을 통하여 각종 사전규제와 불공정거래행위 금지를 강화하고 있다. 갑을관계법으로 통칭되는 이들 법률 중 가장 먼저 입법된 것이 1984년 「하도급법」이다. 그 후 2002년 「가맹사업법」, 2008년 「대규모유통업법」, 2015년 「대리점법」이 차례로 제정되어 활발히 적용되고 있다. 이는 다른 나라의 경쟁당국에서는 잘 보이지 않는 우리나라에서의 특징적인 현상이라 볼 수 있다. 특히 이들 법은 이른바 경제민주화 과정에서 하청업자, 가맹점주, 납품업자, 공급업자와 같은 경제적 약자를 보호하는 법으로 인식되어 규제가 강화되어 왔다.

61. 갑을 관계의 규율과 하도급거래

'갑을관계' 경제민주화의 핵심 … '을' 강하게 보호하는 방향으로 변모

「공정거래법」 제45조 불공정거래행위 금지규정, 특히 거래상 지위 남용행위에서 파생된 여러 법률이 있다. 이를 이른바 '갑을 관계법'으로 부를 수 있는데, 저자는 이들 법을 중소기업보호법이란 제목으로 묶어 출간한 바도 있다. 그러나 이들 법이 중소기업을 직접 보호하는 법은 아니며 공정한 거래질서 차원에서의 중소기업 보호라는 것은 더 말할 나위가 없다. 헌법재판소 역시 「공정거래법」 제1조의 국민경제의 균형 있는 발전을 위한 중소기업 보호도 경쟁질서를 통한 중소기업 보호여야 한다고 판시한 바 있다(헌법재판소 1996. 12. 26.).

갑을 문제는 2012년 대선과정에서의 경제민주화 열풍 속에서 부각되기 시작하였다. 갑질이란 말도 2013년 이후 대한민국 인터넷에 등장한 신조어라고 하는데, 경제민주화 개념에 대한 여러 가지 논란 속에서 갑을관계를 경제민주화의 핵심으로 인식되게 되었다. 「하도급법」 등 갑을관계를 규율하는 법들은 경제민주화 추진 그 이전부터 시행되었지만 경제민주화 분위기 속에서 을을 강하게 보호하는 방향으로 변모하게 된 것이다.

경쟁법 분야에서는 전통적으로 갑을 관계법에 대해서는 민사상 문제로 인식하는 경우가 많다. 즉 시장지배적 지위 남용행위, 부당공동행위, 기업결합 규제를 경쟁법의 대표적 분야로 보고, 불공정거래행위에 대해서는

경쟁법의 영역을 다소 벗어난 것으로 판단하는 것이다. 그러나 시장경제에서 보호하고 촉진해야 할 경쟁은 자유로운 경쟁뿐만 아니라 공정한 경쟁이다. 「공정거래법」 제1조에서도 「공정거래법」의 직접적 목적을 공정하고 자유로운 경쟁이라고 규정하고 있다. 말하자면 갑을 관계를 규율하는 여러 규정이나 법들은 일응 공정한 경쟁을 촉진하기 위한 수단에 속한다고 볼 수 있다.

갑을 관계를 규율하는 가장 대표적인 법이 「하도급법」이다. 우리나라는 하도급 거래가 일반화되어 있다. 하도급 거래는 그 장점도 많다. 1975년 「중소기업 계열화 촉진법」 제정 이후 대기업이 중간재 생산기업들을 수직계열화하면서 생산비용과 거래비용이 절감되고, 이에 따라 대기업은 안정적으로 낮은 가격에 중간재를 공급받아 높은 경쟁력을 지니게 되었다. 그러나 1990년대 이후 대기업과 중소기업 간 1인당 부가가치 격차가 지속적으로 확대되면서, 그 주요 요인으로 하도급거래구조가 지적되는 등 하도급거래를 둘러싼 사회적 갈등이 심화되었다(양용현, "불공정 하도급거래 방지를 위한 정책 과제", KDI보고서, 2017).

이에 경제기획원(현 기획재정부)는 1980년 초부터 「공정거래법」 시행령에 근거한 고시를 제정하여 원사업자의 우월한 지위를 이용한 관행화된 불공정거래행위를 시정하기 위하여 다양한 노력을 기울여 왔다(「공정거래위원회 40년사」, 21면). 그 후 하도급거래와 관련한 사건이 증가하게 되었고 이에 대한 입법적 대응으로 1984. 12. 31. 「하도급법」을 제정하여 현재까지 활발히 집행되고 있다.

우리나라 「하도급법」과 유사한 법이 일본에도 있다. 일본 역시 1953년 「사적독점금지법」 개정으로 우월적 지위 남용행위 규제가 도입되고, 이를 통해 하도급 지연지급 등 문제를 해결하였다. 그러나 1955년 말 중소기업청이 주도적으로 「하도급법」안을 만든 것이 발견되어 공정위가 법안 제정에 나섰고, 그 결과 「하도급법」의 소관이 공정위로 된 것이라고 한다(나가사와 데쓰야 저/최재원 역, 「거래상 지위남용 규제와 하도급법」, 2018). 결국 일본은 1956년부터 「하도급법」이 시행되어, 현재까지도 활발하게 법 집행이 이루어지고 있다. 우리나라 역시 「하도급법」 집행은 공정위 업무의 상당부분을 차지할 정도로 중요한 업무가 되었다.

헌법재판소는 「하도급법」의 취지에 대하여 "대기업과 중소기업이 대등한 지위에서 상호보완적으로 균형 있게 발전할 수 있도록 함으로써 시장실패현상을 치유하고 국민경제의 균형 있는 발전에 이바지하기 위한 것"이라고 설명한다(헌법재판소, 2003. 5. 15).

「하도급법」은 법 적용 요건이 엄격하다 보니 외관상 하도급거래라 하더라도 「하도급법」을 적용할 수 없는 경우가 많다. 이 경우에는 「공정거래법」상 불공정거래금지행위 중 거래상 지위 남용행위 규정을 적용하여 의율할 수 있을 것이다.

(뉴스퀘스트, 2023. 10. 26.)

코로나시대, 다시 기본을 생각한다

세상에서 기본을 지키는 일보다 중요한 일은 없다는 생각이 든다. 기본은 모든 이념이나 시대를 떠나 인간의 삶을 지탱하는 근본과 같은 것이다. 동양의 고전인 논어에도 "군자는 기본에 힘쓴다. 기본이 서면 길이 생긴다(君子本務 本立而道生)"라는 말이 있다. 어쨌든 개인적으로 이런 말들이 요즘처럼 가슴에 와닿는 때가 없는 듯하다. 공부에 있어 진짜 교재는 책이 아니라 세상이라는 생각이 든다.

코로나로 전 세계가 고통을 받고 있고 언론에서는 세상을 코로나 이후와 이전을 구분할 정도로 큰 파문을 일으키고 있다. 그런데 코로나 치료 백신이 없는 상태에서 인류의 생명을 지켜주는 것이 놀랍게도 한 장에 몇 천 원 하는 마스크와 손씻기, 사회적 거리두기라는 매우 단순하고도 기본적인 방역 수칙이다. 마스크를 잘 쓰는 국가에서는 발병률이 낮고 그렇지 않은 국가에서는 환자가 많이 발생하는 것이 통계적으로 드러나고 있고, 마스크와 손씻기 때문에 감기나 독감 같은 다른 질병이 확연히 줄었다는 얘기도 있다. 감기나 독감이 걸리면 병원에 가고 처방을 받지만 진짜 예방약은 마스크와 손씻기였던 것이다. 잊고 있었던 사실을 우리는 다시 기억해 낸 셈이다.

우리는 시장경제라는 경제시스템 하에서 경제활동을 영위하고 있다. 시장경제의 근본을 지키기 위하여 독점력을 남용하는 행위를 규제하기도 하고 불공정 거래행위에 대하여는 조사를 하고 처벌하는 제도도 운영하고 있다. 그런데 거래 현장에서 이러한 불공정행위들이 왜 빈발하는가 하는 근본적인 문제를 생각해 볼 필요가 있다. 원인을 알아야 제대로 된 처방이 나올 수 있기 때문이다. 시장경제에서 계약이란 거래당사자 간 약속을 의미한다. Pacta sunt servanda! 약속은 지켜져야 하는 것이다. 그런데 만약 그 계약내용이나 거래내용이 정확하고 투명하지 않거나, 그냥 말로만 해놓으면 그것이 어떤 이유에서건 약속을 지키지 않을 가능성을 잉태하고 있는 것이다. 사랑이 눈물의 씨앗이라는 60년대 영화제목처럼 말이다. 대강이라도 약속한 내용이 잘 이행되면 본전이지만 그렇지 않으면 결국에는 힘 센 기업이 그 힘을 남용해서 자신에게 유리한 방향으로 해석하거나, 경우에 따라서는 상대기업도 과도한 요구를 할 수 있는 것이다.

거래현장에서는 많은 거래가 계약서 없이, 부실한 계약서로 인하여 발생하고 몇 억, 수십 억 하는 계약도 대충 구두로 이루어지는 경우도 종종 있다. 변경계약은 사후 정산으로 대체된다. 왜 계약서를 제대로 안 쓰냐고 기업들에게 물어보면 대부분의 대답이 어떻게 수시로 바뀌는 수많은 계약을 다 계약서를 쓰느냐 하는 것과 업종의 성격을 얘기한다. 그리고 을의 입장에서는 갑에게 그것을 요구하기가 어렵다는 것이다. 오히려 저자보고 거래현실을 잘 모른다고 반문한다. 이해가 충분히 가는 대목이다. 그러나 아무리 어려워도 정확한 계약을 하는 문화와 시스템을 갖추도록 하는 노력이 필요하다. 노력해도 안 될 일은 아닌 것이다. 그리고 이는 계약 어느 일방당사자를 위한 것이 아니라 공동체 모두를 위한 것이다. 거래당사자간에는 불필요한 분쟁을 예방할 수 있고, 정부입장서도 불공정거래행위라는 이름하에 이루어지는 업무의 상당부분을 줄여 행정자원을 효율적으로 활용할 수 있게 될 것이다.

코로나 사태에 마스크와 손씻기, 사회적 거리두기가 기본 방역수칙이듯이 계약서를 상세하게 잘 쓰는 것은 불공정거래행위를 예방하는 파수꾼이다. 정부에서 여러 분야의 표준계약서를 보급하고 있지만 이걸로는 부족하고 기업들의 각별한 노력이 필요하다. 너무 유치해 보이지만 계약서 잘쓰기 운동이라도 펼쳐야 할 것 같다. 이번 코로나 사태는 거래관계에서 기본이 무엇인지를 다시 한번 생각하는 계기가 되었다.

(헤럴드경제, 2020. 6. 2.)

62. 하도급거래 부작용을 막으려면… Dos & Don'ts

원사업자 입장에서는 거래단계에 따라 의무사항과 금지행위를 잘 체크해야…

하도급거래는 비용절감 등 그 장점에도 불구하고 많은 문제를 안고 있는 거래구조이다. 시중에 만연한 불법 하도급거래는 우선 건축물의 안전 문제와도 직결이 된다. 최근 언론보도에 따르면 서울시가 '서울형 건설혁신 대책'을 발표하면서 그 내용 중의 하나로 '공공건설 중요시공은 하도급을 금지'하는 내용을 발표한 바 있다(한국경제, 2023. 11. 7.). 서울시가 하도급이 건축물 안전 문제에도 심각한 영향을 주고 있다는 판단을 한 것으로 보인다.

하도급거래의 또 다른 가장 큰 문제는 역시 원사업자의 수급사업자에 대한 갑질행위이다. 수직적 분업구조에서 공고해진 대기업의 막강한 시장 지배력 및 협상력에 의해 끊임없는 단가인하에 기초한 납품경쟁만 심화되면서 하도급 중소기업의 경쟁력이 크게 훼손되었다는 지적도 있다(산업연구원, 2016). 이러한 문제점을 방지하고자 「하도급법」은 다양한 제도적 장치를 하고 있다. 그러나 「하도급법」은 「공정거래법」의 특별법이므로 엄격한 요건하에 적용이 된다.

우선 「하도급법」은 원칙적으로 원사업자(중소기업자 아닌 사업자 또는 계약 체결 직전 사업연도 연간매출액등이 수급사업자보다 많은 중소기업자)와 수급사업자 간의 하도급거래를 규율하므로 외관상 하도급거래라 하더라도 법정요건에 해당하지 않으면 적용할 수가 없다. 둘째, 대상거래는 제조 위탁, 수리 위탁, 건설 위탁, 용역 위탁의 4가지 유형 거래이며, 「하도급법」이라고 하지만 하도급뿐만 아니라 원도급관계에도 적용되며, 「건설산업기본법」상 허용되지 않는 '일괄하도급, 재하도급'의 경우에도 「하도급법」 요건 충족하면 적용된다. 셋째, 「하도급법」은 갑을 관계에서 을의 위치에 있는 수급사업자를 보호하는 법이므로 대부분의 내용이 원사업자가 지켜야 할 의무 내지는 금지행위 위주로 규정되어 있다.

이는 계약체결단계, 계약수행단계, 대금지급단계 그리고 계약종료단계 별로 구분해 볼 수 있다. 계약체결단계에서 가장 중요한 것은 서면발급 및 보존의무이다. 계약서 작성 시 표준하도급계약서를 활용하는 것도 하나의 방법이다. 건설위탁의 경우에는 원사업자는 계약체결일부터 30일 이내에 수급사업자에게 공사대금 지급을 보증하고, 수급사업자는 원사업자에게 계약금액의 100분의 10에 해당하는 금액의 계약이행을 보증하여야 한다.

2022. 1. 11. 「하도급법」 개정으로 '하도급대금 공시제도'가 도입되었는데, 공시대상기업집단 소속 원사업자와 1차 협력사 간 하도급대금 결제 정보를 2차 이하 협력사까지 공유하여 하도급 전 단계에서의 거래조건 개선을 유도하기 위한 목적으로 시행되었다. 계약을 하면서 법을 회피할 목적으로 수급사업자의 이익을 부당하게 침해하거나 제한하는 계약조건(부당한 특약)을 설정하는 경우 법 위반이 된다. 그리고 하도급대금을 결정할 때 일반적으로 지급되는 대가보다 낮은 수준으로 하도급대금을 결정하거나 하도급 받도록 강요하면 법위반이 될 수 있다.

계약수행단계에서는 우선 원사업자는 발주자로부터 선급금을 받은 경우 선급금을 받은 날부터 15일 이내에 그 내용과 비율에 따라 선급금을 지급하여야 한다. 제조 등 위탁을 임의로 취소하거나 변경하는 행위 또는 목적물 등에 대한 수령 또는 인수를 거부하거나 지연하는 행위를 하여서도 아니 된다. 또한 정당한 이유 없이 자기 또는 제3자를 위하여 금전, 물품, 용역, 그 밖의 경제적 이익을 제공하도록 할 경우 법위반이 된다.

최근 들어 가장 사회적 이슈가 되고 있는 문제는 대기업의 중소기업 기술탈취 문제이다. 기술탈취를 「하도급법」에서는 '기술자료제공요구'라고 표현하는데, 정당한 사유를 입증하고 서면을 교부하지 않는 한 기술자료 제공 요구를 금지하고, 제3자를 위해 사용하거나 교부하는 행위도 금지된다. 2020. 10월 H중공업의 기술탈취행위에 대하여 기술탈취사건으로는 역대 최대의 과징금을 부과하고, 법인과 임직원을 고발 조치한 바 있다.

계약 수행단계에서는 당초 정한 하도급대금의 조정이 필요한 경우가 있다. 설계변경 또는 경제상황의 변동 등을 이유로 계약금액이 증액, 목적물 등의 완성 또는 완료에 추가비용이 들 경우 증액을 해 주어야 한다. 그리고 공급원가변동에 따른 대금조정협의제도가 있다. 2022년에는 주로 자동차 부품업계에서 장기전속거래를 통하여 활용되었던 이른바 'CR(Cost Reduction)'도 공급원가 변동사유로 추가하였다. 한편 「상생협력법」에 주요 원재료가격의 변동에 따라 납품대금을 자동으로 조정하는 '납품단가연동제'가 도입되었고, 「하도급법」에도 하도급대금의 10% 이상을 차지하는 주요 원재료가 있는 경우 원재료 가격 변동분을 하도급대금에 연동하도록 하는 제도가 지난 2023. 10월 시행되었다. '납품단가연동제'는 하도급거래에 주는 영향이 클 것으로 예상되므로 기업들 입장에서는 내용 숙지 등 철저한 준비가 필요하다고 생각된다.

대금지급단계에서는 목적물 등의 수령일로부터 60일 이내에 하도급대금을 지급하는 것이 그 핵심이다. 원사업자가 아닌 발주자가 하도급대금을 지급하는 경우도 있다. 하도급대금 대신 아파트 등 대물로 지급하는 행위도 금지된다. 계약이 종료하는 단계에서는 목적물을 납품받고 부당하게 반품하는 행위를 하여서는 아니 되며, 하도급대금을 정당한 사유 없이 감액하는 행위를 하는 경우 법위반이 된다.

원사업자 입장에서는 이러한 거래단계에 따라 의무사항과 금지행위를 잘 체크하고 지켜 나간다면 건전한 하도급거래 문화가 정착될 것이다.

(뉴스퀘스트, 2023. 11. 10.)

63. K-프랜차이즈(Franchise)를 기대하며

K 프랜차이즈가 전 세계 매료시킬 날 기대

___

프랜차이즈(franchise)는 권리, 특권 등을 의미하는데, 자유라는 뜻의 프랑크족의 언어 Franc에서 유래하였다고 한다(나무위키). 이를 법적으로는 가맹거래 또는 가맹사업이라 부르고 있다. 우리나라는 1977년 림스치킨이 서울특별시 중구 명동의 신세계백화점 본점 지하에서 치킨집이자 호프집으로 문을 열었는데, 한국 프랜차이즈의 시조로 인정받고 있다(나무위키). 본격적으로는 롯데리아가 1979년 햄버거 전문점인 롯데리아 가맹점을 개점하면서 시작되었다.

롯데리아

그로부터 40여 년이라는 짧은 기간에 가맹점 천지로 바뀐 길거리 모습을 보면 격세지감이 느껴질 정도이다. 가히 '프랜차이즈(Franchise) 전성시대'라고 불러도 크게 잘못된 표현은 아닐 것이다. 프랜차이즈가 본격적으로 그 모습을 드러낸 것은 제2차 세계대전 이후 미국인데, 연방차원의 규제는 1979년 'FRANCHISE RULE(Disclosure Requirements and Prohibitions Concerning Opportunity Ventures)'을 통하여 하고 있다. 미국 이외에도 여러 국가들도 가맹산업이 발달하고 그 형태는 차이가 있지만 프랜차이즈에 대해서는 일정한 규제를 가하고 있다.

공정위 발표에 따르면 우리나라의 2022년 말 등록된 정보공개서 기준 가맹본부 수는 8,183개, 브랜드 수는 11,844개, 가맹점 수는 335,298개로 전년 대비 모두 증가하였다. 특히 가맹점 수는 전년 대비 24.0%(64,813개) 증가하여 가맹본부(11.5%) 및 브랜드 수(5.6%)보다 큰 폭으로 증가하였으며, 외식업종브랜드 수가 전체 브랜드 수의 80% 차지하고 있다(공정위 보도자료). 지금 이 순간에도 수많은 가맹점들이 창업과 폐업으로 명멸하고 있다. 이러한 수치는 가맹산업이 발달한 미국이나 일본을 훨씬 상회하는 수치이며, 수치만으로 볼 때 우리나라는 '프랜차이즈 왕국'이라 표현해도 지나치지 않을 것이다. 우리나라의 독특한 배달문화와 결합된 측면도 있을 것이다.

우리나라의 경우 프랜차이즈는 1990년대 이후 외식업, 소매업 등을 중심으로 급속히 확산되기 시작하였는데, 「공정거래법」 제45조 불공정거래행위의 금지와 관련하여 공정거래위원회는 1997년에 「가맹사업에 있어서의 불공정거래행위 기준」 고시를 제정하고 규제하기 시작하였다. 그러나 가맹사업의 폭발적 증가에 발맞추어 고시에 의한 대응에는 한계가 있었고, 2002. 5. 13. 법률 제6704호로 「가맹사업법」을 제정하게 된 것이다. 상법에서는 2010. 5. 14. 법 개정시 가맹업이 삽입되었는데, 「가맹사업법」 과는 달리 가맹업자(加盟業者), 가맹상(加盟商)이란 용어를 사용하고 있다.

「가맹사업법」에 따르면 가맹본부가 가맹점사업자로 하여금 자기의 상표·상호 등 영업표지를 사용하여 일정한 품질기준이나 영업방식에 따라 상품 또는 용역을 판매하도록 함과 아울러, 이에 따른 경영 및 영업활동 등에 대한 지원·교육과 통제를 하며, 가맹점사업자는 영업표지의 사용과 경영 및 영업활동 등에 대한 지원·교육의 대가로 가맹본부에 가맹금을 지급하는 계속적인 거래관계를 말한다.

「가맹사업법」은 가맹점 운영권을 부여하는 가맹본부와 부여받은 가맹점간의 관계를 규율하는 법이다. 「공정거래법」상 불공정거래행위 금지에서 파생된 특별법으로 「공정거래법」 불공정거래행위 규정에 우선하여 적용된다. 첫째, 「가맹사업법」은 정보비대칭성에서 나오는 가맹사업자의 피해를 예방하기 위하여 우선 가맹본부에 대하여 여러 가지 의무를 부과하고 있다.

우선 가맹본부에 관한 각종 정보가 기재된 정보공개서를 등록하도록 하고 있다. 2021. 5. 18. 법 개정 시 새롭게 가맹사업을 시작하려는 가맹본부가 직영점을 1개 이상, 1년 이상 운영한 경험이 없으면 정보공개서 등록을 거부할 수 있도록 함으로써, 사실상 가맹점을 모집할 수 없도록 하였다. 이는 경험 없는 가맹본부의 무분별한 가맹점 모집으로 인한 피해를 예방하지 위한 조치였다.

또한 가맹본부가 가맹점사업자로부터 가입비 등 금전을 받은 경은 경우, 이를 직접 수령할 수 없으며 예치기관(금융회사, 보험회사, 신탁회사)에 일정기간 예치하도록 한다. 그리고 가맹희망자에게 정보공개서 및 인근가맹점(10개) 현황문서를 제공해야 하며, 정보공개서를 제공한 후 14일(변호사 또는 가맹거래사의 자문을 받은 경우 7일)이 지나기 전에 가맹금 수령행위, 가맹희망자와 가맹계약을 체결할 수 없다. 가맹점사업자는 최초가맹계약기간을 포함한 10년을 초과하지 않는 범위 내에서 계약갱신을 요구할 수 있고, 가맹본부는 정당한 사유 없이 이를 거절하지 못한다. 그리고 가맹계약 해지 시 2개월 이상의 유예기간을 두고 서면으로 2회 이상 통지하도록 절차를 규정하고 있다.

둘째, 가맹본부가 해서는 안 되는 금지행위를 규정하고 있다. 우선 가맹사업 분쟁의 씨앗이 되는 허위·과장 정보 제공행위를 금지하며, 대형 가맹본부에 대해서는 가맹계약 체결 시 예상매출액 산정서 제공의무를 부과한다. 그리고 거래중단 또는 거절행위, 구속조건부 거래행위, 거래상 지위를 이용한 불이익 제공행위 및 손해배상 책임 부과 등 가맹거래에서 전형적으로 불공정거래행위를 금지한다. 또한 위와 같은 불공정거래행위와 별개로 점포환경개선을 강요해선 안 되며, 원칙적으로 가맹점사업자의 점포환경개선에 소요되는 비용 중 100분의 20~40에 해당하는 금액을 부담하도록 규정하고 있다. 심야영업대(오전 0시부터 오전 6시까지 또는 오전 1시부터 오전 6시)나 질병의 발병과 치료 등 경우 단축영업을 허용하지 않는 등 영업시간을 구속하는 행위도 하여서는 안 된다. 가맹점사업자의 영업지역 안에 동일한 업종의 가맹본부 또는 계열사의 직영점이나 가맹점을 설치할 수 없도록 하고, 영업지역 변경하려면 가맹점사업자와 합의를 거치도록 규정하고 있다. 가맹본부와 가맹점은 거의 한몸이나 다름없는 운명공동체라고 할 수 있다. 둘 간의 상생이 어떤 분야보다 중요한 이유이다.

우리나라에서는 프랜차이즈 하면 먼저 치킨이 떠오르고, 이어서 BBQ가 떠오른다. 최근에 치킨 프랜차이즈 BBQ가 베트남과 필리핀까지 출점하는 등 동남아 시장 진출 확대에도 본격적인 시동을 걸고 있다는 기사를 본 적이 있다. 그에 따르면 올해 미국에서 26개 주까지 진출을 확대하고 파나마와 코스타리카 등 중남미까지 시장을 확장하는 등 글로벌 사업 확대에 속도를 내고 있다고 한다(연합뉴스, 2023. 11. 8.).

한국에서 프랜차이즈 하면 치킨이 먼저 떠오르고
이어 bbq가 연상될 만큼 bbq는 프랜차이즈 업계의 대명사로 인식되고 있다.

K–문화(Culture)가 전 세계로 뻗어나가듯이, 한국에서 꽃을 피운 한국형 프랜차이즈 시스템이 K–Franchise라는 이름으로 전 세계를 매료시키는 날이 있을 거라 기대해 본다.

(뉴스퀘스트, 2023. 11. 20.)

64. 대량소비시대의 명암

풍요의 시대에 감춰진 불공정을 타파해야…

"1878년 뉴욕의 한 포목점. 프랭크 울워스(Frank Woolworth)가 점원으로 일하고 있었다. 그는 재고품을 판매하라는 새로운 임무를 받고, 재고품을 커다란 테이블에 놓고 5센트에 판매하자 순식간에 매진되는 신기한 경험을 한다. 그때 떠오른 기발한 아이디어. 그는 당장 가게를 그만두고 유럽으로 건너가 싼 가격의 온도계 등 '가장 싼 가격'의 품목을 수입하여 1879년 뉴욕에 'F.W. Woolworth Co.'라는 세계최초의 염가판매점을 열었다.

프랭크 울워스

'싼 가격'을 유지하기 위해 그가 채택한 전략은 당시 최저생계비에도 미치지 못하는 저임금이었다. 그는 스스로 "임금이 높으면 제품을 싸게 판매할 수 없다"고 말한다. 울워스는 1919년에는 체인점 1,300개의 세계최대의 유통기업으로 성장한다. 그러나 그 역시 저임금, 싼 가격 전략의 후발업체에게 밀려 2001년에 폐업하고 만다."(EBS 지식채널, '마트의 탄생')

우리나라에서 근대적인 유통기구가 처음 출현한 것은 제1차~제2차 경제개발계획이 추진되던 1962~1973년 무렵이며, 유통근대화에 대한 논의가 본격적으로 결실을 보게 된 것은 1980년대 초이다. 1996년 우루과이라운드 타결로 유통시장이 대외적으로 전면 개방되면서 1996년 네덜란드계 할인점인 한국마크로가 인천에 출점을 하였고, 한국까르푸(1996), 월마트(1998)가 진출하였다. 2006년에는 신세계 이마트의 월마트인수, 이랜드그룹의 한국까르푸 인수로 인하여 국내 유통업계가 지각변동을 겪게 되었다(이상 「공정거래위원회 40년사」, 2020).

이러한 유통시장의 구조적 변화는 소비자 편익을 증대시키는 한편 물가안정이나 고용창출 등을 통해 긍정적인 효과를 가져왔지만, 반면 막강한 시장지배력을 바탕으로 입점업체나 납품업체에게 각종의 불공정거래행위를 하는 부작용도 동시에 낳게 되었다. 대규모유통업 중에 가장 먼저 규제의 대상이 된 것은 백화점이었는데, 이를 위해 1985년 「백화점 고시」가 제정되었다. 1988년 이른바 〈백화점 사기세일 사건〉은 세상을 떠들썩하게 하였고, 민형사소송으로 번지면서 백화점에 대한 나쁜 인상을 심는 데 일조를 하였다. 그 후 「백화점 고시」는 1998년 「대규모소매점업 고시」로 명칭이 변경되었고, 2008년에는 「대규모소매업 고시」로 바뀌게 되었다. 이러한 변화는 백화점이나 전통시장 위주의 유통구조에서 대형마트 등 대규모 소매점으로 유통구조가 변화하는 상황에 대응하기 위한 조치였다.

그러나 이러한 고시 운영으로는 규제의 한계가 있다는 지적이 있어

2012. 1. 1.「대규모유통업법」을 제정하게 되었다. 이 법 역시「공정거래법」상 불공정거래행위 금지에서 파생된 특별법으로「공정거래법」불공정거래행위 규정에 우선하여 적용된다.「대규모유통업법」의 적용대상은 소매매출액이 1천억 원 이상이거나, 매장면적이 3,000제곱 미터 이상을 소매업에 사용하는 업체를 말한다. 백화점이나 대형마트, 할인점 등이 이에 해당한다. 소매업은 아니지만 수수료를 받는 매장임대업자도 자신의 매장에서 위의 기준이 적용되는 경우 법 적용 대상이 된다. 예를 들어 신세계 스타필드가 이에 해당한다.

「대규모유통업법」은 을의 위치에 있는 입점업체나 납품업체를 보호하기 위한 법이므로 대규모유통업자의 의무가 금지행위가 그 주된 내용이다. 우선 서면 교부 및 서류의 보존의무가 있다. 또한 상품판매대금의 지급 기한도 법정하고 있는데, 대규모 유통업자는 특약매입거래, 매장임대차거래, 위·수탁거래에서 해당 상품의 판매대금을 월 판매마감일로부터 40일 이내에 납품업자(매장임차인)에게 지급하여야 하며, 직매입거래의 경우에는 해당 상품수령일부터 60일 이내에 지급하여야 한다.

둘째, 유통업자의 금지행위에 대하여 여러 규정을 두고 있다. 먼저 원칙적으로 납품받은 상품의 대금을 감액하여서는 아니 되며, 해당 상품의 전부 또는 일부의 수령을 거부하거나 지체하는 행위가 금지된다. 또한 정당한 사유가 있는 경우를 제외하고는 납품받은 상품의 전부 또는 일부를 반품하여서는 아니 되고, 판매촉진비용을 납품업자(매장임차인)에게 부담시켜서는 아니 되며, 50% 이상을 부담시킬 수 없다. 그리고 납품업자(매장임차인)의 종업원을 파견받아 자기의 사업장에서 근무하게 하여서는 아니 되며, 배타적 거래를 하도록 하거나 납품업자(매장임차인)가 다른 사업자와 거래하는 것을 방해하는 행위를 하여서는 아니 된다.

끝으로 납품업자가 다른 사업자에게 공급하는 상품의 공급조건, 매장임차인이 다른 사업자의 매장에 들어가기 위한 입점조건 등 부당하게 경영정보를 제공하도록 요구하여서는 아니 되며, 경제적 이익 제공을 요구도 금지된다.

서두에서 소개한 울워스의 얘기에 이미 내재하고 있듯이, 대형유통업체는 자본주의 시장경제에서의 혁신과 경쟁을 상징함과 동시에 저가정책 속에 감추어진 불편한 진실이 있는 것도 사실이다. 대형유통업체, 입점(납품업체) 그리고 소비자 이익이 적절하게 균형을 이루어 나가는 것이 무엇보다 중요한 일이다.

(뉴스퀘스트, 2023. 12. 4.)

65. N유업 사건이 남긴 유산

경제적 약자 보호 위해 특별법 통해 처벌을 더 강하게 하려는 의도

───────

지난 2013년 벽두에 온 나라를 뜨겁게 달구었던 사건 중의 하나가 〈N유업 사건〉이었다. 당시 동사가 대리점에게 제품 밀어내기를 한다는 의혹이 제기되었다. 공정위 신고도 있었고 관련 집회도 개최되었다. 그 와중에 같은 해 5월 영업직원이 대리점에게 말한 내용의 녹취록이 공개되었는데 그 내용은 충격 그 자체였다. 불매운동이 일어나고, 경영진의 사과가 이어졌다.

공정위는 사건을 조사한 끝에 '구입강제(밀어내기)'를 이유로 125억 원의 과징금을 부과하였고 검찰에 고발하였다. 그러나 2015. 1. 31., 서울고법은 과징금 124억 원 중 5억 원을 제외한 나머지 과징금을 취소한다는 판결을 내렸다. 2015. 7. 3., 대법원에서 이 판결을 그대로 유지되면서 과징금은 최종 5억 원으로 확정되었다. 그 후 민사사송으로도 이어졌다. 이 사건은 당시 박근혜 정부의 경제민주화 추진과 맞물려 큰 파문을 일으킨 사건이었다.

이러한 문제에 근본적 대응이 필요하다는 판단 하에 2013년 「대리점법」(안)이 국회 정무위에 상정되었으나 이견으로 통과되지 못하다가 2015. 12. 22. 「대리점법」이 제정되어 2016. 12. 23.부터 시행되고 있다.

우선 「대리점법」은 이름 그대로 공급업자와 대리점 사이에 상품 또는

용역의 재판매 또는 위탁판매에 대하여 적용되는데, 일정기간 지속되는 계약을 체결하여 반복적으로 행해지는 거래를 말한다. 공급업자는 중견기업 이상에 해당되는 경우, 대리점은 중소기업에 해당하는 경우, 공급업자가 대리점에 대하여 거래상 우월적 지위를 가지는 경우 적용된다. 다만 위의 적용요건에 해당하더라도 「가맹사업법」상 가맹사업, 금융투자업법상 금융투자업, 「대규모유통업법」상 대규모유통업자와 납품업자 사이의 거래는 적용 제외되는데, 해당 법에서 별도로 규율되기 때문이다. 「대리점법」 역시 「공정거래법」의 특별법이므로 「공정거래법」상의 거래상 지위 남용행위규정에 우선하여 적용이 된다.

「대리점법」 공급업자의 의무로 서면교부와 보관의무를 부과하고 있다. 그리고 대리점거래에서 발생하기 쉬운 불공정거래행위를 규정하고 이러한 행위를 금지하고 있다. 예를 들어 구입강제행위 금지, 경제상 이익 제공 강요행위의 금지, 거래상 지위를 이용한 불이익 제공행위 금지, 경영활동 간섭금지 등이다.

그 내용에 특별한 것이 없다. 「공정거래법」상 불공정거래행위 중 거래상 지위 남용행위의 유형과 거의 같은 내용을 규정되어 있다. 「공정거래법」을 적용해도 아무 문제가 없다. 실제 집행사례도 많지 않다. 다만 과징금 부과에 있어서 「공정거래법」은 관련 매출액의 4%를 상한으로 하는 데 비해, 「대리점법」은 법위반금액을 상한으로 하고 있어서 차이가 있다. 그리고 「대리점법」 위반행위 관련한 손해배상책임에서 구입강제행위, 경제상 이익 제공강요행위, 보복조치의 경우에는 3배이하 손해배상책임을 부담하도록 규정하고 있다. 「공정거래법」의 경우 보복조치에 대하여 3배이내 배상제도를 채택하고 있지만, 구입강제행위, 경제상 이익 제공강요행위에 대해서는 그러하지 아니하므로, 「대리점법」상의 책임이 더 무겁다고 볼 수 있다.

「대리점법」을 보면서 당시 갑질행위로 세상을 시끄럽게 했던 상황에서 만들어진 법이라는 것은 충분히 이해하지만, 꼭 특별법으로 만들어야 하는지에 대하서는 논란이 있었다. 경제적 약자인 대리점을 보호를 위하여 불공정행위에 대해서는 특별법을 통하여 처벌을 더 강하게 하려는 것이 입법자의 의도라고 생각된다.

(뉴스퀘스트, 2023. 12. 13.)

제 10 장

경쟁당국의 또 다른 임무, 소비자 보호

공정위는 '경쟁당국'이라고 표현한다. 시장경제에서 경쟁의 유지와 촉진을 그 기본적 기능으로 삼고 있다. 즉 시장지배적 지위남용과 경제력 집중방지, 그리고 부당공동행위 및 불공정거래행위를 규제하는 데 그 역할이 있다. 그런 연유로 '시장경제의 파수꾼'이라고 한다. 그러나 공정위의 또 다른 주요한 업무가 소비자 보호 업무이다. 이를 위해「소비자기본법」등을 운영하고, 법집행과 아울러 소비자 권익보호를 위한 정책을 추진한다. 따라서 공정위를 '소비자당국'이라고 한다. 산하에 한국소비자원을 두고 있다. 경쟁정책과 소비자정책은 동전의 양면이라고 표현한다. 경쟁이 존재하면 소비자들로부터 상품을 선택받기 위해 노력할 것이고 그 과정에서 소비자 보호가 이루어진다. 말하자면「공정거래법」은 경쟁을 도모함으로써 소비자보호법의 역할도 하는 것이다. 공정위가 경쟁당국과 소비자당국의 역할을 동시에 하는 것은 이런 면에서 이해할 수 있고, 외국의 경쟁당국도 소비자보호 업무를 동시에 하고 있는 경우가 많다. 경쟁정책과 소비자보호의 관계는 '따로 또 같이'라고 볼 수 있다.

66. 경쟁과 소비자보호는 동전의 양면

경쟁이 존재하면 소비자들로부터 상품을 선택받기 위해 노력할 것이고 그 과정에서 소비자 보호가 이루어져…

공정위의 업무는 시장지배적지위 남용과 경제력 집중방지, 그리고 부당 공동행위 및 불공정거래행위를 규제함으로써 공정하고 자유로운 경쟁을 촉진하는 것이 기본이다. 따라서 공정위를 '경쟁당국'이라고 부르는 이유가 바로 여기에 있다. 그러나 공정위의 또 다른 주요한 업무가 소비자 보호 업무이다. 이를 위해 「소비자기본법」 등을 운영하고, 법집행과 아울러 소비자 권익보호를 위한 정책을 추진한다. 따라서 공정위를 '소비자당국'이라고 한다. 산하에 한국소비자원을 두고 있다.

경쟁정책과 소비자정책은 동전의 양면이라고 표현한다. 경쟁이 존재하면 소비자들로부터 상품을 선택받기 위해 노력할 것이고 그 과정에서 소비자 보호가 이루어진다. 말하자면 「공정거래법」은 경쟁을 도모함으로써 소비자보호법의 역할도 하는 것이다. 공정위가 경쟁당국과 소비자당국의 역할을 동시에 하는 것은 이런 면에서 이해할 수 있고, 외국의 경쟁당국도 소비자보호 업무를 동시에 하고 있는 경우가 많다.

경쟁을 통해서 자연스럽게 소비자보호가 이루어지지만, 특별히 소비자 보호를 목적으로 하는 다양한 입법이 존재한다. 「소비자기본법」, 「제조물책임법」, 「약관규제법」, 「표시광고법」, 「할부거래법」, 「방문판매법」, 「전자상거래법」 등이 그 예이다. 물론 「품질경영및공산품안전관리법」, 「산업표준화법」, 「약사법」, 「식품위생법」 등 타 부처 소관의 소비자보호 법률들도 많이 있다.

이들 중 「소비자기본법」은 소비자보호에 관한 헌장에 해당한다. 우리나라에서 「소비자보호법」은 1980. 1. 4. 제정되었다. 그러나 과거 열등한 지위에 있는 소비자를 보호하는 데 초점을 맞췄던 '보호론적 관점'에서 소비자가 자주적으로 문제를 해결할 수 있도록 지원해 주는 '주권론적 관점'으로 패러다임이 전환되면서, 2006년 「소비자보호법」이 「소비자기본법」으로 그 명칭이 변경되었다.

「소비자기본법」은 소비자 권익보호에 관한 헌장답게 소비자의 권리와 책무, 거래적정화 등 국가·지방자치단체 및 사업자의 책무, 소비자정책의 추진체계, 한국소비자원, 소비자 안전, 소비자분쟁의 해결, 조사절차 등 다양한 내용으로 규정되어 있다.

소비자 안전과 관련하여 흔히 접할 수 있는 것이 리콜(Recall)제도이다. 리콜은 소비자에게 제공한 물품 등의 결함으로 인하여 소비자의 생명·신체 또는 재산에 위해를 끼치거나 끼칠 우려가 있는 경우에 수거·파기 등 조치를 하는 것을 말한다. 자동차의 경우 자주 리콜이 이루어진다. 독자들도 종종 자동차 리콜통지를 받은 적이 있을 것이다.

리콜은 자진리콜, 리콜권고, 리콜명령의 세 가지로 구분된다. 자진리콜은 사업자 스스로 당해 물품을 수거·파기하는 것인 반면, 리콜권고나 리콜명령은 행정기관의 권고나 명령에 따른 것이다. 사업자가 리콜명령을 따르지 않는 경우 행정기관의 장이 직접 수거·파기 등 조치를 할 수 있다. 얼마전 기아의 '소울 EV', 포르쉐코리아의 '포르쉐 911' 차량들에 대해 자

리콜제도

발적 시정조치(리콜)가 진행된다는 기사를 본 적이 있다. 리콜은 「소비자
기본법」뿐만 아니라, 자동차, 식품, 의약품, 축산물, 공산품, 먹는물 등 분
야별로도 관련법에 규정이 되어 있다.

　「소비자기본법」에 규정된 중요한 내용 중의 하나가 소비자 피해구제
관련 내용이다. 소비자가 사업자가 제공하는 물품 또는 용역을 사용하거
나 이용하는 과정에서 발생하는 피해가 발생한 경우 민사소송을 통해 이
를 해결하려면 비용, 기간, 절차 등의 번거로움이 발생할 수밖에 없다.

　우선 공정위는 소비자와 사업자간 분쟁해결을 위해 「소비자분쟁해결기
준」을 고시하고 있다. 독자들도 구매한 상품의 표시란에서 '본 제품은 공
정거래위원회 고시 소비자자분쟁해결기준에 의거 교환 또는 보상받을 수
있습니다'라고 쓰인 문구를 쉽게 볼 수 있다. 그러나 이러한 「소비자분쟁
해결기준」에 의하더라도 분쟁이 생기는 경우가 많다. 이때 이용할 수 있
는 것이 「소비자기본법」에 의한 피해구제신청이다. 즉 소비자의 신청뿐만
아니라 국가·지방자치단체 또는 소비자단체의 의뢰, 사업자의 의뢰에 따
라 한국소비자원이 피해구제 업무를 처리하게 된다.

　우선 한국소비자원장은 사실조사, 전문가 자문 등을 거쳐 관련법률 및

규정에 따라 양 당사자에게 공정하고 객관적으로 합의를 권고하는데, 이를 수락하면 합의서를 작성하게 된다. 만약 30일 이내에 합의가 이루어지지 아니하는 경우에는 소비자분쟁조정위원회에 분쟁조정을 신청하고 조정절차에 따라 분쟁조정이 이루어지게 된다. 한국소비자원 피해구제는 법원 판결에 비해 비용 없이 신속히 분쟁을 해결할 수 있는 장점이 있다.

대량소비사회에서 일어나는 대규모 소비자피해를 염두에 둔 집단 분쟁조정제도도 마련되어 있다. 즉 국가 · 지방자치단체 · 한국소비자원 또는 소비자단체 · 사업자는 소비자의 피해가 다수의 소비자에게 같거나 비슷한 유형으로 발생하는 경우(소비자수 50명 이상) 집단분쟁조정을 한국소비자원에 신청할 수 있다.

소비자의 생명 · 신체 또는 재산에 대한 권익을 직접적으로 침해하고 그 침해가 계속되는 경우 침해의 금지 · 중지를 구하는 단체소송을 제기할 수 있다. 등록소비자단체(정회원수 1천 명 이상, 등록후 3년 경과), 소비자원, 상공회의소, 중소기업중앙회, 비영리민간단체가 이를 제기할 수 있다. 요즘 같은 대량 소비사회에서는 소비자피해에 대한 사후적 구제도 중요하지만 피해가 발생하지 않도록 사전에 예방하고 소비자주권을 강화하는 것이 더욱 중요하다.

정부는 매년 소비자정책기본계획을 수립하여 시행하고, '합리적 소비 · 소비문화 확산사업', '상품비교정보 제공사업', '소비자24(구 행복드림 열린소비자포털)(www.consumer.go.kr)' 등을 통하여 소비자에 대한 정보제공을 강화해 가고 있다. '소비자24'에서는 피해구제 접수기능과 함께 '비교공감', '소비자톡톡', '안전 · 리콜정보' 등 소비자 보호의 24시간 열린소비자포털을 지향하고 있다.

한국소비자원 홈페이지

　최근 '소형 의류건조기'에 관한 가격·품질 비교정보가 '소비자24' 내 '비교공감'란을 통해 소비자에게 제공된 것도 그러한 사업의 일환이다.

　기업이 수행하는 모든 활동을 소비자 관점에서, 소비자 중심으로 구성하고, 관련 경영활동을 지속적으로 개선하고 있는지를 한국소비자원이 평가하고 공정위가 인증하는 '소비자중심경영(CCM) 인증'제도도 소비자 보호 문화를 확산하고자 하는 정부의 노력의 일환이다.

(뉴스퀘스트, 2023. 12. 22.)

67. 그때그때마다 다른 「제조물책임법」…
제조업체 책임 or 소비자 잘못?

입법 목적대로 피해자 권리구제와 제품 안전에 대한 인식 제고로

기업경쟁력 강화해야…

잊을 만하면 언론에 등장하는 안타까운 뉴스가 있다. 얼마 전에도 유명 트롯가수의 아내가 몰던 승용차가 택시를 들이받고 인근 식당으로 돌진하여 10여 명이 경상을 입는 사고가 발생하여 차량 급발진이냐 운전자 실수냐에 대한 논란이 또다시 일어난 적이 있다. 차량 급발진 사고는 자주 발생하여 소비자들을 불안하게 만들곤 한다. 지난해 12월 강원 강릉에서 차량 급발진 의심사고로 숨진 이도현 군(당시 12세) 관련 민사소송도 진행 중이고, 일명 '「제조물책임법」 개정' 일명, '도현이법' 제정도 논의되고 있다.

그동안 세상을 떠들썩하게 할 만한 제조물책임 관련한 사건들이 많았다. 대량 소비사회에서 제조물 책임은 대규모 소비자 피해를 의미하는 것이므로 문제가 발생하면 사회적으로 큰 논란을 제공하곤 한다. 〈자동차 급발진 사건〉 이외에도, 〈베트남전 참전군인 고엽제 사건〉, 〈전자회사 텔레비전 폭발 사건〉, 〈HIV오염 혈액제제 사건〉, 〈담배 사건〉, 〈비료 암모니아 사건〉, 〈계란 엔로플록사신 사건〉 등 사건이 기억난다. 법원은 〈전자회사 텔레비전 폭발 사건〉, 〈베트남전 참전군인 고엽제 사건〉, 〈비료

암모니아 사건〉, 〈계란 엔로플록사신 사건〉 등 제조물책임을 인정한 경우도 있으나, 〈자동차 급발진 사건〉, 〈담배 사건〉 등 책임을 인정하지 않은 경우도 있다. 최근에 가장 주목을 끈 사건은 〈가습기 살균제 사건〉이었다. 수많은 피해자와 사회적 논란을 일으켰던 〈가습기 살균제 사건〉에서, 처음으로 제조물 책임이 인정되었다(중앙일보, 2023. 11. 10. 보도).

우리나라는 제조물의 결함으로 인한 생명, 신체 또는 재산상의 손해에 대하여 제조업자등이 무과실책임의 원칙에 따라 손해배상책임을 지도록 하는 「제조물책임법」을 2002. 7. 1. 도입하였다.

제조물책임이 인정되는 결함에는 3가지 종류가 있다. 첫째가 "제조상의 결함"이다. 이는 제조업자가 제조물에 대하여 제조상 · 가공상의 주의의무를 이행하였는지에 관계없이 제조물이 원래 의도한 설계와 다르게 제조 · 가공됨으로써 안전하지 못하게 된 경우를 말한다. 예를 들어 〈전자회사 텔레비전 폭발 사건〉, 〈HIV오염 혈액제제 사건〉에서 책임이 인정되었다.

둘째, "설계상의 결함"이란 제조업자가 합리적인 대체설계(代替設計)를 채용하였더라면 피해나 위험을 줄이거나 피할 수 있었음에도 대체설계를 채용하지 아니하여 해당 제조물이 안전하지 못하게 된 경우를 말한다. 〈베트남전 참전군인 고엽제 사건〉에서는 책임이 인정되었고, 〈자동차 급발진 사건〉, 〈담배 사건〉 등에서는 책임이 인정되지 않았다.

셋째, "표시상의 결함"이란 제조업자가 합리적인 설명 · 지시 · 경고 또는 그밖의 표시를 하였더라면 해당 제조물에 의하여 발생할 수 있는 피해나 위험을 줄이거나 피할 수 있었음에도 이를 하지 아니한 경우이다. 〈비료 암모니아 사건〉, 〈동물의약품(닭) 사건〉에서는 책임이 인정된 반면, 〈담배 사건〉, 〈항공사 스태빌레이터 사건〉 등에서는 인정되지 않았다.

제조물책임은 무과실책임이다. 즉 제조물의 결함, 손해의 발생 그리고 양자사이의 인과관계가 존재하면 인정된다. 그리고 제조업자가 제조물의 결함을 알면서도 그 결함에 대하여 필요한 조치를 취하지 아니한 결과로 생명 또는 신체에 중대한 손해를 입은 자가 있는 경우에는 3배이내 배상책임을 지도록 하고 있다.

〈자동차 급발진 사건〉에서 대법원은 "결함으로 인한 사고가 발생하였다고 추정함으로써 소비자의 입증책임을 완화하는 것이 손해의 공평·타당한 부담을 원리로 하는 손해배상제도의 이상에 맞다"고 판시하였다. 이러한 대법원 판례의 취지를 반영하여 2018. 4. 19. 법 개정 시 결함 추정 제도를 도입하였다. 즉 첫째, 해당 제조물이 정상적으로 사용되는 상태에서 피해자의 손해가 발생하였다는 사실, 둘째, 손해가 제조업자의 실질적인 지배영역에 속한 원인으로부터 초래되었다는 사실, 셋째, 손해가 해당 제조물의 결함 없이는 통상적으로 발생하지 아니한다는 사실을 모두 증명하면 결함을 추정한다.

한편 손해배상책임을 지는 경우에도 특정한 사유가 있다고 입증하는 경우에는 손해배상책임이 면제되기도 한다. 첫째, 제조물 미공급, 둘째, 개발이익의 항변, 법령상 기준 준수, 제조업자의 설계 또는 제작지시 등 사유이다. '개발이익의 항변'이란 당시의 과학기술 수준으로는 결함의 존재를 발견할 수 없다는 항변이다.

「제조물책임법」이 그 입법 목적대로 피해자의 권리구제를 도모하고, 제품의 안전에 대한 의식을 제고하여 우리 기업들의 경쟁력 향상에 기여하기를 기대해 본다.

(뉴스퀘스트 2023. 12. 28.)

68. 약관규제는 대량거래사회의 파수꾼

소비자 피해 방지 제도이면서 공정거래 도모하는 법이기도…

공정위의 다양한 업무 중 크게 부각되지는 않지만 일상생활과 아주 밀접한 분야에서 공정거래와 소비자보호에 크게 기여하는 것이 약관규제 업무이다. 통계만 보더라도 약관법 시행 이후 2021년까지 약관심사 청구건수는 약 30,311건에 달하며, 2015년부터 2021년까지 심사 건수 총 11,932건 중 968건을 시정하였다.

최근에는 플랫폼사업자에 대한 약관규제를 강화하고 있다. 예를 들어 2021년에는 배달의 민족, 요기요 등 배달앱 플랫폼사업자의 이용약관, 4개 온라인 중고차 플랫폼 사업자의 이용약관, 5개 재판매(Resell) 온라인 플랫폼 사업자의 이용약관, 16개 가상자산 사업자의 이용약관에 대하여 자진시정 및 시정조치를 한 바 있다.

작년 공정위는 전국의 33개 골프장사업자들이 사용하는 '이용약관'과 회원제 골프장의 '회칙'에 대해 불공정약관을 심사한 바 있다(공정위 보도자료, 2023. 4. 13.). 예를 들어 "2홀 이상 9홀 이하 플레이의 경우 정상요금의 50%로 정한다.", "10홀 이상 플레이의 경우 정상요금으로 정한다."라는 규정을 불공정약관으로 판단하고, 이를 "악천후나 천재지변 등 불가항력적인 사유로 골프장 이용이 중단된 경우 이용요금의 정산은 모든 이용자가 이용을 마친 홀을 기준으로 1홀 단위로 요금을 정산"할 수 있도록 시정한 것은 한 예이다. 이와 같이 약관규제는 우리 일상생활과 매우 밀접한 곳에서 이루어지고 있다.

약관은 일상거래에서 쉽게 접할 수 있다. 보험가입을 할 때 보험계약서가 그 대표적인 예일 것이다. 그러나 실제로 깨알 같은 보험계약서를 자세히 읽어보고 계약을 하는 사람은 드물다. 사업자는 자기에게 유리한 약관을 작성할 것이 분명하므로 고객입장에서는 이를 자세히 안 보면 피해를 볼 수 있는 가능성이 상존하고 있는 것이다.

이와 같이 대량생산·대량소비가 특징인 현대사회에서 소비자를 보호하기 위하여 1986년 「약관규제법」이 제정되었다. 구체적으로 독일의 「보통거래약관규제법」을 모델로 하였는데, 동 법은 2002년 독일 채권법으로 편입되게 되었다. 약관은 그 명칭이나 형태 또는 범위에 상관없이 계약의 한쪽 당사자가 여러 명의 상대방과 계약을 체결하기 위하여 일정한 형식으로 미리 마련한 계약을 의미한다. 지방자치단체의 택지공급계약서, 금융·보험약관, 병원이용약관, 아파트·상가·오피스텔 등 분양·임대차 계약서, 대리점계약서, 가맹점계약서, 회원제 골프장회칙 등을 예로 들 수 있다.

우선 사업자는 약관의 작성 및 설명의무를 진다. 이를 위반한 경우에는 약관을 계약내용으로 주장할 수 없다. 약관과 다른 별개의 약정이 있는 경우에는 개별약정을 우선시하며, 약관해석 시에는 신의성실의 원칙, 객관적·통일적 해석의 원칙, 작성자 불이익의 원칙, 축소해석의 원칙이 적용된다.

약관법은 개별약관의 불공정조항을 가려내기 위해 크게 두 가지의 판정기준(일반조항과 개별금지조항)을 두고 있는바, 일반조항으로는 신의성실원칙이 있다. 고객에게 부당하게 불리한 조항, 고객이 예상하기 어려운 조항

(이른바 '기습(奇襲)조항'), 계약의 본질적 권리를 제한하는 조항의 경우 불공정성이 추정된다. 개별금지조항으로는 ① 사업자 면책조항 ② 과중한 손해배상 의무 부담 조항 ③ 고객의 계약 해제·해지권 제한 조항 등 ④ 채무 이행의 일방적 결정·변경 등 조항 ⑤ 고객의 항변권, 상계권 배제·제한 등 조항 ⑥ 의사표시의 의제 조항 ⑦ 대리인의 책임가중 조항 ⑧ 소송상 권리의 제한 등 8개 유형으로 구분된다.

공정위는 사후적으로 불공정약관에 대하여 심사를 거쳐 시정을 하는 기능 외에 사전적으로 표준약관을 제정하여 권장하는 업무를 하고 있다. 불공정약관에 대한 개별적 규제로는 효과가 미흡하고 동일내용의 소비자피해가 계속 발생하는 문제점이 있으므로 국민생활과 밀접한 관련이 있고 분쟁과 민원이 많이 발생하는 거래분야에 대해 불공정약관의 심사기능으로서 표준약관을 보급하고 있다.

아파트표준공급계약서(표준약관 제10001호)를 시작으로 2021. 12월 현재까지 은행여신거래기본약관, 국내·외 여행업 표준약관, 전자상거래 표준약관 등 총 78개 표준약관이 보급되어 사용되고 있다. 2022년에는 빠르게 성장하고 있는 무인세탁소(셀프빨래방) 분야의 표준약관을 제정하였다. 표준약관을 사용하는 경우 표준약관 표지를 사용할 수 있다.

약관규제는 약관을 통해 거래를 하는 소비자들의 피해를 방지하기 위한 제도이지만, 공정거래를 도모하는 법이기도 하다. 「공정거래법」상 거래상 지위를 남용하는 행위와 내용면에서 유사하다. 「약관규제법」 제1조에서는 "사업자가 그 거래상의 지위를 남용하여…, 건전한 거래질서를 확립하고, 이를 통하여 소비자를 보호하고"라고 규정하고 있다.

(뉴스퀘스트 2024. 1. 5.)

69. 광고 홍수시대와 표시·광고의 규제

거짓·과장 표시·광고로 373억 원 역대 최대 과징금 부과

자본주의 시장경제에서의 일상은 광고의 홍수 속에서 산다고 해도 과언이 아니다. 아침에 일어나면 신문이나 인터넷으로 뉴스를 보거나 검색하게 되는데, 광고가 눈에 먼저 띈다. 출근길의 지하철이나 버스 차창 밖은 광고문구로 뒤덮여 있다. 퇴근하면서 들린 마트에 즐비한 상품마다 제품을 설명하는 표시가 있고, 귀가 후 TV를 켜면 시시각각으로 광고가 방송된다. 홈쇼핑 채널에서는 쇼호스트가 시청자의 호주머니를 노린 제품 홍보에 열을 올리고 있다. 우리가 살아가는 시대의 초상화이다.

표시는 상품의 용기·포장, 사업장 등의 게시물, 권리증서 등에 쓰거나 붙인 문자·도형 등을 말하며, 광고는 신문·인터넷 신문, 정기간행물, 전기통신, 전단·팜플렛, 인터넷 또는 PC통신, 포스터, 간판, 비디오·음반·서적·영화·연극 등의 방법으로 소비자에게 알리거나 제시하는 것을 말한다. 표시와 광고는 소비자가 필요한 물품을 구매하거나 이를 사용 또는 소비하는 과정에서 필요한 정보를 수집하는 대표적인 정보원이지만, 소비자들에게 필요한 정보가 제공되지 아니하거나 거짓 정보가 제공될 가능성이 존재하고 소비자피해의 위험성이 있다.

따라서 부당한 표시·광고는 규제의 대상이 된다. 과거에는 「공정거래법」상 불공정거래행위의 한 유형으로 규정하여 공정한 거래질서 차원에

서 다루어 왔으나, 1999년 이를 분리하여 소비자보호를 목적으로 「표시광고법」을 제정하였다. 그러나 입법연혁이 말해주듯 공정한 거래질서와 소비자보호를 동시에 목적으로 하는 것이다. 「공정거래법」이기도 하고 소비자보호법이기도 하다. 부당한 표시 · 광고의 규제는 공정위 업무에서도 큰 비중을 차지하는 것이다.

1981. 4월 「공정거래법」이 시행된 지 어언 43년이 지났다. 그동안 수많은 공정위의 심결과 판례가 쏟아져 나왔다. 그러나 「공정거래법」 집행의 시발을 알린 것은 부당한 표시 · 광고 사건이었다. 우리나라에서 최초의 공정거래 사건은 1981. 6. 8.의 〈동양맥주(주)의 재판매가격유지행위및 부당구속조건부 거래 사건〉이었는데, 이는 시정권고로 종결되었다. 그 후 시정명령 제1호는 1981. 6. 22. 〈삼성전자의 허위과장 광고행위 사건〉이었으며, 이어서 2호 (주)금성사, 3호 금강(주), 4호 은성화학공업(주)의 허위과장 광고행위 사건이 이어졌다. 〈은성화학공업(주)의 허위과장 광고행위 사건〉은 "우레아폼은 암을 유발하여 외국에서도 사용 안 한다"라고 사실과 다른 광고를 한 것이 문제되었는데, 대법원 판결까지 나온 우리나라 최초의 공정거래 사건으로 기록된다.

이처럼 「공정거래법」 집행 초기에 부당한 표시 · 광고는 규제는 큰 기여를 하였다. 「표시광고법」은 부당 표시 · 광고의 금지 유형으로 ① 거짓 · 과장의 표시 · 광고, ② 기만적인 표시 · 광고, ③ 부당하게 비교하는 표시 · 광고, ④ 비방적인 표시 · 광고로 구분하고 있다.

첫째, 거짓 · 과장의 표시 · 광고는 사실과 다르게 표시 · 광고하거나 사실을 지나치게 부풀려 표시 · 광고하는 행위를 하며, 둘째, 기만적인 표시 · 광고는 사실을 은폐 또는 축소 · 누락하는 등의 방법으로 표시 · 광고

하는 행위를 말한다. 지난 2016. 12. 공정위는 배출가스 저감 장치를 조작해놓고 기준을 충족한 친환경 차량이면서 높은 성능과 연비를 발휘하는 것처럼 거짓 광고를 한 AVK자동차회사에 시정명령, 과징금 총 373억 2,600만 원, 전·현직 고위임원 5명을 검찰에 고발하였다. 이는 표시·광고사건으로는 역대 최대의 과징금을 부과한 사건으로 기록되었다. 대법원에서도 2019. 10. 17. 확정되었다.

[출처: 공정위 보도자료(2016. 12. 7.)]

셋째, 부당하게 비교하는 표시·광고는 비교 대상 및 기준을 분명하게 밝히지 아니하거나 객관적인 근거 없이 자기 또는 자기의 상품이나 용역을 다른 사업자 또는 사업자단체나 다른 사업자등의 상품등과 비교하여 우량 또는 유리하다고 표시·광고하는 것을 말한다. 넷째, 비방적인 표시·광고는 다른 사업자등 또는 다른 사업자등의 상품 등에 관하여 객관적인 근거가 없는 내용으로 표시·광고하여 비방하거나 불리한 사실만을 표시·광고하여 비방하는 것을 말한다.

공정위는 위 4가지 유형에 대하여 심사지침을 마련하여 운영하고 있으며, 부동산, 환경, 금융상품, 수상·인증, 추천·보증, 소비자안전 등 분야별로도 별도의 심사지침을 두고 있다. 부당한 표시·광고를 판단하는 기준은 소비자 오인성과 공정거래 저해성이다. 소비자 오인성은 '보통의 주의력을 가진 일반 소비자가 그 표시·광고를 받아들이는 전체적·궁극적 인상을 기준으로 객관적으로 판단'한다. 말하자면 일반 상식에 기초한 판단이라고 보아도 큰 잘못은 없을 것이다.

광고홍수시대에 거짓정보에 휘둘리지 않게 똑똑한 소비자가 되는 것이 중요하고, 사업자들도 잘못된 정보를 제공하지 않도록 적극적 주의를 기울이는 것이 요구되는 시대이다.

(뉴스퀘스트 2024. 1. 12.)

70. 소비자보호는 시장의 신뢰도를 높여라

비대면 거래나 아가는 거래는 일반 거래와는 다른 특성이 있어서
소비자 피해 가능성이 상존

거래공정화와 소비자보호를 위한 제도 중 시장의 신뢰도를 높이는 데 그 목적을 두고 있는 세 가지 제도가 있다. 첫째, 「할부거래법」, 둘째, 「방문판매법」, 셋째, 「전자상거래법」이 바로 그것이다.

첫째, 「할부거래법」은 할부거래 및 선불식 할부거래를 규제하는 법이다. 할부거래는 재화나 용역을 미리 제공받은 후 대금을 2개월 이상의 기간에 걸쳐 3회 이상 나누어 지급하기로 하는 형태로 계약을 체결하는 것을 말한다. 반대로 선불식 할부거래는 재화나 용역을 제공받기 전에 계약을 체결하는 것을 말한다. 말하자면 미리 대금을 할부로 지불하는 것이다. 장례 또는 혼례, 여행 및 가정의례를 위한 용역 및 부수재화가 이에 해당한다. 대표적으로 상조상품에 가입하는 경우를 들 수 있다. 상행위를 목적으로 하는 거래나 농수축산물, 의약품, 보험, 증권 및 어음, 부동산등의 거래는 「할부거래법」 적용대상에서 제외된다.

공정위에 따르면 2023. 3월 말 기준 등록된 선불식 할부거래업체 수는 79개이고, 가입자 수는 작년 하반기 대비 약 76만 명이 증가한 833만 명, 선수금 규모는 4,916억 원이 증가한 8조 3,890억 원이다. 상당수의 국민들이 상조와 같은 선불식 할부거래를 이용하고 있는 셈이다.

「할부거래법」은 할부거래업자와 거래상대방인 소비자의 권리와 의무에 대하여 자세히 규정하고 있다. 가장 중요한 소비자권리는 청약철회권인데, 7일 이내에 가능하다. 다만, ① 재화 등이 멸실되거나 훼손된 경우, ② 복제가 가능한 재화 등의 포장을 훼손한 경우, ③ 시간이 지나면서 재판매가 어려울 정도로 재화 등의 가치가 현저히 낮아진 경우 등에는 철회가 불가능하다.

선불식 할부거래는 미리 대금을 지급하므로 사정변경에 의한 소비자 위험 우려가 커서 더욱 강하게 규제가 된다. 우선, 자본금이 15억 원 이상임을 증명하는 서류 등을 갖추어 시·도에 등록하여야 한다. 그리고 소비자피해보상을 위한 보험계약 등을 통해 소비자로부터 미리 받은 대금의 50%를 보전하여야 한다. 또한 선불식 할부거래업자가 해서는 안 되는 금지행위를·규정하고 있다. 소비자 청약철회권은 14일 이내에 가능하다.

둘째, 「방문판매법」은 방문판매, 전화권유판매, 다단계판매, 후원방문판매, 계속거래, 사업권유거래 등 모두 6가지의 판매·거래 유형에 대하여 규정하고 있는데, 이들 통칭하여 '특수판매'라고 한다. 특수판매는 판매자가 단순히 고객의 방문을 기다리지 않고 적극적으로 고객을 찾아가서 판매하는 형태이므로 소비자피해 가능성이 높다. 방문판매는 사업장 외의 장소에서 소비자에게 권유하여 계약의 청약을 받거나 계약을 체결하여 상품을 판매하는 방식이며, 전화권유 판매는 전화를 이용하는 방법이다.

다단계판매는 판매원의 가입이 3단계 이상 단계적으로 이루어지고, 다른 판매원들의 거래실적 등에 따라 수당을 지급하는 방식을 말하며, 후원방문판매는 특정 판매원의 거래실적 등이 직근 상위판매원 1인의 후원수당에만 영향을 미치는 수당 지급방식을 의미한다. 다단계판매와 후원방문판매는 본질적으로 동일하다. 계속거래는 1개월 이상의 기간 동안 계속하여 또는 부정기적으로, 사업권유거래는 사업기회를 알선·제공하는 방법으로 거래상대방을 유인하여 상품을 구입하게 하는 거래를 말한다.

방문판매 및 전화권유판매업자의 경우 시·군·구청장에게 신고하여야 하며, 소비자 청약철회권은 14일 이내에 가능하다. 그리고 해서는 안 되는 금지행위를 규정하고 있다. 다단계 및 후원방문판매업자의 경우 다단계판매업자는 자본금 5억 원 이상, 소비자피해보상보험 체결 등의 요건을 갖추어 관할 시·도에 등록하여야 하며, 후원방문판매업자는 소비자피해보상보험 체결 또는 최종소비자판매비중이 70% 이상임을 증명하는 자료를 갖추어 관할 시·도에 등록하여야 한다.

그리고 후원수당의 지급총액은 판매원에게 지급한 재화 총액의 35%(후원방문판매는 38%) 초과 금지하며, 다만, 최종소비자판매비중이 70% 이상인 후원방문판매업자는 후원수당 지급총액 제한(38%)이 면제된다.

소비자의 청약철회는 방문판매와 유사(14일 이내)하나, 다단계판매원 및 후원방문판매원은 3개월 이내에 서면으로 청약철회를 할 수 있는 것이 특징이다.

다단계판매업자의 경우 다단계판매원이 되려는 사람 또는 다단계판매원에게 연간 5만 원 초과한 부담을 금지하며, 금지행위를 규정하고 있는데, 예를 들어 상대방에게 개별 재화 등의 가격을 160만 원을 초과하도록 정하여 판매하는 행위를 금지한다. 또한 사행적 판매원 확장행위 금지를 규정하고 있다. 이는 이른바 '피라미드 판매'를 방지하기 위한 것이다. 피라미드 사기는 미국, 영국, 프랑스, 독일, 캐나다, 일본("無限連鎖講の防止に関する法律") 등 다수 국가에서 법으로 금지되어 있으며 대한민국에서

도 「방문판매법」을 통해 제한적인 형태의 다단계 판매만을 허용하고 그 외는 금지하고 있다.

파리미드피해는 과거에도 여러 번 있어 왔지만, '사람장사'를 통한 일확천금의 유혹 때문에 지금도 끊임없이 일어나고 있다. 소비자당국에서도 특히 유혹에 빠지기 쉬운 대학생, 취약계층을 대상으로 다단계피해 방지 위한 정책과 교육 들을 수시로 하고 있다. 대체로 사실상 금전거래, 하위 판매원 모집 자체에 대하여 경제적 이익을 지급하는 행위, 10만 원 이하 (연간 총합계 5만 원) 수준을 초과한 비용 또는 그 밖의 금품을 징수하는 등 의무를 부과하는 행위, 본인 의사에 반하는 교육, 합숙 등 강요행위 등을 불법적 다단계로 규정한다.

(출처: 특수판매공제조합 홈페이지)

계속거래와 사업권유거래의 경우 원칙적으로 소비자는 계약기간 중 언제든지 계약해지가 가능하다. 전화권유판매에 따른 소비자 불편을 해소하기 위해 '수신거부의사등록시스템'(두낫콜 시스템, www.donotcall.go.kr)을 운영하는데, 이에 등록하면 전화권유판매업자들이 월 1회 이상 해당 전화번호를 확인하여 전화를 하지 않도록 하는 방식으로 운영된다.

셋째, 「전자상거래법」은 전자상거래와 통신판매를 적용대상으로 한다. 전자상거래는 재화 또는 용역의 거래에 있어서 주문, 결제, 이행단계 중 그 전부 또는 일부가 전자문서에 의하여 처리되는 방법으로 이루어지는 상행위이다. 인터넷쇼핑이 그 예이다.

통신판매는 전기통신(전화 등)이나 우편 등 비대면(非對面)의 방법으로 상품 등의 판매에 관한 정보를 제공하고 소비자의 청약을 받아 재화 등을 판매하는 행위를 말하는데, 인터넷쇼핑, TV홈쇼핑, 카탈로그 쇼핑 등이 그 예이다.

[전자상거래의 범위]

출처: 공정거래위원회 홈페이지

증권회사에 의한 유가증권의 거래, 금융기관이 직접 취급하는 금융상품의 거래, 일상생활용품·음식료 등 인접지역 판매를 위한 거래에 대해서는 신고규정, 통신판매중개자의 책임규정의 적용이 제외된다. 대표적인 법 적용 대상 사업자로는 전자상거래사업자, 통신판매업자, 통신판매중개자 등을 들 수 있다. 통신판매중개자란 사이버몰의 이용을 허락하거나 광고수단을 제공하는 등의 방법으로 거래당사자간의 통신판매를 알선하는 행위를 하는 사업자(예: 오픈마켓)를 말한다.

통신판매업자는 소비자가 청약을 한 날부터 7일 이내(선불식 통신판매의 경우 그 대금을 받은 날부터 3영업일 이내)에 재화 등의 공급을 하여야 한다.

소비자는 계약서 교부일로부터 7일 이내에 청약을 철회할 수 있다. 다만 거래의 안전을 위해 일정한 경우에는 소비자가 변심을 이유로 청약철회 등을 할 수 없도록 규정하고 있다. 또한 전자상거래사업자 및 통신판매업자가 해서는 아니 되는 금지행위를 규정하고 있다.

할부거래, 방문판매, 전자상거래 등 거래형태는 비대면 거래이거나 찾아가는 거래라는 일반 거래와는 다른 특성이 있어서 소비자들이 피해 가능성이 상존하고 있다. 이에 관련 법을 통하여 소비자보호를 위한 최소한의 장치를 마련해 놓고 있는 것이다. 소비자보호를 위해서는 시장의 신뢰를 높이는 것이 무엇보다 중요하다.

(뉴스퀘스트 2024. 1. 19.)

사항색인

신동권

경희대학교 법학과 및 동 대학원에서 법학석사, 독일 마인츠 구텐베르크 대학교 대학원에서 법학석사(LL. M.) 및 법학박사(Dr. jur.) 학위를 취득하였다. 행정고시 합격 후 공직에 입문하였으며, 공정거래위원회에서 서울지방사무소장, 카르텔조사국장, 대변인, 상임위원, 사무처장, 한국공정거래조정원 원장을 역임하였다. 경제협력개발기구(OECD) 경쟁위원회에서 부의장으로도 활동하였다. 공직퇴임 후 연세대학교 법무대학원 겸임교수, 고려대학교 대학원 법학과 강사를 역임하였으며 한국개발연구원(KDI) 초빙연구위원, 한국해양대학교 해운경영학과 석좌교수로 활동하였다. 현재 법무법인 (유한) 바른 상임고문으로 근무하고 있다. 아시아태평양경쟁커뮤니티(APCC) 부회장, 한국경쟁법학회 부회장, 한국행정법학회 부회장 등을 맡고 있으며, 공직생활의 공로로 홍조근정훈장을 수상하였다. 주요저서로는 「Die "Essential Facilities"–Doktrin im europäischen Kartellrecht(Berlin, 2003)」, 「독점규제법(2023)」, 「중소기업보호법(2023)」, 「소비자보호법(2023)」, 「경쟁정책과 공정거래법(2023)」 등이 있다.

신동권의 공정거래 바로보기

초판발행	2025년 1월 25일
지은이	신동권
펴낸이	안종만 · 안상준
편 집	이승현
기획/마케팅	조성호
표지디자인	이영경
제 작	고철민 · 김원표
펴낸곳	(주) **박영사**
	서울특별시 금천구 가산디지털2로 53, 210호(가산동, 한라시그마밸리)
	등록 1959. 3. 11. 제300-1959-1호(倫)
전 화	02)733-6771
f a x	02)736-4818
e-mail	pys@pybook.co.kr
homepage	www.pybook.co.kr
ISBN	979-11-303-4743-1 93360

정 가   19,000원